U0937636

哲学沉思录

何新——著

中国出版集团
现代出版社

图书在版编目（CIP）数据

哲学沉思录 / 何新著 . -- 北京 ：现代出版社，2019.9
（何新文选）
ISBN 978-7-5143-7992-1

Ⅰ. ①哲… Ⅱ. ①何… Ⅲ. ①比较哲学—中国、西方国家—文集
Ⅳ. ①B1-03

中国版本图书馆 CIP 数据核字（2019）第 142723 号

哲学沉思录

作　　者：何　新
责任编辑：张　霆　谢　惠
出版发行：现代出版社
通信地址：北京市安定门外安华里 504 号
邮政编码：100011
电　　话：010-64267325　64245264（兼传真）
网　　址：www.1980xd.com
电子邮箱：xiandai@vip.sina.com
印　　刷：三河市国英印务有限公司

开　　本：710mm×1000mm　1/16
印　　张：19.5　　字　　数：295 千字
版　　次：2019 年 9 月第 1 版　　印　　次：2019 年 9 月第 1 次印刷
书　　号：ISBN 978-7-5143-7992-1
定　　价：48.00 元

出版前言

本书收入何新哲学研究之论述。

何新是一位特立独行的哲学家，是新型逻辑学——泛演化逻辑的创立者。何新的哲学研究，可分为中国古典哲学、西方古典哲学、马克思列宁主义哲学，并扩及数学史、拓扑学、生物分类学、科学哲学、现代宇宙理论等。其逻辑学研究之重点，则是黑格尔辩证逻辑体系的研究与阐释，由此创生了独立于古典形式逻辑和现代数理逻辑两大系统之外的新型逻辑学——泛演化逻辑学。何新在哲学领域研究的成果导出了“新逻辑主义哲学”。这一新逻辑体系构想，曾受到科学家钱学森先生的关注和重视。同时，钱学森先生曾高度评价何新论述的“历史概念演化之树’，并将其命名为“何新树”。（参见《钱学森书信》第一卷，国防工业出版社，20017 年版，第 178 页）

概言之，何新学术体系可分为三大方面：

一、逻辑与哲学（形而上之学 / 方法论）；

二、古典学术领域（历史文化研究）；

三、现代学术领域（经世致用之学）。

上述各领域之研究，既具有相对独立的性质，又体现出诸学科相互渗透、融会贯通，乃至整合为一的一体化、立体式特点。其学术之终极抱负，则蕴含从多角度、多方向、多时态去全面探索致民族文化于复兴和国家现代化道术的溥伟宏大之义，而哲学与逻辑在其中则具有沟通、整合和纲维三者的中枢性之意义。

黑格尔辩证逻辑、马克思主义哲学与中国古典哲学的有机结合，催生了独特的何氏学术体系。对古今中外诸多智者的深入思考与精辟总结，特别是通过深刻阐释黑格尔逻辑学，建立泛演化逻辑体系，解构古典逻辑或传统形式逻辑和现代数理逻辑，使何氏学术既具有道家与兵家式的冷静思辨的浓厚色彩，同时又不乏积极进取的古典儒家人文主义的情感高度。

何新曾自言，其所以经常能在经济、政治、战略和国际关系研究中做出验证率极高的前瞻性之预测，皆得力于他对马克思主义哲学的阶级分析和阶级分野，特别是早期对黑格尔哲学和逻辑的艰辛探索和深入研究。

目录

哲学工具论

西方古典哲学

中国古典哲学

中西比较哲学

西哲伪史考

哲学新论

哲学工具论

论语言

汉语哲学之语源

“哲学”一词，语源来自日语的汉字译文。所对译语词则为西语 philosophia 一词，此词在西语中为探求智慧者、智慧之友或智者之意义。哲学，即智学，思维与智慧之学。但“哲”字则并非此语词之本字也。“哲”本为“晢”字，即“哲”是个代字（假借字）。

“晢”，本义光明。《说文》：“晢，昭晢，明也。”（太阳古异名称“晢耀”，语转即今语“照耀”。）“黎明”古称“晢明”，“向暮”“失明”古曰“晢眇”。江淹的杂体诗《谢临川灵运游山》描写日光：“洞林带晨霞，石壁映初晢。”

“晢”，引申为明察、明辨、明智之义。此古义见于《尚书·洪范》：“明作晢，聪作谋。”明辨，明晢也，即明智也。《说文》：“《礼》曰：‘晢明行事。’”

“哲”，则为“晢”字之假借字，即化“日”为“口”之省体异文。

从汉字的语源角度探讨，可以知道“知”“智”是同语源的异形文字。“知”字的本义乃是射箭中靶。“知”与“至”为异文同源字。“智”从“知”音，而上古射事为大，善射曰“智”。

“智”“晢”“哲”三字音近相通假。“明智”，即“明晢”“明哲”，意义皆为心智之光明。《大戴礼记·文王官人》：“虽司命其不晢。”《经典释文》：“晢，智也。”

故求之语源，“哲学”一词顾名思义，即晢学、智学，明哲、明智、智者、智慧之学也。

但中国传统学术，并无哲学一目。

中国传统学术四部分类，为经学、诸子学、史学以及杂集之学。四部以经学为总纲，而近似哲学之论述则散见于四部子学及杂学中。

中国古代近似纯哲学之论述，除老子《道德经》外，起源最早可追溯者当为《易经》中之《系辞》及《大传》。《易经·系辞》是一部于中外哲学史中都足称伟大而不朽的著作，也是中国古自然哲学、政治哲学以及人文哲学的总纲，古传作者为孔子。如是，则《易经·系辞》也是孔子著作中最伟大的一部哲学本体论及方法论著作。（关于《易经·系辞》译文及哲学阐释，可参考何新：《何新论〈易经〉》（上下卷），中国书籍出版社，2012 年版）

关于哲学的基本问题

恩格斯总结西方哲学史时曾经说过："哲学之基本问题是存在与思维的关系问题。"

此说确然，只是思维以外还须补一项——语言。

存在之所以是问题，是因为人类意识到存在的虚幻性——所有存在的都是在消逝的。这是西方古典哲学的本体论问题。思维的哲学问题，则是须解释为什么人工设计的抽象符号系统能够有效地模拟和预演存在。这是西方古典哲学中的认识论问题。语言的哲学问题则是解释人工符号系统的有效性问题，这就是古典哲学所谓工具论问题及逻辑问题。

也就是说，全部西方哲学史几千年来讨论的基本问题是关于何为存在，关于存在与思维，以及思维与语言（符号）之关系的问题。

除此之外，古典哲学还有追究人生意义和人性善恶的问题，这是古典哲学的伦理学问题。

语言哲学

在 20 年前，我曾经发表以下论点：

维柯认为，人类认识中的所谓“真实”，实际仅仅是他通过自身的观念和语言所构造的一种真实。（这一观点在20世纪哲学中已是极为著名的。海德格尔说：“语言是存在的家。”伽达默尔说：“可能被理解的存在就是语言。”这些论断都继承了维柯的这种观点。）

人类创造各种神话，就是以语言隐喻的方式，理论地、实践地把握现实世界。在这一意义上，神话不仅是文化的象征，而且被看作隐喻思维的一种符号系统。（因此，维柯也被认为是符号学理论的奠基人之一。）这种隐喻式的符号语言逻辑，被维柯称作“诗性逻辑”。又正是在这一意义上，对于语言符号和象征的解读活动，就成为理解神话式隐喻思维的关键手段。

维柯的这种观点，在近现代语言学中导致了被命名为“萨丕尔—沃尔夫假设”的语言决定论。根据这种决定论，语言不应当如传统观点所认为的那样，“仅仅被看成是解决人类交往或思考中各种问题的一种附属手段”。

萨丕尔说：“事实上，现实世界在很大程度上是建立在团体的语言传统之上的。绝不可能有两种不同的语言，在表现同一种现实时其见解和叙述却是完全相同的。不同的社会，所生活于其中的世界是不同的世界，而并不是只贴着不同标签——语言的同一个世界。我们确实可以看到、听到和体验到许许多多的东西，但这仅仅是因为我们这个社会的语言传统预先给我们提供了用以认知和解释世界的那些基本范畴。”

从这一观点出发，很自然地引申出了这样一种重要的社会语言学见解——“这种看法并不意味着现实（客体）本身是相对的，而是说现实是由不同文化的参与者，以不同的方式划分和归类的。或者说，他们注意到的或呈现在他们面前的，乃是现实世界的各个不同的方面。”

这也就是说，一种社会文化，只有通过特定的语言符号手段，才能对现实（客体）发生关系。如果把这一观点再做一下推广，就自然地引申出了如下结论：构成人类文化的整个社会生活领域，事实上都处在语言符号系统的组织和约束之内。在这一意义上，人类的全部文化活动，都不过是一种语言、符号性的行为，即与自然（客体）和人类自身（主体）的无限对话活动。

正是从这里出发，20 世纪的现代哲学由古代哲学的自然本体论以及近代哲学的思维本体论（认知论）转变为语言本体论，语言哲学也由此取代了传统形而上学本体论的神圣地位。在方法论上，则由康德、黑格尔时代的泛逻辑主义，分别转变为伏尔泰、海德格尔、维特根斯坦、索绪尔、萨丕尔、列维－施特劳斯、伽达默尔等人所代表的不同流派的泛语言主义。当代英美的分析哲学和符号学、法国的结构主义和后结构主义、德国的解释学，就是体现这种本体论和方法论转变的三大主要语言哲学流派。

论物质

哲学上的若干基本概念是很难定义的，如“物质”“有”“存在”“无”“非存在”等。

这几个概念貌似简单而直观，无人不了解。但事实上，自哲学诞生以来的几千年，这几个概念始终说不清楚，一直没有公认的定义，因而历来聚讼纷纭。

有就是无

哲学上所谓“实在”的概念，首先是基于孰为“存在者”即“有物”的概念。所谓“物质”的概念，实际是一个泛存在，即普遍存在者的概念——普遍、永恒之存在者即物质。

但是，回顾中外哲学讨论的历史则会发现：自小亚细亚的哲人巴门尼德、中国古代的哲人李耳（老聃）、佛教创始人释迦牟尼开始，都对“有物”这个概念给予过摧毁性的质疑。他们都指出，所谓“有”“有物”“物质”“存在”或者“纯有”的概念，同时乃是不存在者，即虚无。[1]

作为泛存在者的物质，也只是一个虚拟存在的虚拟概念。存在的本质是无相，因之正如佛学所说，世界的存在本体是无相。因而存在即虚无，有就是无。

近代最伟大的哲人黑格尔因之而指出，理解“有就是无”，乃是进入一切哲学讨论的初阶。

[1]“有物”是一个与空间相关联的概念。言“有”或“有物”，即言某物存有于空间之中。但是若动态观察“有物”，也就是引入时间坐标轴（即ST坐标系），则会发现某物的存在都是阶段性的，今天之存在者明天会消失，有生无。又如，我们每一个人其出生前都是非存在者，即由无而生有。死亡则使我们归于虚无，有而生无。所以，“有”“无”的概念是不确定的，相互关联而且相互转化的。

法国唯物主义的物质观

18 世纪的法国唯物主义（法国《百科全书》所谓启蒙学派）曾经断言，哲学唯物主义可以终结一切哲学和宗教问题。他们认为，物质是一切表象的载体，是客观实在。物质是不能被创造和消灭的。世界上各种事物的存与亡，只是物质具体形态在一定条件下的转化。物质是第一实体也是唯一实体。宇宙中除了物质和运动，什么也不存在，不需要假设上帝或者任何神的存在。

他们认为，人的生命也是物质现象以及物理的机械现象，人是机器（自动机——拉美特里语）。

马克思的物质观

青年马克思深受法国革命以及启蒙思潮的影响，他的博士论文《德谟克利特的自然哲学和伊壁鸠鲁的自然哲学的差别》表明了机械唯物主义的立场。马克思学派的唯物主义哲学，后来主要由恩格斯和列宁进行了系统化的阐述。

马克思本人曾经试图把黑格尔的辩证法与唯物论结合，成为所谓动态的实践唯物论或者后来成为一种意识形态的辩证唯物论。

这种辩证唯物论哲学认为，物质是指在人们的意识之外独立存在又能为人的意识所反映的客观实在，物质是各种事物共同具有的客观实在性规定。

关于哲学上的物质范畴，列宁提出了一个经典性的定义："物质是标志客观实在的哲学范畴，这种客观实在是人通过感觉感知的，它不依赖于我们的感觉而存在，为我们的感觉所复写、摄影、反映。"

据此，世界上的一切事物，无限多样的形态，无穷的变化发展，归根结底都是物质这一客观实在的外在表现。意识、精神，也是高度发展的物质的一种表象。

但是，这种说法意味着物质与精神两个概念意义的模糊和混一。唯物论所理解的精神和理性，仅仅限于动物与人类的感知和认知，以及人类的心理学现象等。它根本无法理解超越人类之上的宇宙理性的问题，即康德和黑格尔所意识到的宇宙存在本体所具有的先验理性结构的问题。

量子力学关于物质的解释

现代物理学以抽象的能量本体消解了机械论狭义的物质概念。

根据量子力学创始人波尔的观点，他认为物质在宇宙中以能量波的形式存在，发生相互作用时“坍缩”成粒子，发生坍缩的位置是不确定的，所以所在具有不确定性。这种定位不确定的物质能量波变，就是量子。

量子力学认为，当观察者不存在时，所谓物质仅是一种虚拟的数学概念，即“函数波包”，不具备任何物质实体的特征，只能用一个波函数去描述它。

这就是现代量子力学对物质的基本解释。[1]

现代物理学的物质定义

现代物理学对于“物质”概念的一般定义则是——

物质概念的内涵：物质是质量的空间分布，是某一有限质量在某一有限空间内的瞬时态分布。

外延：所有存在物，包括精神物和超现实物（如信息、黑洞、反物质、隐物质）。

这个概念高度抽象，但是与列宁关于物质的定义则是接近的。

[1] 量子力学认为，有观察者时，函数波崩塌，在量子弥漫的范围内，即在函数波包波动范围内，量子可在随机任意点出现。观察者永远无法确定，它到底应该出现在哪个点。所以，量子只会以其中的一种样态出现，当以光电效应去观察它时，它就是个粒子，当你用双缝试验的方式去观察它时，它就对你表现为一种波。但永远无法确定它是否实在，以及是否具有任何实在形态。这就是量子力学著名的测不准原理。这个原理否定了物质的物理实在性。

论“有”与“无”

“有”与“无”，即存在与虚无。自希腊哲人巴门尼德指出这两个范畴存在悖论以后，曾经成为西方哲学中最重要的本体论范畴。黑格尔在其《逻辑学》中，也以专门章节详细讨论。

在东方哲学中，中国之巴门尼德——老聃也曾在《道德经》中讨论。在魏晋玄学以及中古佛教哲学中，这两个范畴则分化成为“崇有论”以及“虚无论”两派，又被佛学之“有宗”及“空宗”作为思辨以及论辩的经典范畴。

但两宋以后，中国本体论哲学消亡。因此，清代以来特别是近代、现代人，对本体论之“有”“无”两个概念基本丧失了理解。

在现代西方哲学中，由于近代经验主义、分析哲学的兴起以及本体论、形而上学的消亡，包括罗素、维特根斯坦等所谓“大师”对这两个本体论范畴的哲学意义也完全失去了理解。

本文拟重新追溯及阐释这两个基本本体范畴的哲学含义。

《道德经》第一章乃老子之本体论。老子认为，虚无为万物之本体，虚无与存有同时并存。“天下万物生于有，有生于无。”（第四十一章）老子的这一本体论思想，自河上公及王弼以来从未能得到历代注家的真正理解。

相似的观点，亦见于古希腊的赫拉克利特、印度的《吠陀经》以及早期佛教思想中。[1]

黑格尔《逻辑学》《小逻辑》的第一章均为“有论”（又译为“存在论”）。在这一章里，黑格尔极其深刻地分析了关于“有 / 无”同一性的命题。我读过国内外许多解读黑格尔“有论”的著作，然而发现并没有人真正懂得黑格尔“有与无具有同一性”的命题。这个命题，又正是老子哲学本体论的第一命题。

黑格尔说：

“有即是无这一命题，从表象或理智性的观点看，似乎是太离奇矛盾了。甚至也许会以为这说法，简直是开玩笑。要承认这话为真理，实难做到。因为有与无就其直接性看，乃是根本对立的……用不着费好大的机智，就可以取笑‘有就是无’这一命题。

“例如，反对这命题的人可以说，如果‘有’与‘无’无别，那么，我的房子，我的财产，我所呼吸的空气，我所居住的城市，太阳、法律、精神、上帝，不管他们存在（有）或非存在（无）都是一样的了。”

黑格尔指出：“足以表示有无统一的最接近的例子是变易（das werden）。人人都有关于一种变易的表象，甚至都可承认‘变易’是一个表象。若加以分析，则变易这个表象，包含有‘有’的规定，同时也包含与有相反的‘无’的规定，而且这两种规定在‘变易’这一表象里又是不可分离的。所以，变易就是‘有’与‘无’的统一。”

让我们试举一具体实例，来观察一下关于“有无同一性”这一命题是如何被抽象出来的。例如，一个鸡蛋变成一只雏鸡。雏鸡对于鸡蛋，是质相完全不同的另一“他物”（贺麟译作“别物”）。但孵化的过程，也就是鸡蛋自身变异（“自我异化”）的过程。在这一过程中，鸡蛋的质相消失于雏鸡中。试以“有”与“无”这一对范畴对这一过程作概念分析（思辨），如果我们设定鸡蛋为最初的存在物（即“有”），则当此枚鸡蛋存在（有）时，那只将生的雏鸡则尚是一种非存在物（即“无”）。当雏鸡诞生之时，那

[1] 顺便指出，我在早年（1981年）对老子的研究中，曾将老子思想与希腊的赫拉克利特相比照。这一观点后来为很多人所沿袭，但实际上二者之间还是具有深刻本体论和方法论的不同。赫拉克利特提出了一个“能量流”（“活火”，everlivingfire）的重要宇宙概念，赫氏思想更具有科学主义的简明化倾向。这都是老子思想所没有的。但赫氏思想却缺乏老子思想中“道”一元论的系统性，而老子哲学的神秘主义色彩则更具有耐人寻味的深刻性。

枚鸡蛋（受精卵）则已不复存在，即由一“有”而转化为“无”。由此可见，这个过程同时是如下两个过程的对逆发生：

鸡蛋变雏鸡 / 雏鸡消解鸡蛋

（有）→（无）（无）→（有）

即：当雏鸡是“无”时，则鸡蛋是“有”；当雏鸡是“有”时，则鸡蛋是“无”。因此，这个变化过程是一有相（鸡蛋）变为一无相（零），同时又是一无相（雏鸡）变为一有相（壹）。又因此，鸡蛋和雏鸡都是有和无的统一体——在鸡蛋（有）中潜伏着一个尚作为“无”的雏鸡，而在雏鸡中潜伏着一个曾作为“有”的鸡蛋。这就是一种对立面的统一体。

从名相的角度分析，“鸡蛋”是一个名称，而“雏鸡”则是另一个对立的名称。所以，老子说：“名可名，非常（长）名。”雏鸡又将变为大鸡，大鸡又将死亡而再成为新物，这就是“道可道，非常（长）道”。（此语真正的意义是，导生又有新的导生，所以没有永恒单一的导生。）

作为无相而尚未得到命名，这是万物发生伊始（即“无名，天地之始”），而第一物种之名，设如“鸡蛋”一名正是“雏鸡”以及此后绳绳万物演变之链的一个初始（即“有名，万物之母”）。理解了以上分析，《老子》之第一章以及黑格尔《逻辑学》的第一章，就丝毫也不难理解了。

这个观点可以泛化（具普遍性）。也就是说，同样的思辨可以应用于分析一切变易的过程。例如，一个人的死亡（由有而无）以及诞生（由无而有）。

人们常以为，宇宙中的消逝者是“时间”，因此有一客观之“时间”之流或矢量，而处在时流之中的万物本身是不流变的，有所流变的只是偶相。殊不知，宇宙中并不存在所谓“时间”，存在的只是一个永恒的万物自身之流变过程。流失的并不是时间，而是万物本体自身。（《庄子》中有此寓言，已达到这一思辨。）

正是这种分析可以引导出这样一个结论：在一切存在物中，都潜伏着作为自我否定（即他物）的对立物（黑格尔语）。

黑格尔说：

“有过渡到无，无过渡到有，是变易的原则。所以‘有’中有‘无’，‘无’中有‘有’；但在‘无’中能保持其自身的‘有’，乃是变易。

“在变易中，与无为一的‘有’及与‘有’为一的‘无’，都只是消逝着的东西。

“事实上，摆在我们面前的，就是某物成为另一他物，而另一他物一般地又成为另一物。某物既与另一他物有相对关系，则某物本身也是与另一物对立之另一物。既然过渡达到之物与过渡之物是完全相同的（因为二者皆具有同一或同样的规定，即同是另一他物），因此可以推知，当某物过渡到另一他物时，只是和它自身在一起罢了。这种在过渡中、在另一物中达到的自我联系，就是真正的无限，而成为自为存在。”

黑格尔又指出：“在哲学史上，赫拉克利特的体系约相当于这个阶段的逻辑理念。当赫拉克利特说‘一切皆在流动时’，他已经道出了变易是万有的基本规律。反之，埃利亚学派的人，有如前面所说，则认为‘有’、认为坚硬静止的‘有’为唯一的真理。针对着埃利亚学派的原则，赫拉克利特于是进一步说‘有比起非有来并不更多一些’。”

通过以上的示例与分析，这些听起来似若天书的神秘语言，应都可以豁然而解。黑格尔这些话不仅包含了对于作为哲学范畴的“有”与“无”相同一的深刻思辨，而且对于理解老子、赫拉克利特的思想非常重要。

然而，事实上，过去从来没有一个黑格尔哲学的研究者能够真正理解和准确地解释黑格尔的上述思想，因而他们也就无法真正理解老子关于“有”与“无”即“存在”与“非存在”的概念分析。从哲学与宗教理性的历史看，有与无的思辨乃是早期哲学及宗教思辨所普遍关注的一个最重大的问题。

实际上，“存在”与“非存在”即“有相”与“无相”的问题，也就是关于生命与死亡的问题，以及关于存在和生存之意义的问题。印度古经《梨俱吠陀》说：

“无即非有，有亦非有。”（X.129）

“死即非有，不死亦无。黑夜白昼，二无迹象。”（X.129）

讲的也正是这个道理。

中古佛教名僧龙树《中论颂》说：

“不生亦不灭，不常亦不断，不一亦不异，不来亦不出。”

“一切实非实，亦实亦非实，非实非非实，是名诸佛法。”

这些话听起来神秘无比，其实讲的也不过就是上述“有 / 无”均非实相的道理。

在中国思想史上，老子及《易经》经传中最早提出这个问题。在魏晋玄学和隋唐佛学中，关于“有 / 无”问题以及空与不空的名相（关于实体及符号与现象）的问题，曾两度形成哲学与宗教思辨大争论的高潮。

我们还有必要指出的一点是，在现代物理学中，关于古典哲学中所抽象讨论的“有无”变迁问题，已经在关于相变与临界现象的研究中发展成为一个极其重要的学科。物理学之所谓“相”，可对应于黑格尔《逻辑学》之所谓“质”，亦即古典哲学家之所谓“有”。

“相”，即一定序态的物理“质”。它潜伏于另一质态中，通过可定量分析的临界条件的参量连续变化（“量变”），达到打破平衡态的临界突变（“相变 / 质变”）。

1969 年，普利高津将非平衡相变中出现的有序和结构发展为“耗散结构”理论。1977 年，普利高津由于这一理论而获得诺贝尔化学奖。他后来曾对记者说，他的理论受益于中国的老子。这是十分耐人寻味的。

论拓扑学——数理逻辑读书札记

拓扑学的基础是集。所谓集，就是任何性质的元素的集合。在这里，元素就是范畴。

有限集和无限集不同，后者又分可数集（一个自然数能对应一个元素）和不可数集（连续集）。

集的任何一个部分叫作子集。集可以进行运算。集的元素之间可以建立对应关系。

基于集上建立函数和映射，函数是两集的元素间的某种对应关系。如果两集的元素间建立了相互的顺序的关系（次序），则此两集为有序集。任何一个集，如果它的元素本身也是集的话，这个集就定义为集系统。

在拓扑学中，集概念是基础。如能满足以下两个要求，某个初始集的任何子集系统就定义为拓扑——该集本身属于该系统；任何（有限或无限）集数的和，以及这个系统的有限集数的交属于同一系统。初始集和其中给出的拓扑叫拓扑空间。所有属于这个系统的集叫作开集。这样，拓扑学可以使用任何元素而不要求这些元素间有确定的数量关系。说明某些集是开集，是确定拓扑的一种方法。开集的物理意义在于集的每个元素都有某种意义上相似的，也属于这个集的相邻的元素。这类相邻的点叫作邻域。

“基”是拓扑学的一个重要概念。拓扑空间的“基”是这样一种开子集的集——其他任何集都可以表示为这些子集的和。在某种意义上，基包含那些可以用来构成所有其他子集的最简单的子集，这等价于构成一切其他参考单位的基本参考单位的发展。基应当是有限的或是可数的（不是连续的），而且基元素（最简单的范畴组）应当互相分离而不会合并。这样就简化了拓扑空间数学运算的证明。

拓扑空间的一个特点是（和几何空间相反），不存在点之间距离的概念，而且点间关系要在其他原理的基础上建立。有时候拓扑学被称为“弹性几何学”，因为拓扑空间的对象可以按需要胀或压成几个部分仍保持不变，但不允许切开或并合。按拓扑的观点，哑铃、咖啡壶和汽车轮胎的形体是一样的。在距离并不重要而关系（特别是在分析各种结构以及将一些结构改成排他结构时）比较重要的情况下，拓扑概念很有用。我们可以看到拓扑空间和实数空间之间的相似性。这种相似性帮助我们深入事物的实质。在拓扑空间中用集，而在实数空间里用数，拓扑空间的基是可数的，也就是一个自然数级。具有可数基的拓扑空间的任何部分都可以表示为基元素的和，而且任何整数都可以表示为自然数的和。这实际上意味着我们像数一样在使用单个的范畴（拓扑空间的点）和范畴的集（组），差别在于拓扑空间的元素之间的距离同实数空间不同，是不确定的。但是拓扑学使用元素，而元素本身是集，因此表现出各种特性。这在描述问题时很有用。

拓扑空间的每一点表示一个范畴，一组范畴表示拓扑空间的一个部分，其中包括属于这个组的一些范畴集、点。假设我们讨论这样一类范畴，准备用一个特征和特点的集来描述，这些特征的数目可能是有限的或无限的。每个特征本身就是一个范畴，我们把它看作一个点。这个点定位之后，我们必须确定它与拓扑空间其他各点的相互联系。拓扑描述了这种相互联系。在制定组织决策时，很重要的一点是，具有对结构特点进行数量评估和对与它的变换及其他结构有关的定量特征进行评估的能力。拓扑变换就是破坏某些联系和建立新的联系。如果联系不发生改变，则按拓扑观点来看就是没有变换。运用拓扑学就有可能研究结构，评价变换的复杂性，建立结构之间的新关系，而结构的拓扑决定了它们的实际性质。研究外形的时候运用拓扑也很有用。

拓扑空间的一种形式同常用的度量空间即距离能确定的空间很相近。这便是所谓豪斯道夫空间，其中任意两点有不相交的邻域。这个特点的含义是各点相互分离。

霍布斯认为，思维“只不过是为了标志和称谓我们的思想而对一般名词的联系加以计算（加和减）罢了”。

从纯操作方面着眼，概念乃是“一种规则，应用它描写客体，使我们有可能断定，该客体是否属于那个同名称相符合的集合自动化”。引进一个条件，将这一过程解释为连贯地采取一些决定并探索这些决定。这样的规则是一种“解答树”，其形状是定向的树形图。我们有可能用数学方式表达概念形成的过程：形成概念的程序是某种运算系统，它运用矩阵，以便建立“解答树”。

概念是以同一性抽象为基础的。在这种概念中，固定着客体作为一个类别的代表所拥有的各种特性；但是，在这种概念中没有该类的亚类所特有的特征，换句话说，这类概念中不包括并列从属的概念。

孔德在 19 世纪中叶宣称，“我们永远不会知道宇宙星体的化学成分”。但是不久，本生（R.W.Bunson）和基尔霍夫（G.R.Kirchhoff）就发明了光谱分析法。

布尔代数，也称逻辑代数或开关代数。它的基本概念是英国数学家布尔（George Boole）在 1847 年提出的。后来，布尔又于 1854 年在《思维规律的研究》（*AnInvestigation of the Iows of Thought*）一书中提出了“符号逻辑”系统。他指出，演绎逻辑中的各种命题可以用数学符号来代表。

“在哲学中我找到一种方法，达到了笛卡尔与其他人借助代数和分析在算术和几何方面所达到的目的。但是对所有科学而言，卢利亚和 P. 基尔赫尔就用组合论的方法制定了这种哲学，只是他们未能深入到它的本质中去。可是，他们指出了一条道路，据此世界上所有现存的组合概念都能够分解成数目有限的简单概念，它们好比是上述组合概念的字母表，用组合该字母表的字母的方法能够重新获得所有东西及其理论。这个发现，如果上帝能让我完成的话，将是我的所有发现的根基，它本身将是非常重要的……”

若干哲学概念的简述

1. 意识形态并非认知工具，而是一个解释和言说的体系，整合（组织）和动员社会的宣传体系。

2. 意识形态与学术关联密切，但决不要与学术混为一谈，特别是人文学术。

3. 关于人文学术，我们避免使用“科学”或“社会科学”的概念。因为“五四”以后的中国文人中存在一种科学性迷信和崇拜——“科学”一词几乎近于偶像，故而发生所谓“德先生”与“赛先生”之崇拜。

4. 科学是一个人造概念系统，与一切人造系统同样地具有虚拟性。科学提供知识，但是知识并不等于真理。

5. 科学系统在立场上要求自身具有客观性，在理则上要求理论具有普遍性，在目标上要求服务于公众之社会性。

6. 意识形态在立场上具有主观性，但也具有普遍性和公众（社会）性。

7. 学术则不然。学术之立场具有主观性，而且很少具有普遍性和公众性，让公众去评定学术是可笑的。[1]

8. 科学是一种认知的学术，探索未知的学术，寻求真知的学术，客观的学术。例如，万有引力定律不会因为研究者的理念不同、信仰不同、立场视角不同而改变。

9. 虽然学术与科学都是寻求认知的理念体系（何谓理念？即系统化的概念、理论），但是学术与科学不同，因为理论立场不同。学术可以成为私人的精神玩具（所谓象牙塔），而科学则是社会公众的工具。

[1] 钱锺书谓：“学问乃荒江野老二三子之学。”意思是，学问大抵是荒江野老，屋中两三素心人议论之事，朝市之显学必成俗学。

10. 科学具有普适性的认知结论，是公众的普遍信念。学术则是私人性的，学术研究是个人行为，因此获得学术发现亦是个人荣誉。只有某种学术结果成为完全无异议的公众意识时，学术才能成为科学。

11. 至今还没有形成所谓“社会科学”。多数所谓“社会科学”之人文学术只是学术，远达不到自然科学系统具有的客观性、理则性、无可置疑的公认性和公众性。因此，人文学术很难谈得上已经具有普遍之科学性。

12. 学术是主观的理念体系和理论。学术具有强烈之个人性色彩，这一点与科学非常不同。[1]

13. 科学观点不会因人而异，但学术观点则往往因人而有所不同，并且经常会改变。

14. 然而，现代物理学却有牛顿物理学和爱因斯坦物理学的区别，表明物理学理论也学术化了——爱因斯坦相对论无疑具有极其鲜明的个人色彩。[2]

15. 科学观念的这种稳定性、普适性和公众性，产生于“科学”之迷信。迷信源于信仰和信念，实际是源于人心中之宗教性。

16. 科学源于理性。但对于多数公众来说，科学并不是理性工具而是一种迷信。迷信科学，因之盲从科学。

17. 科学迷信与宗教迷信的区别只是偶像的不同。宗教的偶像是神，科学迷信的偶像是科学。

18. 所谓反对伪科学的运动，本身就是基于对科学的造神化。

因为科学起源于学术，而学术就是尚不能知真伪、尚未成为共识的前科学。反“伪”运动使既有的科学被置于不容怀疑的神化地位，同时扼杀了许多学术——萌芽状态的前科学或潜科学的种子。

19. 必须慎言所谓“真理”。

通常，人们所谓“真理”往往只是一种信念——我相信这是“真”的而已，所谓“真理”其实只是某些关

[1] 例如，何新讲论的学术，可以叫“何新学术”，但不可能叫“何新科学”。如何新讲论历史，可以叫“何新的史学”，但何新若讲论物理学、化学，则不可称为“何新物理学”或“何新化学”。因为物理、化学的原理是普适性的，不可能因讲论者的不同而有所改变。

[2] 古典物理（牛顿物理）学本来似乎具有无可置疑的真理性，由于爱因斯坦相对论的成立而被动摇。这两大体系在一系列基本原理的预设上（例如，光速不变、时空的多维及三维性）都是矛盾的和分歧的，是目前仍然尚难定论的。

于“真理”的断言而已。一个人宣称或断定“真理就是a”，他的真实意思是“我宣称的真理是a，我认为的真理是a，我相信的真理是a”，如此而已。

但是，他人具有同等权利主张相反的观点也是真理——“我认为的真理不是a，而是b”。[1]

20. 通常，许多关于真理的言说，往往不过是某些人的私见、意见、见解而已。在论辩中高高挥舞科学和真理招牌的人，不过是要求你相信他、迷信他、盲从他而已。

21. 真理是一层层的，正如宇宙本身的构造，在最内层的深处和最外层的远处。真理都是无限而不可穷尽的，有限者并非真理。由于不可穷尽，所以有限的言说并非真理——我们所已知和能知的有限层面，都不是真理。

22. 意识形态既不是真理，也不是学术，更不是科学。

意识形态是一种公共意识，一种集体认知、公众信仰、群体意识。

23. 一个组织，一个团体，一个社会，一个国家，须臾离不开意识形态。

意识形态从精神上维系一个组织；意识形态提供一种集体认同的价值观；意识形态形成社会的精神力量；意识形态通过舆论左右社会；意识形态制造出社会的精神偶像、集体信仰。因此，意识形态是社会信仰的公共神话。

24. 宗教是一种强有力的社会意识形态。

宗教的需要来自人性和心灵的最深处。茫茫宇宙，不测的命运和人生，使得人类的理性、科学、技术显得无比渺小。

宗教信仰提供了使人类灵魂与他界直接沟通的通道，也提供了在现世面对一切人生变局所始终可以依靠的精神支柱和最终归宿。

25. 宗教的强大力量来自它的排他性。一种宗教体系是完全自给自足的，它不依赖任何科学或学术。它是超验和绝对的，宗教是人类意识中唯一自我宣示的“绝对真理”。

26. 一个社会可以没有学术，没有科学，但是绝对不能没有意识形态。没有公共意识形态的社会必定崩溃。

27. 科学的理性素质使之不具有强制性，因此科学

[1] 于是，有人会搬出某种外在的头衔——“是什么专家这么主张”——OK，专家的主张也要接受检验。自相矛盾的，不能履验于事实的，就是屁话。当然，我们通常愿意信赖专家，仅仅因为——当且仅当——他们的主张不自相矛盾且能被事实履验！

不能领导社会。学术的个人性质使得学术也不能引导社会。

28. 意识形态具有强制性、信念性以及集体认同性，因此才能引导社会的集体方向。没有意识形态的引导，一个社会就会迷路。

29. 许多人分不清意识形态与科学和学术的区别。“文革”时期发动批《红楼梦》学术、批《海瑞罢官》等学术和艺术作品，把学术分歧通过意识形态斗争转变为国家政治斗争，实际是泛意识形态化。

但后“文革”时期出现了另一极端，国家一度放弃制造意识形态，放弃意识形态管理，非意识形态化也使国家陷入困境。

30. 历史意识既是人文学术，也是意识形态。作为人文学术，历史学应当由有资格和具有准备知识的专业人士，在学术范围内自由研究。

但面向公众的历史教育则是意识形态，应当受到国家的严格管理，应当以国家和民族的共同利益为准绳，对历史意识的公众传播应该严格审核。

31. 什么叫真理？所谓“真相”（基于客观观察）、“真实”（综合实体）、“真理”（系统化理论），都是认知概念，由感性到理性。

32. 但是所谓“真理”都是人的作品，而人类所知仅是现象。人类对宇宙真正的本质（另一种翻译即“本体”或“自在者”），一无所知而且必然一无所知——这是康德哲学的伟大发现，也是近代欧洲经验主义中最可取的观点。

33. 我们所知道和谈论的所谓事物的“本质”，其根据无非只是来自我们所观察的事物现象，通过猜测或推测而获得的。我们所自以为的事物的“本质”，由于彼此看法不同，难免会有纠缠不清的争论——而且那绝对不是宇宙自身自在的、真正的本质。

34. 正确不意味着真理（例如，1+1=2 是正确的，但非真理）。语义正确意味着符合语言规则。真理则涉及本体性。

35. 黑格尔说：“彻底的怀疑论乃是不可动摇的。”即“坚信一切之不可信”。这也是一种悖论。

36. 科学只是人类寻求对于宇宙和人生进行认知的工具理论。

所谓工具理论，其实是一个实用主义或实效主义的概念。工具理论是主体探索未知对象的解释和认知工具，但并不意味着工具本身是必然真理。

37. 一种理论，只要言之成理（非自相矛盾）、持之有故（有某些事实和理论的依据），就足以成一家之言，构成一种学术。

38. 如果一种学术的理论能够解释一些现象和事实，就可以作为一个工具理论。覆盖的事实越广阔，则工具性能越强。

39. 世界上存在的唯一必然真理是存在的世界本身，除此之外别无第二真理。

"凡是存在的都是合理的"，并非意味着存有即应然，而是说无论人喜欢不喜欢——这个现实的真世界，也唯有这个现实的真世界，是人所必须面对和做出认知的。

40. 所谓认知，就是寻找出那些发生者和存在者，之所以发生和存在的必然理则和根据，即因果性。

41. 现实本身永无错误，错误的只是人关于现实的观念。若想改变现实，就必须首先恰当地认知现实——知道现实何以成其为现状的必然"机制"——从而把握因果关系。

人只有运用现实本身具有的手段才能改变现实。在这一意义上，任何高妙的理念、理想、观念及意识形态都毫无价值。

42. 人类理性的基石就是认知因果性。

43. 因果性不仅是可认知的，而且是可操作的。操作即实践。所以，种瓜自然得瓜，种豆自然得豆。种瓜或种豆是得瓜或得豆的原因，而得瓜或得豆是种瓜或种豆的结果。

休谟的因果怀疑论，由于因果的可操作性（实践）而破产。

知其因果，就可以操作因果和创生因果。能够创生和操纵因果，也就意味着因果的可知性和真确性。

44. 其实，人类的一切认知、言说、理论、学术、科学以及意识形态，都不过是试图描写、解释、表述而把握世界及其因果关系的尝试而已。

45. 关于"实践"，这个词来自明人。

求之语源——"实者，实干。践者，足之所履曰践。故，实干、履践曰实践。"

46. 毛泽东曾说："我的两本哲学书，《实践论》较好。"

确然。《矛盾论》其实是所谓"矛盾"的形而上分析，是一种形而上学（亚里士多德意义上的）。

《实践论》所讨论则为认识论，关于人如何求取真理。

47. 毛泽东的"实践论"主张行重于知。履践和尝试胜于理论与空谈，不务实者必无知。人必须从履践的经验中方能求取真知识，而最终则要以实效为标准而作检验——唯不断成功者，方可信任为真理。因此，并无现成的、既得的、永恒的、最后的、自在的真理。

故，马克思说："问题并不在于如何认知这个世界（人言人殊），而在于如何改造这个世界（为了谁，对谁有利益？）！"

这种实效及实践主义，是一种动态的、辩证的哲学真理观，高明于静态的欧洲经验主义和美国实用主义。

自然哲学与科学哲学

宇宙秩序与科学哲学

记者：您认为神存在吗？“神”这个汉字的意义和本义究竟是什么？

何新：汉语中“神”的本源字是“申”。甲骨文中没有“神”字，只有“申”字。“申”的本义是闪电（“申”“电”古音相通，都是闪电的象形字。“申”字引申为长带，加“纟”即“绅”）。现代人认为雷电是物理放电现象，而古代人认为雷电是神奇现象。神就是这种神奇现象的原动者。自古以来，人们就认为神是有组织、有目的、超自然的宇宙意志。

培根说过一句名言：

“我宁愿相信圣使徒传、犹太经典和《古兰经》中的一切寓言和神话，也不能相信这宇宙是只有躯壳却没有一个主宰的精神和灵魂。所以，上帝无须显示奇迹来反驳无神论。实际上，宇宙中所存在的自然秩序，已经足以驳倒它了。一知半解的哲学思考把人导向于无神论。但是对宇宙与哲学的深刻思考，却必然使人皈依于上帝。因为只有从表面上看去，这自然界的万物才是偶然和不相关联的。可是只要深入观察和思考，就会发现那些错综复杂的因果联系，最终只能导向一个总的宇宙原因——这就是神。”

从现代科学的观点看，自然中理性的秩序和组织确实存在。美国核子物理学家卡普兰说：

“五年前，我曾经有过一次美妙的感受。在夏末的一个午后，当我坐在海边，看着海浪涌来，并且感知自己呼吸的节律时，忽然觉得整个环境都在参加一场巨大的宇宙舞会。作为物理学家，我知道周围的沙粒、水和空气是由振动着的分子和原子组成的，而分子和原子又由粒子组成，这些粒子通过不断地产生和消灭其他粒子而相互作用。我还知道，地球的大气层不断地受到宇宙线簇射的射击，这些高能粒子穿过大气时，发生着多次碰撞。对于这一切，我在高能物理学的研究工作中已经熟悉。但是直到那一时刻以前，我只是通过曲线、图表和数学理论来体验的。

“当我坐在海滩上时，我以前的体验变得栩栩如生：我‘看见’能量的级联从外太空降落下来，在其中以有节律的脉冲产生和消灭着粒子；我‘看见’元素的原子和我身体中的原子参加到这种能量的宇宙之舞中去；我感觉到了它的节律，并且‘听见’了它的声音，就在那一时刻，我认识到这便是印度教徒们所崇拜的舞蹈之神，湿婆（Shiva）之舞。”

现代科学与原始宗教的神秘论者有一个共同点，这就是二者都意识到宇宙中超人类的秩序、组织以及目的性的存在。但是自然科学家认为这些现象之后有自然规律，而宗教则认为这些现象起源于有意志的神灵。

记者：您对于神灵的这种解释，是否就是“自然神论”？

何新：你说得对。自然神论，或译作“泛神论”。马克思认为是披着宗教色彩的唯物论，而我认为它其实是对有神论和无神论的消解（扬弃）。理性主义的大乘佛学，古希腊的柏拉图、亚里士多德，近代哲学家莱布尼兹、斯宾诺莎、黑格尔、康德以及爱因斯坦的哲学都是自然神论。

自然神论与自然哲学

记者：自然神论究竟是宗教还是哲学？

何新：应当说既是一种终极信仰，也是一种自然哲学。自然神论就是自然的生命力论。这种生命哲学，在近代德国哲学中发展得最为彻底。如果说英国的经验主义是近代科学哲学的机械论代表，那么德国的理性主义传统，从莱布尼兹、康德、歌德到谢林、黑格尔，则都主张某种意义上的生命哲学即自然神论。

与机械唯物主义自然观相反，他们认为自然界是一个有机整体，为精神活动所渗透，自然界的一切过程都应该用精神的内在活力来解释，而不应该用物质的机械运动来解释（机械唯物主义的代表作是《人是机器》）。德国理性主义把自然界视为宇宙通过矛盾斗争所发生的必然过程，人性是整个宇宙发展过程中的精华和缩影。

自然神论认为，所谓"神"就是宇宙本身内在的秩序、组织和规律性。自然神论的"神"没有人格化的神格、形象和面貌。为什么呢？因为偶像仅设定了神的一种确定性，它使人误解，似乎神只有某种确定的形象或面貌。

斯宾诺莎说过："一切规定都是否定。"列宁在《哲学笔记》中多次引述这一观点，玩味它。

记者：斯宾诺莎是如何理解上帝的？他是无神论者吗？

何新：黑格尔对此是这样评论的——他说：

"有人说，斯宾诺莎主义是无神论。从一个方面说，这是正确的，因为斯宾诺莎不把神与世界、自然分开，因为他说神就是自然、世界、人的精神——个体就是神以特殊方式的显现。我们倒是也同样可以把他称为无世界论者。斯宾诺莎主张，我们所谓的世界是根本没有的；世界只不过是神的一个形式而已，并不是自在自为的东西。世界并没有真正的实在性，而是一切都被投进了唯一的同一性这个深渊。"

有一位现代泛神论宗教哲学家尼·唐·瓦尔施也这样表述"上帝"：

"人们认为我只是他们见到的那样，而不是他们没有看到的那样。但我是伟大的未表现者，而并非我在任何特定的形式中被设定为存在的那种形式。因此在某种意义上，我乃是我所非是，而非我所是。我来源于不是，归结于不是。（如果我以这种那种特定的形象降临，人们就会把这种形象看作是我。如果我以另一样式显现，因为第二个人看到的与第一个人不同，他们就会认为那不是我。）

"但问题在于，不论我以何种形式显现，不管我选择什么形态、什么面貌，那都是我。我是唯一的，又是无限多的。

"所以，正确的祈祷不应是一个祈求，不应是祈求的祈祷，而永远应是一种感恩的祈祷。无论是福、是祸、是顺境、是厄运——那都是我，那都是我所赋予的现实，而且都是有意义的现实，是只有善因和善果的现实。人们感受到恶，感受到痛苦，并非这种恶或痛苦是真实的（只有善和幸福是真实的），而是因为他们的存在是有限的。这种有限的存在使他们与善和幸福相隔离。如此而已。”

我同意这种观点。

爱因斯坦的自然神论

记者：爱因斯坦也是自然神论者吗？

何新：爱因斯坦认为，我们可以在宇宙的秩序和历史的理性进步、万物的有逻辑有组织的进化序列中感受到一种理性的操作。那操作者是谁呢？那设计者又是谁呢？爱因斯坦谈到他对宗教的理解时说：

“我信仰斯宾诺莎的上帝，即通过存在物的有秩序的和谐（道 /logos）而显示出来的上帝。

“我们所能有的最美好的经验是神秘的经验，它是坚守在真正艺术和真正科学发源地上的基本感情。

“就是这种神秘的经验——虽然掺杂着恐怖——产生了宗教。我们认识到有某种为我们所不能洞察的东西存在，感觉到那种只能以其最原始的形式为我们感觉到的最深奥的理性和最灿烂的美——正是这种认识和这种情感构成了真正的宗教感情。

“我自己只求满足于生命永恒的神秘，满足于觉察现存世界的神奇的结构，窥见它的一鳞半爪，并且以诚挚的努力去领悟在自然界中显示出来的那个理性的一部分，即使只是其极小的一部分，我也就心满意足了。”（《爱因斯坦文集》，商务印书馆，1977 年版，第 50 页）

记者：也就是说，在自然神论看来，所谓神就是大自然本身。

何新：是的。歌德曾说：

“去倾听你的感觉，倾听你的思想，倾听你的体验。如果其中任何一个与你的老师告诉你的，或者与你从书上读到的不一样，那就丢掉那些语言。语言是真理最不可靠的传道者。

“如果你相信上帝是你生命中一切事物的创造者、决定者，你就错了。

“上帝是个观察者，不是创造者。上帝准备帮助你度过你的生命，但不是以你所期望的那样。

“认为上帝授意人以这种或那种方式行动，这是人的一个大的幻觉。

“上帝并不在意人做什么。在一定意义上，上帝连结果也不太关心，甚至最终结果他也不关心。这是因为最终结果是必然的。

“人的感激与诅咒不能用来作为操纵上帝、愚弄宇宙的工具。”

事实上，这种自然神论哲学，可以代表现今的多数现代自然科学家的宗教观点。

大自然的普遍进化

记者：达尔文的进化论是否也是自然神论？

何新：正是如此。但是20世纪的科学哲学已由单一的生物进化论提升到一种视野更广阔的广义进化论。J. 普利高津指出：

“今天，一个变化和发生形态改变的宇宙愈来愈清楚地呈现在我们眼前。时间的流逝是由宇宙中发生的不可逆过程，以及结构和形态的产生标志的。按照以前的科学，宇宙被看成是一种‘自动机’和社会文化，进化不再被认为同无生命的物质系统遵循着不一样的规律。作为对所有这些进化过程进行研究的科学，现在确实处在做‘广义综合’的开始阶段，它要讲清楚宇宙起源，通过生物进化和生物的发展到意识的产生这之间的关系。”

但是这些科学家不知道，早在此之前近二百年，黑格尔所建立的辩证逻辑体系，已经以神秘的语言形式，系统地阐述了这种广义综合的泛进化的基本原理和规律。

在黑格尔看来，宇宙的演化进程本身就是宇宙概念的逻辑发展进程。这就是所谓“逻辑与历史的一致”。

广义进化论

记者: 从过程和进化的观念看，自然哲学应该就是广义的进化论。

何新: 对。根据现代科学比较公认的宇宙进化理论，认为我们生存的这个地球已经有 40 亿年以上的历史了。这完全是一部理性的、宇宙自我演化、自我生成和在自我分化中不断实现更高层次的综合的历史。

150 亿年前，宇宙开始于一个大爆炸，物质从能量中诞生。

50 亿年前，原始太阳系生成。

47 亿年前，地球诞生。

40 亿年前，也许从来自宇宙中漂移的原始有机物（或微生物），也许从地球上的大海中，发育出生命物质的最初胚芽。

40 亿—35 亿年前，地球上出现原始菌藻类的生命体。

27 亿年前，出现了可以进行光合作用的绿色植物（蓝绿藻）。

18 亿—17 亿年前，开始有了真核植物。

20 亿—10 亿年前，地球上出现游离氧，它促进了真核细胞（真菌）的诞生。这是植物起源的时代。

到距今 5.7 亿年的寒武纪时，地球大气层中的氧浓度已相当于现在的 1%（古生物学中所谓的巴斯德点），初步形成的臭氧层已能阻挡一部分高能紫外线，因而开始大量地出现多细胞后生动物甚至甲壳类动物，成为古生物学中的显生期。这是动物起源的时代。

历经了 5 亿年前的奥陶纪、4.3 亿年前的志留纪、3.95 亿年前的泥炭纪，地球大气层中的臭氧层保护作用逐纪上升，从而又为生命从海洋进入陆地创造了基本条件。

到 3.45 亿年前的下石炭纪和 3.25 亿年前的上石炭纪期间，地球表面上已遍布森林。古生代晚期时地球经历了一场大冰期，大批的生物物种惨遭劫运。中生代晚期，地球上爬行动物突然衰败，被子植物和哺乳动物兴起（约 1 亿年前）。

新生代的第四纪（距今 500 万年—400 万年），出现了人类，成为整个生物界出类拔萃的一支后起之秀。地球也因此被赋予了来自人的感觉的辉煌景观。

由于进化，形成的生命体总共有三种：植物、菌类和动物，它们又分为自养生物和异养生物两大类。绿色植物（包括真核绿色植物与原核蓝藻）是自养生物，是大自然的生产者。它们通过叶绿素的光合作用，将无机物质合成有机养料，既供给自己，也供给其他异养生物。菌类中的真菌和绝大部分细菌属于异养生物，是自然界的分解者。它们从动植物及其残体上得到食料，将有机食料分解为无机物质，又为植物供给了生产原料。菌类取食的特点是通过细胞表面去吸取营养，因而亿万年以来始终保持着它的微小体型和简单的构造。动物是异养生物，也是地球上最后出现的一类生物，其取食的特点是摄食，属于地球上不折不扣的消费者，而人类则是自然中最大的能量和资源的消费者。

整个进化史总共产生了 10 亿～40 亿个生物种类。目前，估计还存在着 300 万～1000 万个。可见，在进化当中，淘汰了 99% 以上的物种，保留下来的都是一些百里挑一的“幸运儿”，它暗示着生命的复杂性和与生俱来的神秘性，而人类又是其中最复杂、最神秘的生物物种。

不管生物学和系统控制论是如何解释的，总之现代科学承认：一切生命的外形、外观都是在进化中自我生成的；一切生命的内在机制都是在进化中自我调控的。对称与平衡（协调）的规律，即对立统一规律，始终是调节着这一漫长演化进程的普遍和基本的规律，同时又是构成人类审美意识基础的规律。

人们不难看出，宇宙及其“物质”在这一进程中，这种“自我”生成、演化、协调、平衡的行为，是一种极其有逻辑的理性进程，是一个“辩证”即“矛盾论证”——在矛盾与对立中斗争、平衡、综合而发展的进程。什么叫上帝？其实这就是上帝！——上帝就是大自然的一个漫长、理性而有设定目的“进化”的、有规律地发展的演进过程。

关于“第一原动力”

记者：我与国外的一些科学家交谈时，曾注意到他们中的许多人并不是无神论者。

何新：某些中国学者认为宗教与科学精神是互相排斥的，认为科学精神必然导向无神论的宇宙观，其实这是对近代科学精神的片面性了解。

近代无神论是近代机械论唯物主义哲学的极端产物，认为自然界的一切现象最终可以通过机械的或无机的物理化学规律加以解释。这种思潮在 19 世纪费尔巴哈的人本学唯物主义中得到典型和全面的发挥。

牛顿曾提出“第一原动力”的概念（这个概念最早见于亚里士多德哲学）。有人认为这是牛顿向宗教和唯心论的倒退，我认为这正是出于他对宇宙秩序和起源的深刻理解。

记者：牛顿似乎还没有关于宇宙进化的思想。

何新：关于宇宙起源于一个演化过程，这一自然哲学思想无论在东方或西方都并不是近代才产生的新思想。在中国，从《列子》《淮南子》中都可以看到这种思想的萌芽。在近代，康德、拉普拉斯曾提出关于太阳系起源于星云的著名假设。我告诉你，1975 年，我也曾形成过一个关于宇宙和物质起源的假设。

记者：您的根据是什么？

何新：1974 年，上海出版了康德关于宇宙起源的那本名著。但同时，上海的《学习与批判》杂志一面介绍一面批判了当时美国科学家 G.Gamov 提出的“大爆炸宇宙论”。

对于大爆炸宇宙论的详细情况，当时我所了解的内容甚少。但我从逻辑上知道，它认为现在的宇宙起源于一次瞬间热核爆炸，这是有道理的。黑格尔的逻辑认为，事物的历史进程与概念自身的逻辑演化进程是一致的。我当时排列了以下一个物质概念的演化序列：

基本粒子→化学元素→无机化合物→有机化合物→生物→人类

这是物质形态由简单概念向复杂概念演化的一个逻辑序列，但同时又正是宇宙和物质自身发展的历史序列。最有意思的是，这个逻辑序列同时又是一个圆圈套圆圈的层套式逻辑综合。

所谓“恶劣的无限性”

记者：什么是圆圈套圆圈的“层套式”逻辑“综合”？

何新：你读列宁的《哲学笔记》，会发现列宁非常赞赏而且注意黑格尔关于圆圈式发展的思想。黑格尔说：“概念的发展是圆圈式的，它从圆心出发，吸纳发展每个阶段的成果，像树木的年轮那样，一层套一层。因此，发展虽然是否定，但又是否定之否定，因为所有的先在阶段都不会被放弃，而是被吸纳在作为起点的圆心周围。”列宁《哲学笔记》中多次引述这一思想，但没有解释它。

记者：事物是否真是这样发展的呢？

何新：黑格尔提出圆圈式发展模型，是针对直线性的发展模型。人们通常想象的发展模型都是线性的，或直线或曲线或波浪式的，这种发展模型本身是时间单维式发展的抽象。

黑格尔将这种线性的发展模型讥称作“恶劣的无限性发展”。

黑格尔说：

“无限者的意义具有歧义。斯宾诺莎说：‘那种仅在本类中无限的东西，我们可以否定它具有无限性。绝对无限的本质则涵摄一切为一而不包含任何否定。’当人们说‘如此重复以至无穷’时，这只是恶劣的无限性。数学上的无穷系列，即数列，也是这种恶的无限。这种无限是常见的，当人们谈论无限时，所指就是这种无限。它是不断地否定，并不是肯定的无限、现实的无限，而现实的无限，是自我肯定、是否定的否定。”（关于斯宾诺莎，参见［德］黑格尔：《哲学史讲演录》第四卷，商务印书馆，1978 年版）

黑格尔所谓“恶劣无限”，现代数学称为“有理无限序列”。一个序列的各项如果都是有理数，则该序列称为有理序列。若其中每次均有一后继项，则它称为无限序列。用以产生无限系列的一组运算，称为“无限演算法”。

“所有无限演算法的原型就是重复。这种无限概念是从下述概念引申出来：凡说过或做过一遍的东西可以永远重复。”（［美］T. 丹齐克：《数：科学的语言》，上海教育出版社，2000 年版，第 118 页）

然而，它之所以是恶劣的无限，是因为永远重复的只是同样的东西。

圆圈式发展模型

记者: 那么黑格尔如何理解无限?

何新: 黑格尔所理解的无限是设定的有限者，而又自我超越为无限。

他认为，不应当把发展的进程看作从一个他物变到另一个他物的流动，绝对方法中的概念在它的异化中保持自身。这种在向对立物的异化中保持着自身的辩证发展，是一种综合性的发展。黑格尔称之为“圆圈式发展”。

这种观点，在 20 世纪的现代科学哲学中已被自然科学家重新提出。

记者: 请您解释。

何新: 在现代科学哲学中，有人（如 E. 拉兹洛）提出了“普遍进化论”的思想，并将超生物学意义的广义宇宙进化定义为“广义综合”(the grand synthesis)。《易经》有一个词“保和泰合”即“太和”，其实也是指这种广义的大综合。

黑格尔说:

“凭借辩证方法的性质，科学表现为一个自我扩展的圆圈。仲介把结尾绕回到圆圈的开头，每一圆圈因此而是圆圈中的圆圈。这种前进是这样规定自身的，即它从单纯的规定性开始，而后继的总是愈加丰富和愈加具体。因为结果包含它的开端，而开端的过程以新的规定性丰富了结果。普遍的东西在以后规定的每一阶段，都提高了它以前的全部内容。它不仅没有因它的辩证的前进而丧失什么、丢下什么，而且还带着一切收获和自己一起使自身更丰富、更充实。

“……特殊的圆圈，由于全体的性质，突破其仲介的限制，从而成为一个更大领域的根据。全体把自身显现为圆圈的圆圈，每一个圆圈却是必然的环节。”（[德] 黑格尔:《逻辑学》下卷，商务印书馆，2001 年版，第 551 页）

黑格尔所建立的圆圈式发展模型，是一种多维的或无限维的综合式模型。这一模型与现代科学哲学关于宇宙进化的观点惊人的吻合。

E. 拉兹洛指出:

“进化过程在多等级层次上创造出各种系统。在每一个层次上，那个最高系统层次的结构最初是比较简单的，比组成它的下层系统的结构简单。（当然，那个包罗了下层系统的上层系统的复杂性，要比任何下层系统都复杂，因为它包容了所有下层系统的结构，外加它们之间的关系。）然后，这个上层系统进一步的进化导致在自身所处的一定系统层次上累积性的复杂化过程，并最终导致创造出超回圈，这些回圈又把进化过程推向下一个组织性层次。进化就是这样从较简单的向较复杂的系统类型运动，从较低的向较高的组织性层次运动。”（［美］E. 拉兹洛：《进化：广义综合理论》，社会科学文献出版社，1988 年版，第 42 页）

以物质的发展为例。人类是生命物质发展的最高形态，但人类体质中最复杂的生命物质，如脑细胞、神经元，在其物质构成中综合着从基本粒子到无机物、有机物、单细胞生命、多细胞生命的全部发展序列的成果。

不仅人类如此，在物质发展过程中所生成的每一形态上，都综合着其先在形态的遗传信息和物质成分。所以，更高的发展也就是更大的综合，圆中层层套着圆。从总体的观点看，这种发展无论从任何起点开始，指向任何方向，其逻辑结果却都是合理的。因为没有一个阶段是不必要的、无意义的，其意义最终总是呈现在形成总体的进程中。

历史随机发生，其结果则总是合乎逻辑的必然。这就是历史的神秘性之所在或者说体现在“自然”现象之下的理性秩序——“上帝的历史意志”。

宇宙自身就是生命体

记者：您的这些观点过去是否发表过？

何新：在 1980 年以后发表过。（参见何新：《论概念思维与逻辑结构的客观基础——对黑格尔逻辑理论的几点新探讨》，《外国哲学》第五辑，商务印书馆，1984 年版。又见何新：《何新集》，黑龙江教育出版社，1988 年版，第 44 页）

现代大部分天文学家认为，宇宙是在 150 亿年前的大爆炸中产生的。随机的过程中（最初三分钟），原子结合中子变成原子核，以及原子核结合电子变成氢氦和其他原子，原子尘埃和原子尘埃作碰撞、旋转、集结随机运动。

但是，随机运动形成的物质，是否能产生成千万条适合宇宙适用的天体、物体、化学、数学等规律与定理呢？在现代天文学已知的几千亿个银河系，每个银河系又有几千亿颗恒星、行星，那么要产生适应于这几千亿乘以几千亿近于无穷大颗星群上统一规律的机会、概率近于无穷小，可以说接近于零。

物理学家赫尔曾说："物质变化生热，是由复杂而变简单，是一种退化现象。例如，铀变成镭，镭再自动发热，变成铅质，都是复杂变为简单。这是物理的基本定律。"

宇宙体，假如仅是物质和随机运动的话，绝对不会有简单变成复杂的可能性，这种由简单至复杂的逆向运动不会发生。在大爆炸后，由简单的质子变为原子核，由原子核变为原子，由分子形成星球与星系，并随机产生千万条宇宙适用的规律与定理，这种有秩序的定向演化进程，是一个极其理性的进程，无法用随意性加以解释。

唯一能解释这种由简单变成复杂运动的只有生命性，即理性——逻辑的运动。只有生命性才会由简单的原子变成细胞或胚胎，发育、成长，由简单变成复杂，形成生命体。那么，宇宙应该是一个统一的生命体，因此它才有统一的规律与定理，统一的原子，统一的射线，统一的星系。整个宇宙，尽管至大无限、至小也无限，但是在整体上却是统一的。这种统一性体现于其存在的连续性和本质/本体的无差异性。

新的发展总是走向更高的综合

记者：这种圆圈式发展模型，实际也肯定了发展各阶段对全过程的积极性意义。

何新：是的。因为发展就是综合，综合就是回复于自身，将外化与异化的对象吸纳到更高阶段的综合中。

正是这种无限的综合，形成了存在的连续性。就是说，宇宙中的万物是一种统一而普遍的存在，物与物（阶段与阶段）之间并没有绝对的间断或分隔。这一点，早在莱布尼兹的时代，像莱布尼兹这样深刻地思考宇宙本质的哲学家已经洞悉和讲述过。他认为：

"所谓无差异性，就是说尽管存在的万物形态千差万别，但在本质/本体上则体现于统一。”

人是万物之灵长。但人体物质中，综合着从基本粒子到灵长类动物物质结构、遗传信息的整个序列，并没有新的为其他事物所不包含的东西。存在的秘密，似乎永远不是原创的秘密，而只是构造和组合的秘密。

人的生命的秘密、灵魂的秘密、意识的秘密，以及道德 / 法律 / 正义的秘密，都已在宇宙的基本存在结构（原逻辑，先验理性，以及平衡与协调即对称的公理）中先验地存在。

宇宙万物是统一的生命体。可以把宇宙生命体看作是一个统一的，包括无限维空间、全资讯控制的智慧体。虽然宇宙无限之大，但一个星系发生变化，一定会波及整个宇宙。一个星系的生成、毁灭，也是整个宇宙的生成、毁灭。一个星系的规律，一定普遍地适应于整个宇宙。宇宙生命体的资讯控制不是由一个 CPU 或一个脑集合体由 CPU 式或脑式控制中心来指挥控制一切，这是不可能的。即使是用光来传递控制资讯，亦即 30 万公里 / 秒，还是远远来不及控制整个宇宙的。至今为止，还没有发现比光更快的速度。所以，我认为宇宙生命体的智慧控制，是一种具有更深刻根基的、目前科学还不能解释的“全资讯控制”。

宇宙生命体总是通过毁灭自己来创造一个新的宇宙。宇宙毁灭与生成方式的基础就是对立统一规律。宇宙毁灭时，将能量压缩，但宇宙所含有的一切规律、定理不生不灭，资讯被记忆保存在超物质的“超子”中。当超子发生大爆炸时，将能量释放，质子和中子充满宇宙，结合成原子核。同时，在原子核中已带有宇宙一切规律定理的全部原生资讯。

宇宙本身就是具有最高智慧的生命体。一切星系、射线、空间、时间以及其他生命，都是宇宙生命体有限的、特殊的存在形式。既然宇宙自身就是一个生命体，那么也必然有生存、发展、壮大、毁灭的历史，这就是科学所要研究的宇宙的历史性。

对于宇宙这种生成逻辑的观察，涉及宇宙本体问题的最深刻之点，它已不是狭义的自然科学所能解答的。这需要一种泛理性甚至超越理性的更高信仰和理解，它包含了对于至善的信仰，即对真、善、美的总体性信仰。这种超越于理性的信仰，我认为就是哲学及宗教信念必然性与必要性的根基所在。

自我与无限

记者： 您是否认为哲学、宗教与科学三者之间具有互补性？

何新： 科学是特殊性的专科知识，即康德所谓“智性”；哲学是综合的整体性认识，即黑格尔所谓“辩证的理性”；而宗教及艺术则超越于感性与智性、智性与理性的鸿沟，沟通着已知与未知的世界，直接通达于人类对于至真、至善、至美的终极形态的信仰、追求和热爱。

近年来，自然科学方法论中出现了一种关于“弦”的理论。这一理论所蕴含的哲学理念似乎也近似于黑格尔的圆圈式互补理论。在某种意义上，21 世纪的自然科学与理性主义的宗教信念，正在一个同心圆系列（弦）中共振和互补。

在本体论上，心是物源；在认识论上，主体意识能动地反映存在，以模拟理性、重构本体理性。

记者： 最后再问一个问题，以结束我们今天的对话。您对哲学和宗教问题的这种研究，也是在东北生活的那些年代中进行的吗？

何新： 不完全是。但是，我永远会怀念我在北大荒研习哲学，苦苦思考宇宙终极存在问题和宗教问题的那些难忘岁月。

在那夏日的夜里，独坐在草原上，脚下是一道浅浅流淌不息的小溪，听着夏虫呢喃，看着闪烁在溪边的萤火，注视着头顶上的星空；或是在那星夜寒冷的雪原上，雪在月光下闪现着幽幽的蓝色光亮，空气澄澈而冷峻，头顶上的星空仿佛像一张神秘的巨网，以无数只眼睛神秘地投注着你。这时，我心中常常浮起康德在《实践理性批判》中的名言：

“有两种东西，我们愈时常、愈反复地加以思索，它们就给人心灌注了时时在翻新而且有增无已的赞叹和敬畏：那就是我们头上的星空和内心的道德法则。

“我无须远求它们或猜度它们，仿佛它们掩蔽在黑暗中，或处在我的视线以外的超越境界中一样；我亲眼看见它们在我面前，并把它们和我自己的存在意识联系起来。

“前者从我在外部的感官世界中所占的位置开始，把我在其中的联系扩大到重重世界、层层星系的无限范围中。此外，还延伸到它们的回圈运动、生成和延续的无限时间中。

“后者开始于我的无形的自我、我的人格，并把我呈现在一个具有真正无限性的世界中，不过这个世界只有悟性才能追寻出来。它使我觉察到，我和这个世界不是处于一个单纯偶然的联系中，如在前边那样，而是和它处于一种普遍的、必然的秩序中，正是通过这个秩序，而与所有那些有形世界联系起来。

“前一个重重世界的景象好像消灭了作为一个动物者的我的重要性，这个动物在短期内不知怎样偶然地赋予了一定生命力以后，又不得不把它所有已造成的那些物质还回它所住的那个行星（而这个行星仅是宇宙间的一粒微尘）。在另一方面，第二个景象却借我的人格，把作为一个灵物者的我的价值无限提高了，在这个人格中，道德法则就给我呈现出一个独立于我的动物性存在，甚至独立于全部感性世界以外的另一种生命。

“这一层是至少可以从这个法则所指派给我的有目的的命运所推断出来的。这个命运不是仅限于今生的条件和限制之上的，而是通向于无限和永恒的。”

【附记】

以上哲学对话，整理于20世纪90年代后期。盖人类之精神现象史有五个阶段，即巫、信、智、理、魔。

巫即巫术，信即信仰，智即知智，理即理序，魔即魔境。

石器时代之多神教及万物有灵论是巫术阶段。一神教之中世纪是信仰（宗教）阶段。启蒙时代是知智阶段。20世纪的科学体系处于理序阶段。科学以理性秩序为根本，声称“知识就是力量”，欲以理序“改造自然”“重建宇宙”。然而，其结果是自然生态及地球环境之巨大破坏，当今人类面临重大生存危机。于是，人类方知科学并不能穷究宇宙以及万物之理序，未知现象、未知自然对人类之反制反而愈来愈强大。故，21世纪之人类精神正回归于无法之法的魔境阶段。所谓“UFO”一类未知灵界，即是明证也。

古谚所云：“道高一尺，魔高一丈。”魔性胜乎人性，宇宙胜乎人类。故歌德《浮士德》预言，“历史终以魔境胜乎人性及智性、理序而告终”。

不弃智理，则不能通乎魔意，这正是理性主义之所局限也！一叹！

西方古典哲学

《哲学史讲演录》读书札记

关于矛盾

“假如有人自己很高兴，以为他仿佛是有了艰巨的发现，当他能够翻来覆去地从这一概念推到那一概念去运用思想（寻求根据，τουζλγουζ），我们便可以说，他并没有做出什么值得称赞的事。”（他错了，因为他只是指出了一个概念的缺点，否定了一个概念，便推到另一个概念。）

“因为他所做的既不是什么卓越的工作，也不是什么困难的工作。”这种扬弃一个概念而建立另一个概念的辩证法是不正确的。“困难而真实的工作在于揭示出另一物就是同一物，而同一物也就是另一物，并且是在同样的观点之下；按照同一立场去指出事物中有了某一规定，它们就有着另一规定（这就是说，同一物就是另一物，另一物就是同一物）。反之，去指出同一物在某一方式下是另一物，另一物在某一方式下也是同一物，大的也是小的。”

关于“理想国”（乌托邦）

“意思是说，在头脑里把这里想得很好，这种国家观念在思想中本身是真的。而且这个理想也是可以实行的，不过唯一的条件仅在于要有卓越的人，也许要像月亮里那样的人。至于一说到地球上的人，那么这一理想就不可能实现了（我们必须正视人的本来面目，由于人的邪恶，理想是难以得到实现的），因此这样一个理想完全是虚幻的。”

"这样一小撮忧郁愁苦的生灵是绝不能构造一个国家的。正如虱子（或寄生植物）只能生存于一个有机的躯体内，不能单独生存一样。假如这样的一批人要构成一个国家的话，那么他们的羔羊式的善良，他们那种只知关切自己个人、自己爱护自己、自己永远看到和意识到自己的优点的虚荣心就必须全部扫除干净。因为在公众中的生活和为了公众的生活并不需要那种软弱的怯懦的善良，而正需为公众服务。"

"一个有了弱点和缺点的人，只要他丝毫不珍视它们，他就会立刻自己把自己从这些弱点和缺点里解脱出来了。"

"真理绝不会只是幻想！怀抱愿望当然是完全可以容许的。不过，假如人们对于伟大而真实的东西也仅仅怀抱着虔诚的愿望，那就是不信神的。一个人如果不能有所作为，也同样是不信神的。因为一切事物都是神圣的、完美的，而他不能欲求任何确定的东西，是因为一切确定的东西都有其缺陷。所以，那样的理想，无论其形式如何美妙，都不应阻挡我们的路，就是僧侣和教友派教徒也不能阻挡我们的路。"

关于亚里士多德

"亚里士多德乃是从来最天才最渊博（最深刻）的科学天才之一——他是一个在历史中无与伦比的人。"

"当他把科学这样地分成为一定概念的一系列理智范畴的时候，亚里士多德的哲学同时也包含着最深刻的思辨的概念。没有人像他那样渊博而富于思辨。"

"他许多世纪以来乃是一切哲学家的老师，但从没有一个哲学家曾被完全没有思想的传统这样多地歪曲他，人们把与他的哲学完全相反的观点归之于他——最坏的洛克式的经验论，等等。"

"在亚里士多德那里通常称为能力的，也被称为'隐德来希'。这个'隐德来希'其实就是和潜能相同的范畴，不过是就其为自由的活动性而言，就其具有目的于自身之中、为自己设定目的并积极为自己确立目的，一就其为规定、目的的规定、目的的实现而言，就叫'隐德来希'。灵魂本质上就是'隐德来希''逻各斯’——普遍的规定，自己设定自己并自己运动的东西。”

“要是说在近代，将规定绝对的存在为纯粹的活动性看成很新鲜，我们可以知道乃是出于对亚里士多德思想的无知。经院哲学家把这个视为神的定义，乃是对的；神是纯粹的活动性同，是那自在自为的东西；神不需要任何质料，一再没有比这个更高的唯心论了。”

“亚里士多德哲学中的主要环节，是思维与思维的对象的同一——客观的东西和思维（能力）乃是同一个东西。”

“因此前者（动作、活动性）比起那自以为占有了神圣事物的思维理性（νουζ），更是为神圣的。”

“神永远在思辨之中，而我们则只偶尔思辨。”——对于我们，思辨只是个别的情况，而神则是这个永恒的思维自身。

“而神就是以思维而存在的。但神也具有生命。因为，思想的实效就是生命。”

“νουζ（理性）不是思想（νοησιζ），而只是能力（δυναμιζ），那么持续的思维就会使理性困倦。”

“神作为有生命的神，就是宇宙；在宇宙里面，神作为有生命的神，显现出他自身。”

“必然性（causae effcientes，作用因）和目的性（causae finales，目的因）。”

“亚里士多德的主要思想是：他把自然理解为生命，把某物的自然（或本性）理解为这样一种东西，其自身是目的，是与自身的统一，是它自己的活动性的原因，不转化为别物，而是按照自己特有的内容、规定变化以适合它自己，并在变化中保持自己。在这里，他是注意那存在于事物本身里面的内在目的性，并把必然性视为这种目的的一种外在的条件。”

“自然行事，犹如宙斯大神降雨；降雨并非为了使谷物生长，而是出于必然性。上升了的水蒸气冷却了，被冷却的水就成为雨落了下来，下雨根本是它本身的事，谷物因此而茂盛起来那乃是偶然的。正如假定谷物因此受害，也不是雨点为了使它们受害而落下，雨点落地是无意地造成灾害而已，这是偶然的事。”

“门齿锐利而宜于咬断食物，臼齿宽阔而适于磨碎食物——这样的事也是能够通过外部的必然性而产生的；它们是偶然碰在一起的，并非由于有一个共同的目的而必然产生的。”

“自然是‘隐德来希’。——自己产生自己的东西。”

“真正的存在里面的一般性乃是那消失了的东西的重新出现，但是由机缘和偶然而发生的东西却没有一件是这样的。凡其中具有一个目的（τελοζ）的东西，那先前的和以后的都会服从这个目的。”

“如果燕子筑巢，蜘蛛织网，树木植根在泥土里以便从土里吸取养料，这乃是因为在它们里面——这样一种保持自己的原因或目的。”

“在自然里就有这个‘隐德来希’—— 一种自己产生自己的一定的内容。”

“但亚里士多德对自然、对生命的这个概念，在近代对自然和生命的看法中，已经消失而不复存在。在这方面，人们把压力、冲动、化学关系—— 一般地即把外在的关系当作原理。只有在康德哲学里，亚里士多德的概念才重新出现：生物本身就是目的，必须被认作自身用的。”

“自然一身是两重的（或者说有两个环节），一个是质料，另外一个是形式；形式是目的，是某物为了它或向着它生存的东西，是自己推动自己的东西。”

“植物、动物的起因，其所以是这样构造，是因为它们生活在水里、在空气中；它们之所以是这样构造，是为了能生存在空气中、在水里。”

“对自然的这种真正的理解，从两方面说已经不存在了：第一，由于机械论哲学，这种哲学永远只看到外在的原因（和外在的必然性），这些原因本身也仍是事物。第二，神学的物理学把原因看作是理智——自然之外的思想。康德已把这个概念在我们心中重新唤起了。自然产物乃是本身就具有的目的，以本身为目的的目的，是一种自己对自己发生关系的行为，一种这样的原因。它有一个效果，这个效果却又是那个原因的原因。”

“亚里士多德的逻辑学，它千百年以来备受尊崇，正如它今天极受轻蔑一样。”

“他是被人称为逻辑学之父的。从亚里士多德以来，逻辑学未曾有过任何进展。亚里士多德所给予我们的这些形式，它是一种至今还被维持着的学说，并更加形式化。”

“这个逻辑乃是一部给予它的创立人的深刻思想和抽象能力以最主要荣誉的作品。”

《宗教哲学讲演录》读书札记

1. “自为，即自身成长的，自我发展的。”

2. “宗教是这样一个领域，在其中，世界的一切谜都已被揭示，比较深刻地考虑着的思想之一切矛盾都已被揭露，感觉上的一切痛苦都已平息，它也就是一个永恒真理、永恒宁静、永恒和平之领域。”

3. “神是起点也是终点，是起源也是归宿。”

4. “对人具有价值和尊严的一切东西，人在其中寻求他的幸福、荣誉、自尊的一切场合、途径都在宗教中，在关于神的思想、意识和感觉中，找到了其最后的中心点。因此，神是一切的开端和一切的结局，正像一切都从这一点产生出来一样，一切也都返归于此，而且他也是这样一个中心。在宗教中，人跟这个中心发生一种关系，而他的一切其他关系都融化于这种关系之中，提高成为绝对自足的东西。”

5. “宗教是绝对自由的。”

“在这种关系中，对人而言，他不再是为了他自己，为了他的利益、他的虚荣，而是为了绝对的目的。他们始终把宗教看作他们的尊严，看作其生命的安息。我们把一切在我们之中引起疑虑和恐惧的东西，一切忧伤、一切忧虑、一切有限性的狭隘利益，都往后舍弃在尘世的沙滩上。”

6. “绝对性、普遍性、超越性，是三大主题。”

“就像一个人让一条狗咀嚼刊印的作品，以便把精神引进它一样荒唐。如果一个人的心胸没有超脱这有限世界的奔波，没有在对永恒者的渴望或者预感或者感觉之中，完成自己本身的提高，并且没有察觉到灵魂纯粹的以太（精气），那么，他就没有占有在这里应该加以领悟的素材。”

7.“行星、植物和动物都不能偏离其本性的必然性，偏离其真理，它们会成为它们应该成为的东西。但是，在人的自由之中，存在和应该是分开的；这自由在自身之中具有随意性，它能够跟它的必然性，跟它的规律分离，并反对它的规定性。”[1]

8.“在一切科学之中，只能有一个方法，因为方法就是说明其自身的概念，并不是什么别的东西，而概念只有一个。”[2]

9.“在哲学的考察中，也从概念开始；然而它就是内容本身，绝对实质、实体。譬如说，就像胚芽一样，整个一棵树就是从胚芽发展起来的。树的整个本性，树叶的种类，出枝的样式，这一切规定都含蓄在这里面，然而并不是采取这样一种先成的方式，以致人们用显微镜就可以看到微型的枝叶，而是采取精神的方式。因此，要领包含对象的整个本性，而认识本身无非就是概念之发展，也就是那自在地包含于概念之中，但尚未前进到实存，尚未开展和呈现的东西之发展。于是，我们从宗教的概念着手。”

10.“有人认为，从抽象到具体的过程是基于我们的方法，是基于概念，而不是因为现存许多特殊内容。我们的见解与此完全不同。绝对的、最高的存在所属之精神，仅仅作为活动而存在。这就是说，就它设置自己本身而言，它是自为的，而且生产自己本身。然而在它的这个活动中，它是知者，而且只有作为知者，它才是它之为它。”

11.“精神根本不是直接的；自然物是直接的，而且保持着存在的状态。因此，精神的存在不是直接的，恰恰相反，仅仅作为生产自己本身，通过作为主体的否定而自己创造自己存在，否则它仅仅是实体；而且精神的这个‘到达自己’乃是运动，活动是它自己对自身的中介。”

“石头是直接的，是造成了的。可是，无论如何，生物就是这活动。因此，植物的第一实存就是胚芽的脆

[1] 信仰是精神的坚定与执着，是观念性的活动，信仰不是非理性，而是绝对精神性的，所拒绝的是感性的事实。正像人类把一切当作不理解的命运加以接受一样，对宗教也是如此。方法就是发展进程的抽象化。

[2] 信息是演化的结果，又是发展的根据，信息是精神的存在，是无形的现实。

弱实存，而且它必须由此发展自己，首先生产自己。末了，植物在种子的展开中述说它自己；植物的这个开端也是它最后的产品。同样，人初始是孩子，而且作为自然的东西经历这个圆圈而生出另一个。”

“在植物当中，有两种个体：开端的种子不同于另一种其生命达到完成的个体，在后者之中，这展开已经成熟。然而精神正是这个，因为根本是活生生的，在初始仅仅是自在的或者是在其概念之中，然后前进到实存，展开、生产自己，变成成熟的，并生产它本身的概念，即它自在地就是的那个东西，以致自在地就是的那个东西乃是它的，为自己本身的概念。孩子还不是符合理性的人，仅仅具有天赋，初始不过自在地是理性，凭借其教养和发展，才成为精神。”

“因此，这个叫作规定自己，前进到实存，为他者而存在，使它的各个环节进入差别以及铺开自己，这些差别无非是包含在概念本身的自身之中的规定。”

“这些差别的展开以及由此产生的过程，乃是精神达到自己本身的道路；然而它本身就是目标。绝对的目标，就是它认识自己、理解自己，成为自己的、如同在自己本身之中的对象，达到对于它本身的完全认识；这目标最初就是它真实的存在。于是，精神生产自己的这个过程，它的这个道路包含各个有差别的环节。但是，道路还不是目标，而且精神不经历整个道路就不能达到目标，它并非原本就在目标那里。”[1]

12.“东方泛神论，或者更正确地说，斯宾诺莎主义都包含这样一点：在万有之中，神圣者仅仅是一内容的普遍者，即事物之本质，然而这也被表述为事物之确定本质。”

“当梵天说‘我是诸金属之中的光泽——发光者，诸河之中的恒河，诸生物之中的生命’如此等等时，个体的东西因而被扬弃了。梵天并不说‘我是金属、是诸河，一些任何一种直接实存着的各个个体事物本身’。光泽不是金属本身，而是被提高而超出个体的普遍者，即实体东西，不再是 παυ 即作为个体的万物。”

“时间、空间属于生物；然而所强调的仅仅是这个个体性中不朽的东西。在这生命的领域之中，各个‘生物的

[1] 思考是模拟信息也是模拟思想。发展是形成新信息的运动，一切发展都是文化（信息群，信息类型），是组织，自组织的方法是普遍逻辑。

生命’就是无局限者、普遍者。但是，当人们说万有就是神时，这个体性是按照其全部局限，其全部有限性、须臾性来理解的。”

“可以承认：善与恶之间的差别是自在的，即在神这唯一真的现实之中被扬弃了。在神之中，没有恶。假如神是恶，那么才有善与恶之间的差别。但是，人们不会承认：恶是一肯定事物，而且这肯定事物就在神之中。神是善的，而且仅仅是善的。”

“宗教与哲学一样，发自人对于自身及存在的本源（历史）和本体（结构、空间）的理解要求。宇宙的绝对本源和本体，就是神。”

13.“神是绝对存在的，问题只在于神介入各个特殊存在的方式。例如，对于特定的偶然的你以及个体的人，是否会有直接的介入或启示呢？在诸多偶然的可能链条中，是否有超越偶然的选择呢？在人类历史与现实中，我们不能不注意到，这种直接地介入也是存在的。”

论黑格尔哲学的历史渊源

一

在逻辑科学的发展历史上，有四次具有重大意义的科学突破。亚里士多德的《工具论》开创了古典形式逻辑；培根的《新工具论》发展了归纳逻辑，从而为建立近代自然科学提供了一种新方法论；布尔、罗素发明了概念的符号演算系统，创造数理逻辑。逻辑史上的这三大成就是早已为人们所熟知的。然而，唯有其意义不下于这三大成就的另一大成就，却至今仍未得到正统逻辑学界的重视和承认，这就是黑格尔所创立的一种新逻辑类型——动态的逻辑，即关于时间与历史的形式语言、周期结构，历史演化进程中的有机逻辑。

黑格尔的逻辑理论，不是这位思想家一时心血来潮的偶然作品。它不仅是康德以来德国古典哲学发展的必然产物，而且是培根以来西欧近代哲学发展的结晶。这是一件具有划时代意义的伟大精神作品。

它的深奥性极其突出地表现在这一点上：在黑格尔逻辑学问世以来的将近二百年中，几乎所有的研究者都只能把它作为一部本体论的形而上学著作来认识，只有极少数的研究者（马克思、恩格斯和列宁）认识到了它对于逻辑学、人类认识论和科学方法论的重大意义。

二

要理解黑格尔逻辑学的伟大意义，就有必要对欧洲近代史上对认识论和方法论的研究史作一下回顾。

德国哲学家文德尔班（Wilhelm Windelband）曾指出："近代欧洲新哲学开端于对新认识方法的积极探索——开端于逻辑方法论的改革。"（［德］黑格尔：《哲学史讲演录》第四卷，商务印书馆，1978 年版，第 95 页）这是极为中肯深刻的见解。

培根和笛卡尔是处在中世纪经院哲学向近代新哲学转变时期的两个关键性人物。他们都以对哲学方法论的革新作为哲学探讨的根本目标，但是他们却走上了两条对立的而又都具有真理性的思想道路——前者通过《新工具》创立了以归纳逻辑为认识工具的实验主义哲学，后者通过《方法论》创立了以演绎逻辑为认识工具的理性主义哲学。（《哲学史讲演录》第四卷，第 98 页）

17 世纪是近代欧洲哲学中方法论问题觉醒的世纪，培根和笛卡尔在诸多方面都是这种哲学新思潮的典型代表。他们都有力地攻击教化空洞的正统经院哲学，主张与世代因袭相传的俗见和偏见决裂，认为对宇宙、对人类的科学认识要在找到新方法论的基础上重新开始。

培根是近代逻辑学中新归纳法（不同于亚里士多德的简单枚举归纳法）的创始人。马克思曾称培根为"整个现代实验科学的真正始祖"。（［德］马克思、恩格斯：《神圣家族》，人民出版社，1958 年版，第 163 页）黑格尔也曾说："我们需要用一个名字、一个人物作为首领、权威和鼻祖，来称呼一种作风，所以我们就用培根的名字来代表那种实验的哲学思考。"（《哲学史讲演录》第四卷，第 31 页）在哲学史上，培根又被称为"经验主义"哲学的倡始者。（由于"经验主义"在现代汉语中已产生了一些有歧义的用法，为了避免对这个词义的误解，我们使用"实验主义"这个新概念。）

培根是试图给科学研究程序以逻辑组织形式的先驱。他坚决主张新哲学与经院哲学的决裂，因为经院哲学一味迷信死的权威，只从一些抽象的而且常常是错误的定义出发，在语词的迷宫中争论不休，对人类科学知识却毫无建树。

因此，培根主张拒绝旧的形式逻辑。他认为形式逻辑工具只对死知识的组织整理有用，却不能提供活的新知识。只有对自然现象直接观察，应用分析和归纳的逻辑方法提出假说，并通过科学实验去验证假说，才能发现对宇宙事物的新知识。

哲学的目的不是为了用文字辩论，而是为了用知识征服自然。为此，他创作了《新工具》这部重要的归纳逻辑著作，试图以此来代替亚里士多德的古典逻辑名著《工具论》。

培根所倡导的这种实验主义科学方法，一方面是对 16 世纪以来哥白尼、开普勒、伽利略首先应用于天文学和物理学中的实验观察分析的科学认识方法的逻辑概括，另一方面又开启和动摇了他以后整整一个时代的科学和哲学新潮流。

“在这个意义上，他是万古留名的。笛卡尔同培根一样，坚决反对旧权威，强调哲学和科学知识的实践性。不过，与培根不同，他不是把物理学而是把数学看作哲学方法的典范。他不主张摒弃三段式，而主张像数学（几何学）研究那样运用演绎逻辑。他主张科学思考开始于怀疑，检验认识的标准是理性而不是权威。通过怀疑找到一些绝对确实的初步原理，从而通过正确的逻辑演绎推导出未知的新真理。”

如果说培根认为思想的内容和客观性来自感性可观察的实在客体，那么笛卡尔则力图从理性的先验公理和思想过程的独立性、不矛盾性出发去发现和确认真理。因此，正如黑格尔所说，笛卡尔重建了思辨哲学的逻辑基础。

在近代自然科学史上，笛卡尔也是一个承先启后的重要人物。他建立了解析几何，对近代代数做了开拓性的研究工作，并发明了许多重要的研究方法，为后来高等数学的一系列推进奠定了基础。他对机械力学、光学、天文学也有许多贡献。

正是以培根和笛卡尔的新方法论为标志，近代欧洲哲学走上了两个不同的发展方向。在培根实验主义哲学方法的指导下，力学、天文学、生物学、化学等一系列自然学学科相继诞生，自然科学与形而上学相分离，并从哲学中独立出来。

培根的认识论，通过洛克的理论，发展成建立于感觉论之上的经验主义认识论和唯物主义的自然观，并通过 18 世纪法国启蒙哲学得到了普及。

在笛卡尔理性主义哲学方法的指导下，一方面启示了后来的莱布尼兹、斯宾诺莎，另一方面是近代数学逻辑上的严密化、公理化、形式化最终演化出数理逻辑。笛卡尔代表的思辨方法的进一步发展，通过莱布尼兹、斯宾诺莎、康德的中介，最终演化出一种崭新的逻辑理论——黑格尔逻辑。

三

哲学是把握时代精神的最高理论思想形态。在每一种哲学体系上，均深深地打下了时代的印迹。

艺术史家丹纳（H.A.Taine）曾说过：

“要了解一件艺术品、一个艺术家、一群艺术家，必须正确地解释他们所属的时代的精神和风俗概况。

“一件艺术品，无论是一幅画、一出悲剧、一座雕像，显而易见属于一个群体，就是包括作者的全部作品。

“艺术家本身，连同他所产生的全部作品，也不是孤立的。有一个包括艺术家在内的总体，比艺术家更广大，就是他所隶属的同时同地的艺术学派或艺术家家庭。”（[法]H.丹纳：《艺术哲学》，人民文学出版社，1963年版，第7页、第4页、第5页）

在与时代精神和文化背景的关系上，哲学正有类于艺术。就黑格尔的《逻辑学》来说，一方面，逻辑学是黑格尔的哲学作品群中的一个代表作。在黑格尔的早期著作中，我们可以看到他走向逻辑学的思想运动，而在后期著作中我们则无所不在地可以看到逻辑的精神。

另一方面，黑格尔哲学又是德国古典哲学这个哲学家族或学派的产物，没有谢林的影响和启示，就不会有黑格尔的哲学，而没有康德和费希特的启蒙，又不会有谢林的《先验唯心论体系》。

然而，如果把问题进一步推开来讨论，我们又必须注意到：为德国古典哲学在思想上的诞生拉开序幕的康德哲学，又正是17—18世纪那个近代科学和文化通过文艺复兴和宗教改革而走向启蒙觉醒时代的产物。

四

黑格尔在《哲学史讲演录》的结语中曾说：

“哲学史的一般结论是：

“在各个时代所存在的是同一个哲学，它在同时代的不同表现构成同一个原则的必然方面。

“哲学体系的递相接连的次序不是偶然的，而是表明了这门科学发展阶段的次序。

“一个时代的最后一种哲学是哲学发展的成果，是精神的自我意识可以提供的最高形态的真理。因此，那最后的哲学已经包含着此前的哲学，包括有此前各阶段在自身内，是一切先行的哲学的产物和成果。”（《哲学史讲演录》第四卷，第 378 页）

马克思曾高度评价黑格尔的哲学史观点，认为“一般说来，哲学史是从它开始的”。（《马克思恩格斯全集》第四十卷，人民出版社，1982 年版，第 189 页）

就让我们用这个观点考察一下，黑格尔哲学与德国古典哲学的诸先行者和当时的精神文化的关系吧。

五

产生德国古典哲学的 18 世纪中叶，在近代欧洲历史上是一系列伟大的历史变革由酝酿走向爆发的大转折时代。一般来说，一个民族走向伟大振兴的历史进程，常常首先是通过思辨理性，即哲学的觉醒和文学艺术的繁荣开始的。在世界历史上，18 世纪是一系列世界历史性意义的伟大事件发生的世纪——如美国独立战争、法国大革命。

对于德国来说，这正是德意志民族走向统一和复兴的前夜时期。这个时代的精神，相当精彩地体现在歌德的一部伟大作品——《浮士德》的悲剧之中。康德就是书斋里的浮士德；费希特和谢林就是燃烧在激情火焰中的浮士德；而黑格尔则是经历了一系列戏剧性的生活和历史变动后，复归于理性的老年浮士德。（［德］

荷夫麦斯特:《黑格尔书信集》第三卷，人民出版社，1998 年版，第 83 页）我们可以把这个时代戏剧性地称为浮士德精神的时代。

1825 年，黑格尔在写给歌德的信中说：

“如果综观一下我的精神发展的全过程，就可以看出它同您有千丝万缕的联系，因此请把我称作您的一个儿子吧。”

黑格尔的哲学，其实也正是这种浮士德精神的儿子。

黑格尔著作中最富于浮士德精神的作品，是写成于 1805—1806 年间的《精神现象学》。黑格尔在晚年把这部著作称作一次精神的“探险旅行”，这是他的第一部独出心裁的巨著。在这部著作中，黑格尔第一次系统地发表他称作“绝对方法”或“辩证方法”的思想，并试图以此解释人类文化精神的演化史。

六

这种方法，蕴含了几年以后在《逻辑学》中得到提炼和纯粹化的哲学理论。马克思指出：

“他（黑格尔）只是为那种历史的运动找到抽象的逻辑、思维的表达。这种历史并不是作为观念的主体的人的现实的历史，而只是人产生的活动、人发生的历史。”(《马克思恩格斯全集》第四十二卷，人民出版社，1982 年版，第 159 页）

黑格尔说：

“有关这种运动的或有关科学的方法的许多要点，看来也许需要先行予以说明。但这个方法的概念早包含在我们上面讲过的东西里了，而真正对这个方法的陈述则是属于逻辑的事情，或甚至于可以说就是逻辑自身。”(《精神现象学》序言，商务印书馆，1979 年版，第 31 页）

“它们在这种知识因素里首先发展成为一个有机整体的那种运动过程，就是逻辑或思辨哲学。”(《精神现象学》序言，第 24 页）

但是在《精神现象学》中，这种绝对方法和思辨体系尚未完成，可以说存在的只是结构。正因为如此，马克思认为《精神现象学》是“黑格尔哲学的真正诞生地和秘密”。(《马克思恩格斯全集》第四十二卷，第 159 页）

七

要理解黑格尔在《逻辑学》中所提出和讨论的全部哲学例题，还必须预先讨论一下斯宾诺莎和康德。

康德提出了问题，提出了先验知识形式的存在。

斯宾诺莎的实体转化为后来费希特的主体意识、谢林的历史意识，最终在黑格尔的体系中得到了综合。康德哲学对于黑格尔的关系具有启蒙的意义，可以类比于休谟哲学对于康德的关系。

康德在《未来形而上学导论》中曾说，是休谟对因果关系范畴的怀疑和对纯粹经验论的怀疑，把他从独断论的沉睡中唤醒：

“我坦率地承认，正是休谟的哲学在多年以前首先打破了我教条主义的噩梦，并且在我对思辨哲学的研究上给我指出一个完全不同的方向。我根本不赞成他的结论，但多亏他的第一颗火星，我们才有了这个光明。”（《未来形而上学导论·导论》，第 9 页）

黑格尔在《逻辑学·导言》中则说：

“我要提醒读者，在本书中，我常常考虑到康德哲学，因为康德哲学——不管在别处和在本书中，对它的确切性以及它的说明上的特殊部分如何考察——它只是构成近代德国哲学的基础和出发点；不管对它可以有什么非难，它的功绩并不因此而减削。”（《逻辑学》上卷，第 45 页）

八

黑格尔的逻辑理论，作为本体论、认识论和逻辑方法论的统一，既是一个独特的创造物，又具有深刻的理论渊源。

在黑格尔哲学中，我们确实可以看到一种思想史的辩证综合。

然而，对黑格尔逻辑理论影响最大的，则是斯宾诺莎和康德的哲学。前面已指出，黑格尔逻辑是本体论、认识论和逻辑的统一体。如果说，就逻辑理论看，黑格尔是先行性地发展了一种独特的辩证逻辑方法，那么，就本体论看，黑格尔继承和发展了斯宾诺莎的实体论，而就认识论看，黑格尔则受到了康德哲学的深刻影响。

九

全部哲学的根本研究课题有三个：

A. 客体的本质是什么？——本体论和自然哲学。

B. 思想与认识的本质是什么？一般规律是什么？（作为思想普遍工具的逻辑斯蒂的本质是什么？）——认识论和方法论哲学。

C. 客体与思想认识主体统一于什么？

问题 A 是贯穿全部人类认识史和哲学史的根本问题。问题 B、C 则是在回答 A 的过程中，并且为了解答 A 而提出的。在希腊、罗马时期，对问题 A 的探索是主题。在中世纪，神学宇宙观成为经院哲学的主题。近代哲学，正是在培根、笛卡尔以后，问题 B、C，即认识论、方法论和逻辑工具问题，才成为直到今天仍被几乎所有的重要哲学家不断研讨的基本主题。

十

实验主义与理性主义分别代表了近代哲学在解答上述问题中形成的两大流派。它们的对立具有极其深刻的认识论根源。

实验主义认为，人的一切知识，均通过感觉、知觉来自对客体现象的概括、归纳、分析、综合。真知识只能是通过感觉，并可以在感觉中得到印证的知识。

这种认识论否定了经院哲学的超感性观念及抽象思想，为近代实验科学的发展奠定了牢靠的基础。

然而这种哲学的弊病则在于：

（1）它无法解释经验知识的逻辑一贯性、必然性，以及根据这种必然性所推出的新知识。例如，在数学中的知识。

（2）它无法解释作为主体异化物的知识对于客体的规范性。因此，由洛克的感觉论发展为休谟的怀疑论是必然的。

理性主义则针对上述问题提出了知识的先验必然性、自存在的逻辑彻底性。它不否认人的一切知识来自感觉，但不承认一切知识根源本来存在于感觉。笛卡尔、黑格尔继承柏拉图的思想，认为在感觉之外还有一个自身存在的理性王国。

由此可见，笛卡尔、黑格尔与培根、洛克的对立，乃是古希腊柏拉图与亚里士多德体系的对立在更高认识阶段上的重现。

十一

斯宾诺莎提出了“实体”范畴。

实体是实在物的实体，又是作为存在物普遍样式的实体。统一着思维与存在的实体是宇宙万物的绝对本体，实体的属性是思维和广延（自然界），它不仅是自然界的实体，而且是神的实体。

理解宇宙的根本困境在于，存在作为现实的存在与变动的存在之统一。实在的存在与变动中的潜在存在，统一于自在自为的存在。

经验论认为，知识只能来源于对自在即实在存在的感觉和理解。

理性论则认为，潜在的存在作为现实物观念的存在是更本源的，因而是更深刻的东西。它超越感性之上，只能通过理性思维去理解。

斯宾诺莎的实体哲学，正是从这样一点上成为黑格尔哲学在本体论观点上的出发点。由潜在的存在向实在的存在的过渡，即由抽象的观念性存在向现实的具体性存在的过渡，由无形的存在向有形的存在过渡——这种双重存在的对立统一观点，构成了黑格尔辩证法和作为黑格尔辩证法核心思想的对立统一规律的深刻秘密。因此，他在阐述斯宾诺莎的哲学时说：

“我们看到，这个意思可以用一句话来表示——把存在理解为对立的统一。”（《哲学史讲演录》第四卷，第 95 页）

“对立并不是在有限者与无限者、有限与无限的抽象中建立的，而是思维与广延。思维是返回自身，是简单的自身同一；然而这就是一般的存在。”（《哲学史讲演录》第四卷，第 98 页）

实体是永恒存在物自身，而实体的一切有限形式——社会、家庭、国家政治组织、个人及人与人关系的一切带有时代烙印的存在形式，都曾存在于这个实体中，又被扬弃于这个实体中，是有限的存在。正因为如此，有人指责斯宾诺莎的实体论为无神论（这在当时是一个十分可怕的宗教和政治罪名）。黑格尔说：

“人们指责斯宾诺莎主义，说它是无神论：神与自然（世界）是一回事，不把两者分开；他把自然当作现实的神，或者把神当成自然，于是神就不见了，只有自然被肯定下来。”（《哲学史讲演录》第四卷，第99页）

黑格尔不无幽默地为之辩护说：

“斯宾诺莎倒是并没有把神与自然对立起来，而是把思维与广延对立起来；神是统一，是绝对的实体，世界、自然倒是浸入，消失于神之中……因此斯诺宾莎主义并非‘无神论’，而是无世界论。”

黑格尔的本体论完全吸收了斯宾诺莎的实体观点，他对斯宾诺莎给予了极高的评价。他说：

“要开始研究哲学，就必须首先做一个斯宾诺莎主义者。斯宾诺莎的体系是提高到思想中的绝对泛神论和一神论。（《哲学史讲演录》第四卷，第101页）

“斯宾诺莎是近代哲学的重点：要么是斯宾诺莎主义，要么不是任何哲学。”（《哲学史讲演录》第四卷，第100页）

十二

黑格尔为什么把存在理解为思维？

实际上，黑格尔的绝对唯心论观点正是通过他对斯宾诺莎实体哲学的扬弃而得到的。

这一点，可以极其明显地从《精神现象学》的“序言”中看出来。

黑格尔说：“照我看来—— 一切问题的关键在于：不仅把真实的东西或真理理解和表述为实体，而且同样理解和表述为主体。”（《哲学史讲演录》第四卷，第37页）

在这段论述中，黑格尔明确地指出他的本体论观点是以斯宾诺莎的“实体”

范畴为出发点的。这种实体范畴，又正是建立于思维与存在相同一，即“知识自身”（思维）与“知识之对象”（存在）相统一的基础上的。

接着，黑格尔对于“实体 = 主体”的思想作了进一步发挥：

“而且活的实体，只当它是建立自身的运动时，或者说只当它是自身转化为其自己之间的中介时，它才真正是个现实的存在，或换个说法也一样——它这个存在才真正是主体。”（《哲学史讲演录》第四卷，第 37 页）

这就是说，作为主体的实体乃是一种有生命的存在物。它是通过时间的进程不断地实现自己，由潜在过渡到实在，使自身内容现实化。

“实体作为主体是纯粹的简单的否定性，唯其如此，它是单一的东西的分裂为二的过程，树立对立面的双重化过程，而这种过程则又是这种莫不相干的区别及其对立的否定。所以，唯有这种正在重建其自身的同一性或在他物中的自身反映，才是绝对的真理，而原始的或直接的统一性，就其本身而言，则不是绝对的真理。”（《哲学史讲演录》第四卷，第 37 页）

在这里，黑格尔指出了他的实体观点与斯宾诺莎和谢林那种思维与存在直接同一、静态同一观点的区别。

实际上，黑格尔这种思维与存在相同一、实体与主体相同一的观点，包含着对宇宙存在本质的一种非常深刻的、辩证的理解。他的见解包含在如下论述中：

“一般说来，由于像上面说过的那样，实体本身就是主体，所以一切内容都是对象自身对自我的反思。一个实际存在物的持续存在，或者说实际存在物的实体，乃是一种自身同一，如果不同一它就会陷入瓦解之中。

“不过，自身同一就是纯粹的抽象，而纯粹的抽象就是思维。

“这样一来，实际存在从本质上说就是思想了。——在这里，人们已经理解到存在即是思维了；在这里，也已透露出一种总与通常关于思维与存在同一的那种无概念的说法互相分歧的洞见。”（《哲学史讲演录》第四卷，第 37 页）

黑格尔又说：

“也即是说，实际存在物的持续存在，既然自身同一性就是其纯粹的抽象，那么它的持续存在就是它对其自身的抽象。”（《哲学史讲演录》第四卷，第 37 页）

"这就是实际存在的（客观——作者注）知性。……阿那克萨哥拉当年作为第一个认识到本质的人所说的那种心灵。"（《哲学史讲演录》第四卷，第37页）

"因为单一性就是使其自己运动并将其自己加以区别的那个思维，就是固有的内在本性，就是纯粹的概念。那么，因此理智性就是一种形成过程，而它作为这种形成过程，也就是合理性。"（《哲学史讲演录》第四卷，第38页）

"通过这样的运动，纯思维就变成为概念——自身运动——它们的实体。"（《哲学史讲演录》第四卷，第22页）

由这种实体观念出发，黑格尔推演出了他的逻辑概念：

"它们在这种知识因素里自我发展为一个有机整体的那种运动过程，就是逻辑或思辨哲学。"（《哲学史讲演录》第四卷，第24页）

黑格尔不赞同笛卡尔、斯宾诺莎企图用数学中的形式推理方法代替哲学方法的做法。他认为："斯宾诺莎、沃尔夫和其他的人，找错了路子，竟把数学这种方法也应用于哲学，所以哲学至今没有找到自己的方法。"（《哲学史讲演录》第四卷，第31页）

"真正对这个方法的陈述是属于逻辑的事情，甚至可以说就是逻辑自身。因为方法不是别的，正是全体的结构之展示在它自己的纯粹本质性里。"（《哲学史讲演录》第四卷，第35页）

在上述话语里，黑格尔已揭示了他的逻辑理论的全部重大秘密。

十三

黑格尔逻辑理论的第二方面的内容是认识论。就认识论看，黑格尔的逻辑理论是对康德认识论的继承和发展，尽管又是对康德认识论的反驳和批评。

总之，对于黑格尔认识论影响最大的乃是康德的思想。在《大逻辑》的"导论"中，黑格尔曾这样指出：

"我要提醒读者，在本书中，我常常考虑到康德哲学。因为康德哲学——不管（我）在别处和在本书中，对它的确切性以及它的说明上的特殊部分如何考察——它总是构成近代德国哲学的基础和出发点；不管对它可以有什么批评，它的功绩并不因此而削减。"

在近代欧洲思想史上，康德哲学是一个极其重要的关节点。康德综合了实验主义与理性主义这两大潮流，试图解决形而上学与实验科学的对立，找出它们共同的认识论基础。

康德把哲学变成了认识论。在《纯粹理性批判》一书中，康德所提出的研究课题是——通过对认识论的探讨，证明形而上学的何以可能。但这种研究的结论，证明了它的不可能。黑格尔指出：

“康德哲学的著名的学说，认为知性不可能超越经验，否则认识能力就将变为只不过是产生脑中幻想的理论的理性。这种学说曾经从科学方面，为排斥思辨的思维作了论证。”

其结果是，这一理论导致了形而上学的崩溃。

“在这段时期以前，那种被叫作形而上学的东西，可以说已经被连根拔掉，从科学的行列里消失了。什么地方还在发生，或可以听到从前的本体论、理性心理学，宇宙论或者甚至从前的自然神学的声音呢？”

黑格尔如下几个方面是重要的：

（1）康德打破了形而上学，黑格尔则试图复兴形而上学。

（2）康德对认识论提出的三种形态：

A. 感性；B. 理智；C. 理性。

这一分类被黑格尔移用，先验理性被改变为绝对理性。

（3）康德所提出的逻辑范畴，黑格尔转化为《逻辑学》中关于客观逻辑中的范畴。

（4）康德的三一综合方法，被黑格尔发展为“正 / 反 / 合”的否定之否定公式。

（5）康德对哲学的全面研究：

A. 纯粹理性批判（逻辑学）；

B. 实践理性批判（历史哲学）；

C. 判断力批判（美学）；

D. 道德形而上学（法哲学）。

以上都可以在黑格尔哲学中找到相对应的门类。

十四

文艺复兴以后，近代哲学家面对着两大任务：

一是从宗教迷信和经院形而上学中解放出来，推翻旧的虚假知识体系，探索关于宇宙的真知识（真理），以及达到这种真知识的新方法，从而为改进人类生活服务。

这次任务首先在培根的认识论中得到自觉意识，又在笛卡尔理性主义的怀疑论中得到贯彻。（笛卡尔的怀疑论与古代的怀疑论不同。古代的怀疑论是幼稚的，任意怀疑一切；而笛卡尔的怀疑论则是明确地怀疑成见、传统。古代以怀疑为目的；而笛卡尔则把怀疑作为达到真理所必需的方法。）认识论的革命之花在近代自然科学——首先是实验物理学的发展中结出了果实。笛卡尔作为近代自由精神的第一代表，是以反抗并拒绝非批判地接受传统或习惯的观念为哲学形态的。他指出，我们必须怀疑一切可以怀疑的东西作为追求真理的前提，以怀疑一切为起点，拒绝接受任何只是习惯上坚持非我们理解所证明的东西。但笛卡尔又说，教会所规定的宗教原理和国家法律是不能怀疑的。

二是论证自然科学理论的认识论基础，建立自然科学的方法论体系，并把这种在自然现象领域获得无可争辩的成功的方法引入社会科学——人文科学中来。

这个任务首先在休谟哲学中被提出，在康德对认识论的批判体系中得到了贯彻。

康德把先前的哲学从方法上概括为两种：

独断论的——经院哲学是其代表；

怀疑论的——笛卡尔哲学是其代表。

康德把自己的哲学称之为“批判的方法”。

康德认为，“批判哲学”是独断与怀疑的综合，但既非单纯的独断，又非单纯的怀疑，而是有怀疑的断定、有断定的怀疑。（康德认为独断论必然导致怀疑论，而怀疑论也是某种特殊形式的独断论。唯有批判哲学能超出二者之上，作为真理的认识方法。）

十五

17 世纪，在近代欧洲文明文化史上通常被称为“理性觉醒的世纪”。

这个世纪以笛卡尔和培根的理性哲学揭幕，而以牛顿经典物理学体系的完成闭幕（1687 年，牛顿《自然哲学的数学原理》问世）。

在此后的一百年（几乎整个 18 世纪）里，从洛克、贝克莱、休谟、霍尔巴赫到康德，整整一代哲学家都致力于从哲学——认识论、方法论、本体论、有神或无神论的立场上来消化物理学和数学的这一伟大成果。

从根本上说，康德的《纯粹理性批判》正是这一批判过程的产物。

从康德哲学中可以深刻地看出，牛顿物理学的许多范畴被引入。例如：

感性论：绝对——空间，时间。

理智论：先验逻辑，质，量，因果，相互作用（作用与反作用）。

在黑格尔《逻辑学》中，近代物理学的这种巨大影响依然到处可见。除了康德的范畴外，他还借用了引力、反作用力、原子、电与磁、数学分析等物理学范畴。

17 世纪是文艺复兴时代的终结和理性时代的开端，认识终于从一千年的禁锢僵化状态中解放出来了。

十六

培根提出了新方法，即对自然界做实验，然后作出解释现象的假设，应用归纳法概括原理，再用进一步的实验来验证。理论是否正确不再依靠经验和推论，实验事实成为检验理论的最高权威。

伽利略说：“自然界里再没有什么比运动更古老了，哲学家们曾就运动写下了连篇累牍的著作。然而，我要论述运动所固有的一些性质，它们至今未被发现，或未被验证。例如，据说下落物体的自然运动是不断加速的，但是至今为止尚未证明加速是按怎样的比率进行的。”

他用小球实验并找到了规律，从而制定出了关于加速度的公式：

物体下落的实验规律，于几十年后成为继牛顿后第二运动定律——近代物理学的一块基石。

实验物理学的巨大成功使物理学家极其鄙视抽象的思维，鄙弃依靠这种思维而建立的理论大厦——旧形而上学。例如：

“物理学，警惕形而上学啊！”

“我不作假设。”

这是牛顿的两句名言，也是英国自培根到洛克的哲学传统。这一派哲学即实验主义。

在大陆上，由于宗教政治的影响，也由于文化科学的不发达，形而上学的传统根深蒂固。

笛卡尔是杰出的数学家，莱布尼兹也是杰出的数学家，与牛顿同时发明了微积分的数学分析方法。

他们缔造了近代哲学中大陆理性主义的传统。

十七

黑格尔《逻辑学》体系借以构成的两大基本规律：

1. 客观演绎原理

客体在自我延伸中自我变异，并将统一性延续在变体中，从而构成一连续性的实体类属。

这种连续实体是客观概念。

自我变异即特殊化，即概念的自我判断。

概念与判断统一于客观三段式。

2. 综合原理

每一变体，作为更高级物，都把母体（作为低级物）在质的规定性、结构、规律等方面作为自身的环节之一综合于自体中。

因此，黑格尔对于逻辑学的最大贡献，是他揭示了思想逻辑形式、结构的普遍性——不仅属于主体，而且属于客体。自亚里士多德以来，逻辑一直被看作人文科学——人类思维的一般形式，虽然亚里士多德一直从本体观点去寻找思维形式的客观基础。

这种客观主义逻辑观在近代数理逻辑中被彻底抛弃了。所谓逻辑实在论是彻底在主观主义逻辑斯蒂，而把逻辑主观化的倾向在罗素、维特根斯坦一派的数理哲学中贯彻得尤为彻底，他们坚决地断言命题的逻辑语言陈述与本体毫无关联。

但正是黑格尔极其深刻地揭示了思想结构的客观起源，并从这一起源上论证了它的客观有效性——主观理论的逻辑真理为什么必定也是客体存在的经验事实，而这也正是自休谟、康德以来一直试图求解的问题和秘密。

外延语言研究“真”，内涵语言研究“是”。前者涉及名与名之间的关系，后者涉及名与对象（主/客）之间的关系。由此，解决了唯名论与唯实论的问题——前者是唯名论的，后者是唯实证的。

康德哲学札记

一

我们这个时代可以称为批判的时代，没有什么东西能逃避这种批判。宗教企图躲在神圣的背后，法律企图躲在尊严的背后，以超越于这种批判，而结果更加引起人们对它们的怀疑，从而失去了人们对它们真正尊敬的地位。因为只有经得起理性的自由和公正审查的东西，才能得到理性的尊崇。

近来，形而上学已成为不断冲突的战场，起初是独断论掌握霸权的，可是怀疑必须探索新的认识方法。

理性中的哥白尼革命：

不是经验的——从直观中找概念，不是伦理的——从分析中找概念，而是构造的——以理性自身的规律为出发点，设定自然要答案。例如，伽利略的实验，用事实证明他所预想的规则（构造）。

两种知识：经验的，后天的；先验的，先天的。

两种判断：分析的；综合的。

一切分析判断都是先验的，一切经验判断都是综合的。但还有一类先天判断本自先验逻辑，逻辑划分为：分析逻辑，评判的；辩证逻辑，构造的。

二

康德在《纯粹理性批判》的“先验逻辑”部分的开头，谈到感性和智性在认识上的不同作用：

“我们的知识来自意识的两个基本源泉：第一是接受表象（对印象的接受力），第二是处理这些表象、认识一个对象的能力（概念的主动性）。”

“我们的意识在某种方式之下被刺激从而获得表象的接受能力，称为感知性，由其自身提供表明的能力，也就是认识的主动作用，就要称为智性。”

“智性不能直观，感官不能思想。它们只有结合起来，才产生知识。但正因如此，才不应把双方各自的功能混淆起来，倒有重大理由把二者仔细地区别开来。”

感性具有以下特性：

（1）感性是接受表象的能力；

（2）感性必须被对象刺激才能得到表象；

（3）感性自身具有一定的方式，也就是它自身具有这样的本性，即一种固定的内在规定性、内在的条件，只有在这种方式规定性或条件之下才能被对象所刺激，才能接受对象的影响。

智性与感性的根本区别在于，前者能制作符号和使用符号，以置换直接性感知刺激的对象，如记忆将关于对象的表象以及符号储存在人脑中。因此，正是感知性与知悟性建立了人脑（心灵）中的一个主观世界——第二世界。它是图像的（借助感知与表象的记忆），也是抽象的，即符号的。

三

什么是思考或思维？实质就是利用这些抽象符号进行组织、联结，模拟现实、置换现实以及演算活动。但是，思维不仅是单纯的演算活动（弗雷格的错误在此）。

将符号相互联结和组织，是对现实中关系和结构的模拟活动。这是命题、判断、陈述的起源。

所谓现实，既是客观现实，也是我的心理现实，因此陈述中包括自我的诉求。

思维与语言之所以相同，因为二者使用着同一个符号系统。语言的辩证歧义

（悖论）根源之一在于这种混用中。因此，建立一个专属于思维的符号操作系统是有意义的（莱布尼兹）。但是，思维活动不是单一的或简单的演算活动。数理逻辑作为哲学的失误在于此。

外部对主体的冲击，对自我自主性的破坏、扭曲，以及主体的反抗与挣扎，是人类痛苦的根源。我有大惑，为吾有身。若无身，我有何患？死亡，则是最强有力的异化力量，不可抗拒。人类只能以精神和文化的传递战胜个性的死亡。

主体与环境的差异和对立导致感觉。主动性就是拒绝同化于环境，而利用环境所提供的外物吸纳它们，使它们成为塑造主体——自我的条件。这种塑造和保持自我的能力愈强大，则主体就愈自由；反之，即无自由。同化于外界环境，即是适应顺应。外部所先已给定的条件和环境，就是客体，就是必然性。必然与自由的对立和矛盾（冲突）根据在于此。

感觉即主体与外部的接触。感觉是纯粹的东西，它借助于感官发生，但并非等同于感官。因此，感官自身也有感觉（如我眼睛痛）。生物起源于一种自主性，自主性起源于外力对物体的改变。物理反应、化学反应是更深的自主性。在外界的冲击下保持住自我，这就是生命自主性的起源。

在自然界中，人类是最强大、最有力的自主性主体。人类利用外部条件建立了文化系统，文化最强有力地保持了一个群体的共性自我。

四

感觉的产生以外物在一定情况下刺激感官为前提，这个真理很早就为人所知。

赫拉克利特认为，一切感觉起于一种变化，只有具有互相对立的性质的东西才能互相影响。例如，触觉与我们身体的冷热程度相同的东西不会引起感觉。

亚里士多德的观点比较细致、深入、有系统。

感觉是接受对象的刺激、影响，所以必须有感觉对象。另一方面，感觉是动物的一种接受能力。

“感官是指一种能力，这种能力把物的可感形式接受过来而不带着质料。”譬如，把一方印章放到一块蜡上面，这块蜡上面就出现了印章的图像，至于印章是金的还是铜的，都不会印到蜡上面。

感觉能力有潜在和现实的不同状态之分。单从具有一定的能力看，是潜在的；等到表现出一定的作用，这就是现实的。

感觉能力由于外物的刺激，有一个从潜在到现实的过程。

感觉的发生借助于感官。但感官不是感觉，感官只是接受器官。主导感官发生感受的是意识，意识中潜在的具有感受的内在模式，而这种模式被所接收的外在信号所激活。所谓听力、视力，即感受能力，就是这种内在的主导感受发生的模式。

亚里士多德对这个问题似乎有更深刻的想法，“一定要有一种能力，才可以有感觉”。

什么是能力？感性和感觉器官事实上是一回事，但是又不是一回事，因为二者的本质不同。

没有感觉器官，不会有感觉。感觉器官是进行感受的具体物，它占空间，具有量。可是，感觉这样的事实能不能仅仅说是一种量呢？不能。所谓的感觉能力，所谓的感性，就不是量。不是量是什么？是具有量的感觉器官的 logos（“逻各斯”）或能力。

五

霍布斯是近代唯物论体系的创始人。

洛克的感觉论—— 一切观念根本上来自感觉，每一个人在最初的感觉产生以前，意识中不存在任何观念。洛克以其在这个方面理论上的彻底性成为神学的天赋观念论的直接对立面。在洛克的影响下，18 世纪法国启蒙运动的哲学家继续在感觉论的道路上前进，目标是反对神学的天赋观念论，反对贝克莱的主观唯心论，反对笛卡尔的二元论，反对莱布尼兹的单子论。

“单子”就是 idea。唯一真实的是单子，单子是非物质的。物质不是实体，究竟是什么？以单子论为前提，物质只能是单子的现象。单子是能动的，它的能动性有两方面：知觉和欲望。空间、时间是我们直观的形式上的根据，是主观的。

现代观点认为，空间、时间既非像莱布尼兹所说的实体与实体的现象方面的关系，也不是牛顿所说的不得独立于物质的物质世界的容器，它们是感觉世界的形式上的根据，是意识本身的一定的规律，由于这种规律一切感官对象都必须属于这整个的感觉世界或现象世界。空间、时间不是客观的、实在的东西，它们是纯直观。

空间不是从外部经验抽引出来的经验概念。因为一定的感觉会关联到在我们之外的某些东西，还有与此相似的是我们之所以能把那些东西表象成为彼此互相在外、互相邻近，从而不仅把它们区别开来，并且把它们表象为在不同的地方，这都必须已经有空间表象作为基础。所以，空间表象不能依靠经验从外显现的关系得来，倒是经验要依靠空间表象才可能得到。

时间不是从经验抽引出来的什么经验概念。因为如果不是有时间表象先天地作为基础，那就不会知觉到共存或者继续。只是在时间表象的前提下，人才能设想某些东西在同一时间（同时）或是在不同的时间里。

六

康德主张一切知识起于经验。那么，关于空间、时间的知识也必是从经验得到的。这个“起于”，是从时间角度来说的。在经验之前，人实际上不会有任何知识。

这就是说，只有出现了经验，一切知识才得以出现。通过经验在一定的时间中出现的知识，其中一部分是无可预料、只能给定的各式各样千变万化的特定表现，还有另一部分是一切特定表现的必然的、严格普遍的形式或条件，前一部分具有一种来源，后一部分具有另一种来源。

前一部分的来源是在我们以外，因为它们是给定的，必须靠着经验才能认识到。后一部分的来源值得考虑，因为它们是一切感觉经验的先决条件或前提。虽然我们的经验总是有限的，我们永远不会有完全的经验，可是我们并不需要完全的经验，甚至根据一次经验也可以了解到空间或时间表象是感觉经验的必然条件，甚至只需要一次经验也会了解到空间时间表象是一切感觉经验的普遍条件。

这两种知识正是有这样的不同，而后一部分知识具有必然性和严格的普遍性。之所以如此，不是由归纳多次经验表明的，且不论依据怎么重复的经验也是不能得到这样的了解的，因为依靠经验得不到必然性和严格的普遍性。空间、时间表象从事实上真正说来，本质上也不是从经验中抽引或归纳得到的经验概念。

因为，从心理学的立场，考察个人的认识的发生和发展过程，完全应该肯定从婴儿时期开始，对空间或时间都有通过经验逐步认识的情况。但是，这种研究不是知识学的内容。

知识学不从个别的人着眼，而是对知识作本质分析。

康德主张空间绝非经验的表象，是一种具有必然性的先天表象，它是向外直观也就是向外显现的必不可少的条件。所谓先天的表象，我们知识是具有必然性和严格普遍性的表象。这种表象显然不能来自经验，那么其来源如何？来源只能是人类认识能力本身，属于人们的本性。先天的基本标志是必然性和严格的普遍性，如从来源说，它必定属于人类本性。

七

康德在 1789 年 5 月 26 日致赫尔茨（M.Herz）的信中有这样一段话："一个圆形的可能性完全不是依据一个实践上的命题：用一条直线围绕一固定点运动画出一个圆形，如果这样就纯是具有或然性的了，一个圆形的可能性是在圆形的定义中给定的，因而这圆形是根据定义构造出来的，也就是在直观里，但是不是在纸上（经验上），而是在想象中（先天的）画出来的。因为我总可以用粉笔随便在黑板上画一个圆形，并在圆形里边画上一个点，于是我就可以根据（所谓的）名义上其实是实在的定义，就着这个圆形来论证圆表现的一切性质，尽管这圆形跟用一条固定在一个点上的直线通过旋转所画的圆根本不相一致，可是我认定圆周上的各个点与圆心距离相等。所谓画一个圆形，乃是从定义（或者是所谓公设）引出来的实践上的结果，如果这个可能性，即使是圆形这样的可能性，不是已经在定义中被给定了，那么就不可能要求得出这个结果。"

康德说："几何学以空间纯直观为基础。算术甚至在时间里把一个一个单位继续地增加，从而构成其数的概念；特别是纯粹力学，只有利用时间表象才能构成运动概念。"首先是数学（算术）的数，数目的数的概念是在时间纯直观中的构造。再往根本上说，一般量的概念也是这样构成的。算术（以及代数）的先天综合知识以时间纯直观为其可能性的先决条件。

在同一客体中具有相互矛盾着的、对立的谓语，如同一物又在又不在同一地点，这就是变动、运动。如果时间表象不是先天的直观，就不可能设想经验中的普遍的变化和运动。只有在时间里，我们才能认识到一对象具有两个互相矛盾、对立的规定性。互相矛盾对立的规定性在先后继续着的不同时间里可以属于同一物。所以，这种时间观点从一个根本方面说明了动力学中的先天综合知识的可能性。

康德的独特观点是——空间时间（现在把二者合在一起谈）是人类感性本身固有的形式或条件。人通过感性与外界联系（感性的活动体现为不同感官的活动）。感性是接受性，它需要的是一切外来的材料或者说各种各样的信息，不然它就会空无内容，无所尽其用。

但它本身并不是空空如也，它也不会是白手起家（像洛克所喜欢说的），它不是自身不具任何规定性、无依无靠的什么东西，天下没有这样的东西。假定有这样的东西，姑名之曰"真无"，那么这种形而上学的"真无"也就永是"无"，它不会接受任何影响，不会"有"，因为它缺少从"无"转化为"有"的一切可能性和根据。

按照康德的说法，感性是人类的感性，是理性人的感性。人的感性特点是以三维的空间和一维的时间作为它接受表象的框架，这二者是感性的要素。没有这种框架或这样的要素，人的感性就不存在了。感性既然是接受者，就不是"真无"，就有其特性，特性是空间时间，外在刺激与感性的接受都要通过这样的媒介。

八

康德的空间时间观点之前无古人之处在于，完全不以任何客观存在物的特定的规定性作为空间时间表象产生的直接的客观基础，而对于外来的感觉材料本身，空间时间表象纯是加到上面去的。这是彻底的主观性，又是全人类的主观性。当然，这也正是人在知识方面的主体性的表现。

康德说："直观与概念构成我们一切知识的要素。"

他认为：

"感性直观与对象的联系是直接的，并且只有感性直观才与对象有直接联系。

"感性直观给定我们一个一个的个别对象。知性的表象就不同了，它的表象是一般性的，叫作概念。利用概念来认识对象，这是知性的特点。利用概念认识对象的结果得到关于对象的判断，而知性的认识总是采取判断的形式。所以，要了解知性，必须从判断入手，一切知识都不过是判断。因此，我们的工作正应从判断开始。"[1]

因此，康德说："由于我们能把知性的全部活动归结为判断，因此一般地说，知性就可以认为是一种实行判断的能力。"

只有感性直观才能与对象有直接联系，概念同对象的联系必定是间接的，判断也就是关于对象的间接的知识。[2]

[1] 判断是对于现象的一种表述，一种陈述。因此判断的本性是语言。概念是判断的元素，实际上也是原生的最初级的判断。第一个概念就已经蕴含一个直言的判断。当我面对一只苹果陈述它的概念——苹果，这就是说"这是苹果"，这已是一个浓缩和潜在地扩展成主谓句的判断。

[2] 之所以判断是间接的，因为思维与对象的联系必须通过符号为中介。从意识和对象之间的关系看，直观不经过中介，是直接的；概念是直观以外的，终归是以直观为中介的、与对象发生联系的第三者。

西方古典哲学要义录

现代人与古代人相比，精进的是生活和科学技术。但在智慧上，则未必然。相反，古人在思辨上所达到的深度，近现代人不仅未必达到，甚至未必理解。故黑格尔在其《哲学史》中曾呼吁："我们必须回到柏拉图。"

一

芝诺著作的名称，据普落克罗说叫作 Epicheiremata，《反诘或辩驳》（DK29：A5）。它的意思是：从对方所主张的前提出发，可以推论出两个自相矛盾的结论，以证明它的前提是虚假的。后人称为归谬法（反证法），这在某种意义上是对的，但是芝诺的论证远不止是归谬法，它有塞克斯都·恩批里柯以及近代的康德的"二律背反"的含义。柏拉图在《斐德罗篇》中讲到苏格拉底和斐德罗讨论修辞学的技巧，苏格拉底说：

"我们不是听说过爱利亚的帕拉墨德斯——芝诺吗？他有一种说话的技巧，使听众觉得同一事物既像又不像，既是一又是多，既是静止的又是运动的。"

显然这样的内容是归谬法包括不了的，大概由于这个原因，第欧根尼·拉尔修说芝诺是辩证法的创始人。芝诺不是赞成"既是又不是"的结论，借以否定这个前提。在哲学基本理论方面，亚里士多德反对"理念论"，与此相对地提出了"实体论"，问题就会由"iδεα"而"ουσγα"。从亚里士多德的论述中，我们可以体会出这样一种意思："辩证法"（dialectic）是掌握"理念"（iδεα）的工具，而"分析法”（analytic）则是掌握“实体”（ουσγα）的工具。因而在亚里士多德看来，“辩证法”不适合于掌握科学知识。

然而，亚里士多德的问题还在于，他认为“分析的方法”不仅是掌握“实体”的工具，而且还是掌握“本体”（“存在之存在”）的工具。因此，这种思维方式，不仅是（自然）科学的适合方式，也是哲学的适合方式。这样，亚里士多德的“逻辑范畴论”就是他的《原物理学》的合宜工具，以（自然）科学的思维方式（范畴）掌握哲学的基本问题——本体的问题，这就是亚里士多德当时和后来哲学史上“形而上学”的本质含义。在这个意义上，由于在哲学学说内部形成了“辩证的”和“形而上学”的对立，所以我们也可以说这同时是“辩证的”和“分析的”两种思维方法的对立。

二

古希腊文“διαλεμτιμοδ”来源于动词“διαλεψ”，而这个动词又由动词“λεγψ”派生，“λεγψ”的原义是“摘取”“收集”（英文 pickup，德文 aufnemmen，法文 recueillir），后来演化出它的主要意义——“言说”，又有“组合”“综合”的意思。

“δια”原是介词（和副词），意义有二：一为“通过”“贯彻”（through），一为“分开”（asunder）。这两个含义也是相联系的：只有“分开”才能“通过”。

按字典说法，“διαλεγψ”这个字不见于荷马的著作，第一次出现于黑西俄的《神谱》，意思是“讨论”，于是“互相讨论”就成了这个字的基本意思。我们译成“辩证法”的希腊原文，就是从这个字派生出来的名词“διαλεμτιμοδ”。

三

苏格拉底把他的辩证法称为“助产的艺术——接生术”。

必然推理形式和辩证推理形式的完全归纳法和不完全归纳法，不是判明因果联系的规律性和自然界一般规律的方法（培根和穆勒的归纳法）。

在苏格拉底的对话（由柏拉图和色诺芬所转述的对话）中，由个别事例上升到一般的过程即归类的进程，通常由初步的定义开始。这种定义是苏格拉底要他的对话者提出的。接着，便是举出一些事例，把已提出的定义用于这些事例以便引起矛盾，从而揭示该定义是不充分或不适用的，使交谈者只好提出新的定义。但新的定义，根据对新的事例的道德评价来看，也显然是不适用的；直至最后，对话者终于提出了适当的定义，或者如柏拉图对话录中所更常见的那样，终于认识到有些人的智慧是虚假的。这种方法，被称为苏氏的反讽艺术，以及反证法。

四

据色诺芬说，苏格拉底把自己的推论方法叫作辩证法，并且说“辩证法”一词（τòδιαλεγεσυαι）的来源是：人们在集会上进行讨论时，按照种划分对象（σιαλεγουταζχατàγευη）；按照种所进行的划分，使人们能够取善去恶，成为善者。

后来，柏拉图保留了苏格拉底的这一定义，但是他把辩证法看作关于存在物的科学和认识存在物的方法。亚里士多德把辩证法规定为一种以或然的前提为基础的推论。斯多葛派谈到辩证法的推论形式时，把这种推论规定为问答形式的推论。如第欧根尼·拉尔修所述，斯多葛派把讲演术规定为关于以连贯言语进行推论的科学，把辩证法则规定为关于用问答方式进行推论的科学。从实质上看，辩证法是关于“什么是真的和什么是假的，以及什么是非真非假的”科学。塞涅卡也有同样的说法：“一切言语或者是连贯的，或者是由问答双方进行的，后者叫作辩证的言语，前者叫作演讲的言语。”

五

根据安提西尼的见解，只存在着单一的东西，而一般的东西只作为名称而存在。根据亚里士多德的记载，安提西尼的拥护者还否定本质的实在的定义，把定义看作只是一长串的言语。

根据上述唯名论的观点断定：关于任何事物，只有该事物本身的词才能表述它，一个事物只能有一个相应的词。正如亚里士多德所记载的，“照他的说法，世间将不可能有矛盾，而且也不可能有错误了”。

安提西尼反对柏拉图学说的论据——“安提西尼说，既没有种也没有类，他所说的就是：我看见人，而我并没有看到人性；我看到马，但我并没有看到马性”。

六

判断的系辞的语言表达的多义性。判断的系辞是动词“是”来表达的，它在各种类型的宾词中有各种不同的意思：有时竟指完全的同一（如在定义中正方形是等边矩形），有时在存在判断中表示存在（有聪明人），有时表示具有某种规定性且其中包括关系这一规定性（雪是白的，人是动物，梭弗隆尼斯卡是苏格拉底的父亲）。昔尼克学派和麦加拉学派忽视系辞在语言表达上的多义性，把系辞仅仅解释为主词和宾词的完全同一，因此他们认为只可能有同一判断，而主词和宾词之间的差异却被他们说成仅仅是语言的差异。

七

诡辩命题——“你没有失去的东西，还在你那里；你没有失去角，所以你是有角的。”

在这个诡辩里，“没有失去”这一表达含有两种意思：在大前提里，“你没有失去的东西”指的是你拥有的东西；而在小前提里，“没有失去”这一表达既指你拥有的东西又指你没有的东西。

八

柏拉图把许多事物所具有的理念叫作“种”和“类”。他认为，类是在种的划分过程中产生的。他还认为，要了解许多事物的模式——种和类，要了解哪些种彼此符合、哪些种彼此不符合，就不应当依靠诡辩，而应当靠辩证法。

这种辩证法的本质就是把对象分为各个种，并从种区分出各个类。柏拉图把辩证法称为关于存在物的科学，对本质而不是对本质的影子的直观。

因此，柏拉图认为辩证法是这样的方法：

（1）通过假设上升到理念，或者上升到“本原”——从多中找出一或者一般。用这种方法的结果，心灵便能在概念中直观理念本身。

（2）由“本原”下降，即由种到类，把种分为类。第一种方法在《斐德若篇》里叫作结合，即把各个分散的东西归结为一个理念（归类），这种方法是苏格拉底的归纳分析法。第二种方法叫作划分（分类），实际乃是演绎法的原型，这种方法是亚里士多德三段论的萌芽。

九

亚里士多德的逻辑学特点，也是对逻辑形式和逻辑联系作出本体论的解释。不过，亚里士多德没有把存在的相应形式和联系跟个别事物的实在世界分割开来，而是把它们看作个别事物——他叫作“第一本质”——的组成部分。

十

柏拉图关于理念的学说是以概念和判断的逻辑形式为基础的，而且把判断理解为逻辑的类的分子参有逻辑的类，或者理解为各个类之间的关系，或者理解为特性属于对象的关系。他对概念和判断的形式作出了形而上学的解释，把这些形式变成理念与事物的关系的规律。

十一

柏拉图和后来的亚里士多德一样，通过对名词和动词的结合（这一结合是完整的陈述即句子）的句法形式的研究而得到关于判断的逻辑理论。

在《克拉吉尔篇》这一对话录里，我们也可以找到这种关于真理的定义——“如果说存在的是存在的，那么他说了真话；如果断定它不存在，那他就是说谎的人”。

十二

关于柏拉图是否有了推理的逻辑理论的问题，这是一个有争议的问题。虽然下面这点是没有什么疑问的：从多中辩证地找一，通过假设上升到本原的分析方法和定义的归纳方法；把种分为类的辩证划分，特别是二分法，就是演绎推断。

在《泰阿泰德篇》(第186页)里，关于知识有这样的说法——“知识‘不存在于印象之中’，而存在于关于印象的推理中”。

在柏拉图关于划分的学说里，可以看出他力图说明作为媒介概念的中词的作用。

从他的划分的学说中，可以看出亚里士多德的三段论理论的萌芽。

亚里士多德把“划分”叫作弱式的三段论。他说：“种的划分是我们所描述过的方法的一个小部分，因为划分可以说就是弱式的三段式。”

十三

关于 ideas/ιδεα（音译，“意谛”）。

这个希腊词，汉语难得其达诂。陈康先生译之为“相”（早期译作“形”，亦有道理），“相实际就是形式”。对生物而言，“意谛”的存在已得到证实，此即遗传学所谓“基因”或“遗传信息”。相同的基因导致发生相同之生物。

这种具有能动性即自我产生性的基因，莱布尼兹称之为“单子”（单元子），亚里士多德称之为“隐德来希”。康德称作“自在之物”或“自在之自身”，即“物自身”（αντοtòneλόν，αντόδιαυυ）。

黑格尔也使用这个概念，称之为“某物自身”（αὸτὸδετν）。

这些概念，皆源于柏拉图之所谓“意谛”。

十四

现代生物遗传学的哲学意义在于，DNA负载的稳定的所谓遗传“密码”、遗传信息，恰恰就相当于柏拉图的ideas——“意谛”。

DNA中所包含的遗传意义是隐含意义的最好例子。

DNA的一部分触发了蛋白质的制造，这些蛋白质又触发了千百种新的反应，然后这些反应再去触发复制操作，通过若干步骤对DNA进行复制——如此这般进行下去，从这里可以感觉到这整个过程的递归程度。这个不断触发的过程的最终产物是“表现型”——个体生物。因而人们说“表现”是一开始便潜藏于

DNA 中的“信息”的“显现”。

遗传学家雅克·莫诺认为：

“DNA 是最根本的生物不变量。

“关于 DNA 的结构，关于这种结构怎么能够默写出核苷酸顺序的精确拷贝，关于一个 DNA 节段的核苷酸顺序翻译成蛋白质中氨基酸顺序的化学机构等，所有这些事实和概念，都已经能够向非专业工作者做出详尽而彻底的说明了。

“即使离开了环境，一个来自生物体的 DNA 分子对其结构来说仍有一种‘强制性的内在逻辑’，不管怎样总能推导出它所负载的信息。”（[法]雅克·莫诺：《偶然性与必然性》，上海人民出版社，1977 年版，第 78 页）

十五

基因之存在，包括两方面：

（1）理化性载体（脱氧核糖核酸 DNA）（理化，物理化学）。

（2）非理化性之共相（遗传信息）。

理化性个体生生灭灭，其基因及其“相”（形式）则不生不灭，永恒存在。

故理化体非万物之实体，实体乃是相，即意谛。

对具体物而言，其生命过程即自无而有、自有而无。生命本身存在于有 / 无的对立统一矛盾转化之间。

因此，具体物仅是现象，而相则是恒象。（现象，希腊文 ψαυυόμενον）现象是表现、呈现者，“相”不存现，但决定并制约着存现。

十六

“意谛”也就是黑格尔所谓“概念”。“概念”先在于本体中，形态是根据概念而生成的。

遗传学认为，一个人的身高、形态都由遗传信息先在地决定了。这就是“概念”，即“意谛”。

十七

宇宙是三重相的：一是质，形态的世界；二是能，动力之源的世界；三是“意谛”，信息的世界。

十八

信息的基元单位是“单子”（莱布尼兹）。信息是有序的，是自我组织的。自我组织的原则就是“逻各斯”，即自然逻辑或本体逻辑，即黑格尔所谓“客观逻辑”。

十九

哲学思维的发展，首先源于对存在本体的困惑。困惑产生智欲（求知之欲），智欲产生哲学（知性）。理化之体变更不已，故只是一时之象，所谓“现象”。

柏拉图认为“哲人”（智者）只知道“象”而不知道“相”，故不能识知“实体”（存在本体）。

这样，哲学所面对的客体被解析为二重：

存在本体：理化之体／象（现象、虚象、影象）

非理化之相／实象（实体、本质、真象、真体、真如）

巴门尼德认为存在是不变的，只有“存在”存在，没有“非存在”存在。因此，“非存在”＝非存在。（有与无是非对称的，而且是绝对对立的。）

赫拉克利特认为存在是变化的，存在的就是变化，只有变化存在。因此，“存在”＝非存在，表述变化必生矛盾之陈述。（有与无是对称的，对立者为同一物。）

他们都不否认变化的象，象在变化。但巴氏主张实体不变，因此本体不变；赫氏则认为无不变之实体和本体。

二十

古之哲人关于“有无”的思辨首先亦来之于具象。赫氏以火喻宇宙万物。某物在火中燃烧而消失，“没了”（无）。物何以由“有”而“无”？何以一切物皆由“有”而“无”？

物本身是一种“有”。“有”以“无”作为本体，即“有”之本质是“无”。“有”是“无”，这个命题是悖论。（“是”一词有歧义。但在此题中，“是”即等同，即同一。）

巴门尼德指出，观察表明，“无”实际是新产生者。如果某物随烧毁消失，灰烬则从而产生。灰烬本来是不存在的（无），由此生而为存在。这一过程是连续的。“有”在变中，并非归于彻底之“无”，而是成为新“有”，再新“有”……以至无穷。因此并不存在绝对之“无”，而存在着永恒之“有”。故，“有”永远是本体，“有”是绝对的。“有”的东西不可能变为真正的“无”（物质守恒）。

在以语言表述变化的存在时，发生了矛盾、悖论。

哲学的思维、逻辑之思维皆由此而发源。巴氏指出，有无相生是矛盾说法，若承认此矛盾说法有效并普遍运用，则一切思想语言均将失去守恒性即确定之意义！

二十一

古希腊哲学与古中国哲学在思考和研究本体问题时遇到了共同的困难，即陈述的困难、语言表达的困难。这种困难导致对语言工具本身的分析，辩证法、逻辑、逻各斯遂从语法中被分离出来。

逻辑本身具有本体意义。不是语述规定，而是本体规定。由是产生了不相容逻辑与兼容逻辑，即语述所要表述的对象自身外与语述之关系。如果语述试图合乎事实地叙述，则不得不遵守规则和约定，由此导致逻辑规律之探求。

对变化，即有者与无者本身的辩证是一个根本性问题。

因此，逻辑问题是必然涉及本体问题的。真理问题也是本体问题，而不仅是语述问题。有效的逻辑就是语言表述形式。

二十二

柏拉图认为，数量是现象界的存在形式。“相”之本体（“意谛”）中则无数量。“相”之发生或存显，同时产生数量，或者说同时表现为数量。无数量则无空间亦无时间，即超越于生灭之外。“意谛”的世界是一个超越于时空之外不生不灭的世界。“意谛”的显现，即事物的发生与生长。（柏拉图这一学说乃亚里士多德所转述。）

二十三

柏拉图分人之认知为四级：

（1）印象（感知印象，记忆笼统模糊）；

（2）个别事物（印象之综合体，发生区别与规定，质）；

（3）数量（大小多少）；

（4）相（因果关系，发生机制）。

相对之，柏拉图认为认知性包括：

（1）感受性（记忆、信念）；

（2）认知性（分类）；

（3）分析性（时空存现）；

（4）理解性（联想性）；

（5）综合理解性（理性）。

感受性是被动和主观的通过认知性进入客体，综合理性是创生性的。

二十四

宇宙本是一种无限综合的创生理性。此创生之理性即佛所谓“善知识”。柏拉图亦视之为“绝对的善”。绝对善体，或言最高原理（αρχηαonoθευε）。

二十五

概念，即概括之念、概言之念，本出佛经译语也。

先秦诸子（老子、荀子）则称“概念”为“名”。

同名者同相。

同相与同象不同。同象，观察所感之同现象也。同相，归属于相同类型之“意谛”也。

二十六

“意谛”即“共相”。柏拉图认为，“共相”之存在表明，“整个的实在是同种的”。“同种”，即希腊文之“σνγγευηδ”一字。“γευοδ”的字根原是“种、家、族”，“σνγγευηδ”本义是“同族”，即同血亲、共同血缘者。此词之用为哲学上的术语，出自柏拉图之《美诺篇》。在亚里士多德的《形而上学》之995B：12、1047B：24、1071A：18里，亦皆是这个意思。

苏格拉底发明归纳法，认为美德是数多类繁的，然而一切美德皆归属于同一的“ειδοξ”。我们依照柏拉图《斐多篇》里所讲的同性来推论，那么可以说圆木、圆桌皆统一（归纳）于一共相之圆形。

这样我们可以有一个系统，由感觉中的一切圆形物，无论其为一块圆的石子、圆的木块以至圆的水池，皆得统一于一抽象之“圆”的“意谛”了，而这个“意谛”也就是圆的共相。

在《美诺篇》中“整个的实在是同种的”这句话的意义是这样，即一切诸多具体之圆物，皆统一于抽象之“圆”的共相。此即所谓“与类”的关系。一个圆的“意谛”，对于圆的石子、圆的木块，正是这样的种属关系。

抽象地讲，“多”统包于“一”内，“一”即相当于以后的所谓“种”，一个小统系里的“一”再和其他小统系里的“一”组成一个新的“一”与“多”的统系。但在《美诺篇》里，柏氏未论及最高的“意谛”（ειδοξ）是什么，也未言及统摄整个存在的、完全的系统是怎样的。“万有”至少是部分成为“一”与“多”

的统系，这“一”相当于以后所谓的“种”。“万有”成为“一”与“多”的统系，这只是从本体论方面解答认知借助“概念”即类名如何可能的问题。

定义是“意谛”的认识，所以在认识论上应先讨论定义。苏格拉底反复讨论定义，其中的要义是：定义是指出一切殊者中的“共相”或“一”即统一性的。

二十七

命名是人所赋予对象的一个符号。通过命名，诸殊相被归结为“一”名，此即符号化过程。

类名在思维与语言中的实际产生是借助于“联想”。联想的心理基础是记忆，记忆的连贯性导致见到同类对象的识别联想，即类推，从而将多个对象归类于一名之下。an → al，将相似（偶性相似或本性相似）的 al 与 an 归连于同一符号（语词）之下，这就是分类及类名的最初发生。

二十八

宇宙是一个内含着无限之“意谛”（相）即无限信息的本体。这个无限之相或言无限信息，即宇宙之“心”或“心灵”。（静言之曰心，动言之则曰灵。）相由心生，“心”生万物。本有之宇宙信息则是存在物之本体。

二十九

学习者，即在人心中复制宇宙之心（信息）。所以“学习即对本存有之知识之恢复或回忆”。

三十

“反思”的概念亦源于柏拉图。柏拉图所谓“回忆”就是反思、回复，对存在与无之反思。

美诺不懂何以“学习是回忆”，要求苏格拉底解释。苏格拉底画一四方形，边长二尺，面积四方尺，问一奴仆，设有另一四方形，面积八方尺，他的边长若干？经过两次的错误，最后寻出四方尺四方形的对角线乃是八方尺四方形的边。（启发式教学法。）

苏格拉底继续讲：这奴仆所回答的全是他自己的意见，可见这些意见全在他的心灵里。但他以前认为他不知这些知识，可见一人对于似乎不知的事物实际存有关于正确的见解潜藏在他的内心里。

三十一

柏拉图区别“意见”与“真理”，即“说法”与“逻各斯 / 道”的区别。

意见、说法只是一种语述。一切真理与道也都承载在语述中，因此表面上一种真理与一种意见 / 说法并无区别。

但是，真理与道是一种必然性的理性存在，是可证明的、可重复的、可预测的。

意见与说法则因人而异、因时而异、因事而异，以至因辩而异。意见与说法来自主观经验。好的意见与说法也可能是有效的，如“朝霞不出门，晚霞行千里”，但云霞与出行之间并无必然性之关联。某君认为可乐有治愈流感的疗效，根据是每次感冒后他喝了可乐即得痊愈。这也许是有效的，但这种认知只是意见而非真理——因为可乐与杀灭流感病毒并无必然之关系。故，有效性并不是真理与非真理的区别标志。

三十二

真理必然有效。但并非只有真理才有效，并且有效也未必是真理。

真理是自明体系。它是自我证明的，是所谓公理化系统。真理的系统是通过对立统一的规律泛化演进的。第一真理是总体不间断的存在本身。

三十三

人所面对的是现象纷纭的世界，所谓“万有”而所谓“一有”就是一个事物，而一个事物是一系列现象的集合体。一个事物通过呈现于时空中的一系列质志以及一系列现象而存在。

这些现象，即质态、状态、形态、动态等。例如，一只羊，它乃是一系列关于羊的现象的综合体，白色的毛、两只角、四只蹄、一条尾巴、咩咩叫以及羊屎、羊奶、生育羊羔，等等。人类通过感知（看、听、触等）知觉到现象世界的存在，这种知觉即“经验”。万物之现象被统合（整合？）为一个“意谛”，即某一只羊。

许多类似的羊又被统合为一个更泛化的“意谛”，如山羊或绵羊、鄂尔多斯山羊或非洲山羊。许多类似的“意谛”又被统合为更泛化的“意谛”，如山羊、绵羊、羚羊统合为“羊”的类集（类名）。

现象对主观的意义而言，即“印象”（印于意识之象）；就客体之存现的意义而言，则为“现象”。

在语言中的区别是：我（主体）对某物之印象，以及某物（客体）所呈显之现象。

三十四

柏拉图认为，知识的本质是认知因果关系。对因果性的把握，使人类可以操作对象、控制对象、产生或消弭对象。人类正是由于认知因果性而具有驾驭“万有”的能力。

但是，对于“因果性”则有不同的解释。

广义的因果性，是经验中的因果关系——某一现象与另一现象偶相关联。例如，多云，下雨。

狭义的因果性，即柏拉图所谓“知识的因果性”，是指一种内在必然性联系。例如，吃饭解决饥饿，马必生马，牛必生牛，种瓜不得豆，种豆不得瓜，等等。这种必然性从属于“意谛”与泛式（泛式与泛相，泛相与单体之间的统一性）。换句话说，这是种属的因果性。它不依赖于经验的观察，它源于存在本体自身的性质（基因）。

三十五

休谟（古典经验论）以及罗素（逻辑批判经验论）所谓源于归纳的因果性，都是只知道前一种因果性，即主观因果性。他们不理解柏拉图，因此不知道后一种因果性。

但事实上，全部经验科学所寻找和建立的因果性在根本上是后者，只有找到后者才是找到真正的因果性。有意义的经验的因果性源于后者，并且必须通过后者才能得到说明（理解）。

因果关系的承认是一切理性与科学认知之所以可能的基础。如果否认因果性是客观的，否认因果关系是必然性，那么在饥饿时就不该找食物吃，因为人并不确知吃饭是否必然可以治疗饥饿。

三十六

由此可以理解，宇宙 / 世界无论多么复杂，它是被层层意谛 / 泛式 / 泛相 / 单体所统约的一个必然性世界。无论现象的表现多么自由、随机、偶然，通过上述之层层因果性网络理性统约着它们。

因此，世界之本质是理性的，是先验决定论的。终极之“意谛”，最高之“意谛”，“神”。

三十七

“神”通过必然性之网无形地约束着这世界。但神之所以是神灵，是因为它仍无所不在地观照和感知着世界之所发生，并且在不超越所设定的“意谛”必然的同时，通过随机发生的自由包括奇迹而重塑着这世界及历史。

三十八

柏拉图的理论来源与毕达哥拉斯学派的数学理论有密切关系。

毕达哥拉斯建立了超越经验知识之上的纯数学。

柏拉图将其方法应用于哲学。

归谬法 / 本来意义的辩证法，在哲学上的创始人是芝诺。但在数学上最早的发明者则是毕达哥拉斯学派。此学派对于芝诺（其所以著名是由于对空间及时间理论的无限小分析）及柏拉图影响殊为巨大。希腊学术由于毕达哥拉斯学派的出现，在理论数学及方法上获得了精进的飞跃，导致了纯逻辑思维（形式主义逻辑观）的独立生成，奠定了近代科学理性的基石。

归谬法 / 本来意义的辩证法，“正是毕达哥拉斯学派最早应用——如果不是他们最早发现的话”。[1]

三十九

苏格拉底将归谬法使用于道德和哲学理念的探讨。

思维语言与非思维语言的不同，就在于思维是推导和推证的过程，而语言则是叙述 / 陈述或描述。

推证和推导的不同在于，前者是论证已知，后者是寻求待知和未知。

推证和推导，本质上都乃是对因果律的模拟。理由作为思维之支持点，即因；结论作为论证点，即果。

陈康先生说：“在我们对于这统系中的各成分只有正确意见时，我们由几个正确意见寻求它们所表示的事物（‘多’）中的‘一’（因）。当这个‘一’发现时，我们那些零碎的正确意见立刻组成了一整个的认识的内容，我们立刻认识了这个因果统系。在这个整个的认识的内容里，我们开始了解这内容中的各成分；起初我们对它们只有正确意见。这样，我们的正确意见就成为知识了。这就是所谓的‘用因果思维缚系’。”——深刻！

四十

柏氏之《美诺篇》除了论述道德问题以外，还涉及

[1] 美国数学家莫里斯·克莱因（Morris Kline）《古今数学思想》：“2 与 1 不能公度之证明，是 Pythagoras 派给出的。据 Aristotle 说，他们用的是归谬法——间接证法。这个证明指出，若设斜边能与一直角边公度，则同一个数将又是奇数又是偶数。其证明过程如下：设等腰直角三角形斜边与一直角边之比为 $\alpha:\beta$，并设这个比已表达成最小整数之比，于是根据 Pythagoras 定理得 $\alpha^2=2\beta^2$。由于 α^2 为偶数，α 必然也是偶数，因任一奇数的平方必为奇数[2]，但比 $\alpha:\beta$ 是既约的，因此 β 必然是奇数。α 既是偶数，故可设 $\alpha=2\gamma$，于是 $\alpha^2=4\gamma^2$，$2=2\beta^2$。因此 $\beta^2=2\gamma^2$，这样 β^2 是个偶数，于是 β 也是偶数，但 β 同时又是奇数，这就产生了矛盾。”此所用之证明法即“归谬法”——辩证法。

认识论问题。

柏氏认为，认识的基本方法是取得定义。定义也就是从“多”中归纳出“一”来。

《美诺篇》第一段讲定义是基本认识方法，所谓定义就是从“多”中指出“一”来。第二段讲认知是可能的，因为“万有”本身是“一 / 多”统系，而且“万有”的真理存于人的心灵里（康德所谓“先验理性”）。

四十一

关于哲学史上的“唯心论”。

“唯心论”本来是一个错误的日译名词。

陈康说：“‘唯心论’是个不幸的名词。如果我们不丢弃那个不研究内容而专听口号的习惯，唯心论哲学因为它自称为‘唯心论’，已足以遭人误解了。‘心即理也’中的‘心’，也将和唯心论中的‘心’一样为人所误解。贺麟先生分别了心理的‘心’和逻辑的‘心’，但一般人只知道心理的‘心’，不知道逻辑的‘心’。若以唯心论中的‘心’和‘心即理也’的‘心’，只作心理的‘心’解，即是以实在等于幻梦，秩序化为混乱。”

唯心论有时也被译作“唯理论”，理性主义，但也有不确切之处。我称唯心论为“唯思论”。关于思维与存在的关系、思与有的关系，被马克思、恩格斯深刻地归结为全部哲学特别是近代哲学的根本问题。唯有论即唯物论或物质论，实物论或实有论。

唯思论即思维本体论，或唯智论（“心”古音从析，析者析也。“哲”从析，古字亦从析。哲者，智也），或非实有论。

四十二

柏拉图在《国家篇》第五卷之末，分万物为存在者、生灭者与不存在者。

存在者是 ideen，是认识对象；生灭者是感觉事物，是意见对象。

但这些认识对象——ideen 是什么？关于它们的性质以及它们和感觉事物的关系，在《斐多篇》内讲得很明白。在那里，苏格拉底说：他少时对于存在、生灭等产生疑问，认为前人对这些问题的解答是很清楚的。他自己要从目的论方面直接解答这些问题，但又无法做到。于是他决定采取第二途径，这个途径乃是假设 ideen 存在，认为它们是万物之因，即可感觉事物的 aitia，以解释感觉事物的存在。

所谓 aitia，至少有原因和目的两种含义。

以 ideen 为原因，意思是 ideen 乃感觉事物的逻辑基础（logische grundlage）。但在柏拉图看来，逻辑和本体论乃是一回事，所以 ideen 是存在的根本，或者仔细点讲，ideen 只是"如此存在的根据（Grund des Soseins）"。ideen 又是目的，那么 ideen 又是变易的根据（Grund des Werdens）。

这样，一切感觉事物，各有各的变动的趋向，各有各的成因。这些趋向和成因恒久不变，于是感觉事物间有了一定的条理，这些条理就是统一于 ideen。

四十三

在《巴门尼德》中，《斐多篇》和《国家篇》中的"相论"被非难者攻击得体无完肤，但在经受了这些严厉的批评之后，苏格拉底—柏拉图的结论是：如若人不承认 ideen 存在，那么哲学研究（dialegesthai，辩证法）也就不必了。

虽然 ideen 是宇宙的本理，但我们怎样认识它们呢？ ideen 并不存在于感觉事物的物理之内，而是超越于感觉事物的。

四十四

柏拉图是一个演化论者、目的论者。目的论与演化论的结合导致这样一种结论——存在的任何演变都是积极的，必导致总体的进步。

演化是一种破坏，破坏呈现为"恶"，这种恶仅是对有限者而言，是相对和主观的。

从整体的观点，从宇宙过程的本体观点看，每一种破坏都是进步，并且通过对局部有限者的"恶"，最终仍会达到总体和全局都能分享的改进（善）。

因此，历史中本无绝对之恶。

四十五

有神论与无神论都有理性与迷信之分:

有神论:迷信,理性有神论。

无神论:偏执论,理性无神论。

四十六

基因(基质)、信息(相)、逻各斯(编码程序)。

宇宙的本元包含这三项。这三项的原创和组织者即"神灵"。从一个宇宙的原点开始,宇宙是一个系统演化的进程。在这个过程中不断创生新态和新物,在不断否定(毁灭)中得到更高的组织性从而不断地改善自我。

这个演化是不是没有尽头的?

四十七

基质,就是"物"。信息,就是"相"("意谛")。逻各斯,也就是"道"和"逻辑"(本体意义的)。

中国哲学(儒家与道家哲学),远未达到柏拉图、苏格拉底、亚里士多德所代表的希腊哲学的博大精深。

中国思维也没有形成希腊的形式主义数学和形式化数理逻辑。中国的思维具有素朴和实用的特征,并且侧重于人伦和政治问题。

只有中古(隋唐)的佛哲学例外,但至今尚无人能彻底析解和研究。

四十八

神即主宰和创生万有的本体智灵(神圣心灵)。

柏拉图说,人的智慧分有或模仿神灵。(柏拉图著作的这个译名有问题。所谓个别物"分有"意谛,不妥,当译作"从属于"。从属 = 分有,即个别物只是意谛的一分子。)

四十九

对宇宙、自然的解释，可以有两种方向：一是机械论的，一是有机论的。有机论的解释即目的论。目的论的一个重要前提是功利论，即必须引入完善这个概念。实有秩序是诸种可能秩序中的最好秩序。（现实即合理，实现即合理。）

希腊哲学中之目的论，源自阿那克萨哥拉的“努斯”（nuss）学说。苏格拉底欣赏它；柏拉图完成了它。柏拉图是有系统的哲学目的论的最早阐述者。

努斯是目的论的解释，正是阿那克萨哥拉所希望的。他自己就从此推论下去：如若努斯是安排世界的，它一定将宇宙安排成这样，使每件事物现在的状况一定就是对这件事本身最好的。任何一件事物的产生和消灭，对这件事物以及整个宇宙都是最好的。

这也正是柏拉图和苏格拉底的推论。这个推论就是：如果努斯是宇宙的安排者，他一定将万物都安排于可能之最佳状态。用中世纪的名词说，这是拟人的比喻。因为人做每一件事情，人的智慧设计，都将每一件事物做最好的安排。将人的智慧（努斯）放大，就是整个宇宙设计的“努斯”。这就是目的论的解释。可以说，凡是目的论的解释，都是这样“拟人”的。例如，莱布尼茨也说，现存之世界是无限之可能世界中所选择之最好者。

五十

关于“辩证法”。

亚里士多德说，苏格拉底寻求“普遍者”。这“普遍者”，柏拉图叫作“相”。这在一定意义下是确实的，柏拉图是将“普遍者”叫作“相”。不过，在他以前，毕达哥拉斯学派已经创造了“相”这个词语。柏拉图关于“相”的学说，哲学史家称为“相论”（Theory of Ideas），而柏拉图自己却将它叫作“辩证法”（dialectic）。

“辩证法”这个词从柏拉图起到现在，已经用得很普遍了。它作为一个哲学术语，由于近代哲学的误解而充满歧义。在哲学史上，不同的哲学家使用它时给予了不同的意义。

五十一

“辩证法”这个名词是由动词 dialegesthai 而来。“dialege”原来是谈话的意思。

苏格拉底在谈话中提出问题，要求对话者解答，就由谈话变成了问答、解答。

苏氏谈话的内容多是关于伦理问题的（与孔子相似，但方法不同。孔子是训教法，苏氏是问答法，即启发式教学，所谓“助产术”），如关于“什么是正义”等。问这些问题，不是要对话者举出关于正义的个别事例，而是要求做出普遍性的回答，即举出正义的定义来。

用亚里士多德的话说，就是要说出正义的本质（essence）来。这种“普遍性”，柏拉图就叫作“相”。

所以，用柏拉图的名词说，苏格拉底谈话的内容就是探索“相”；这种对话就成为关于“相”的辩证。这种方法，柏拉图称之为“辩证法”。

五十二

关于“概念”（concept）。

哈特曼（N.Hartmann）说，直到亚里士多德还没有关于“概念”的概念，到中世纪的波埃修斯（Boethius）才有。

现代数理派逻辑则抛弃这个“概念”，改用“类集（集合）”，但二者的意义具有实质的不同。

五十三

关于“逻各斯”。

柏拉图认为，逻各斯是将思想表现出来（组织）的一种方式、一种说法（statement）。通过逻各斯去研究（表述）实在的事物，这些逻各斯或 statements 不是在事物中，而是在心智里，所以是从实在的事物转向心智的。

逻各斯有许多种，现在要选择一种对当前要说明的事物能够解释得最清楚的。将它选择出来，这就是“假设”（hypothesis）。“假设”这个词就是从这里来的。

柏拉图在《斐多篇》中讲的“假设”，与我们现在所讲的假设的意义不同。现在的用法是：假设了这一点 X，它能否成立，需要用事实去证明它，或用观察，或用实验，其中最重要的是要用事实检验它；如果假设和事实矛盾，它便不能成立。这是现在实验科学中所说的假设。

五十四

亚里士多德在《形而上学》中说，相不可见，所以不存在。只存在具体之马，但不存在共相之“马”。只可能看到个别实在之马，看不到马之“相”（普遍者）。

实际上，马之总体（空间与时间中的）就是作为“相”，即总类的马的实存。遗传的统一性、连续性和不间断性即是“相”作为实在者与个体，或作为从属者而“分有”于“相”或“总类”的关系。

五十五

柏拉图也发现了树形泛化的解释体系，即“元一”之名是如何统摄着“众多”之名的。

柏氏的解释是，对应于感官的个别现象被统结为单物，单物统结于特殊泛相，特殊泛相统结于大类泛相。

所有的大类泛相皆统归于宇宙的总体泛相。这个总体泛相是能动的且自我演化的，它就是“意谛”。

idea/“意谛”（统式）：殊体泛相—单体泛相、单体泛相、殊体泛相—单体泛相、单体泛相 = 现象界（感觉）/（智觉）

柏氏所没有意识到的是，这个解释（作为）语言、命题和认知（智能）的“一多”体系，恰恰也就是宇宙及“万有”本身的泛演化模式。

五十六

柏拉图将人的意识界分为四层：

（1）感触（意见 / 印象 / 信念 / 相信 / 认为）；

（2）知识（被动的规定，经验主义）；

（3）智性（能动的组织化的智性，有创生新秩序、新概念的能力，包括判断力及实践理性）；

（4）理性（从属于绝对智灵、绝对理性的智慧，所谓"大智慧者"）。

经验，相对抽象（数学、数理），绝对抽象（哲理）。

五十七

有人误解"相"是超越的——说"相"是和具体事物分离存在的，即哲学史上著名的"分离问题"。西方多数研究柏拉图的学者认为他的"相"是和具体事物分离存在的。但是柏拉图自己，除了他曾经将"相"说成事物的原型外，没有根据可以说他将"相"说成和事物分离存在的。

五十八

关于"善"。

在古汉语中，孔子之所谓"仁"，实际是"善"字的同源语。（"五四"以来，现代哲学家对"仁"的解释都是误解。）仁就是善，善就是好。好人好事就是善。善人就是好人，就是可爱的人（仁 / 爱）。

因此，"善"本身是一个功利性的概念，是一种评价，因此也是一种价值观。"好"有两层含义：一层是功利性的肯定意义，如好事，有利之事，好人——利人之人；另一层是超越直接功利的抽象道德意义，在此意义上之好即"善"。

宇宙的目的是至善。至善就是有利于一切事物的至高无上的完善。

五十九

柏拉图首先将字母符号应用于处理逻辑问题：

A–B–C（对立种，分离关系）

a+b+c（相容种，结合关系）

A ± B ± C（矛盾关系）

六十

柏拉图创立了逻辑意义的二分法：

A：a/ ┐ a

二分法，即逻辑矛盾划分之根据，即类之自我异化、自我分化。由类之自我异化之矛盾，转化为对立性范畴之分类。

六十一

在柏拉图的逻辑分析中，蕴含了后来康德所谓分析判断与综合判断的分类（《智者篇》/《哲人篇》）。

柏拉图在讨论主词与述词的关系时已注意到这种区别。例如，关于人性：

（1）分析判断

人是动物，人是（一种）哺乳动物。

柏拉图反对巴门尼德的同一性陈述，即认为只能说白马是白马，白马非马。他首先提出了"同义反复"。

人从属于动物，这两个语词具有互述关系。因为动物的属性也从属于人（动物这个概念 / 词是抽象于包括人在内的各种动物），所以是从"人"的语词中析离出的。动物性是人的固有属性。

（2）综合判断

人（是）坐着，人（是）跑着。

这些述词是综合的，用康德的说法，即取之于经验的。其意义不是自明的。

六十二

现在的问题是讨论“人是善”。“善”性并不是“人”的动物性定义的一部分。“人”和“善”性是否能结合？“善”能不能是“人”的述词。如果只是两个词的结合，不问它的客观有效性，便不发生这种述词是不是可能的问题，因为一切词和一切词都是可以结合的。

但如果结合的词没有客观有效性，那就不过是空洞的语句。要使这种结合在实在世界中表示某种东西，便要看在“存在”领域中表词所指的东西和主词所指的东西是不是能结合。

柏拉图在《哲人篇》中以“人坐”和“人飞”为例：“人”和“坐”可以联结，是客观有效的，而“人”和“飞”二词却不能结合。所以，“人是善”这样的述词是否可能，就看在“存在”领域中“人”和“善”是不是能结合。如能够结合，即也有客观有效性。

六十三

如若“人是善”这一类型的述词可能，“人是恶”也可能，“人是白”“人是黑”这种类型的述词全可能。

“人”是最低的“属”。“善、恶、黑、白”等不是“人”的定义的组成因子，但它们可以和“人”结合。这种结合可以是复杂的，如“人—善—白”“人—善—黑”“人—恶—白”……范围可以扩大，变得很复杂。如果将一切可能的述词都加上去，结果就是个别的人——苏格拉底。所以，最小 eidos 和其他“存在”结合而成的集体便成为个体。这是解决“个体化原则”的问题。

六十四

柏拉图在《哲人篇》中除了批评“意谛之友”外，还批评了另外一派哲学：他们主张述词只能和被表述的主词是同一的，如“人是人”“善是善”。如果不同一，如“人是善”，他们认为不可能。他们只承认“甲是甲”，反对说“甲是乙”。柏拉图批评了这一派的学说，也批评了“意谛之友”的学说，而发展了另外一种“意谛”论，即《哲人篇》中的“通种论”。这“种”指的是普遍的范畴，即“相”（“意谛”）。它研究这些最高、最普遍的“种”之间怎样相通。

六十五

关于最普遍的“种”之间的关系，柏拉图指出只有三种可能：

第一，一切“种”之间没有任何结合和联系；

第二，一切“种”都可以相互结合，每一个“种”都可以和其他一切“种”相结合（演化论）；

第三，有些“种”相互之间可以结合，有些“种”相互之间不能结合。

六十六

在中国古代哲学中，概念分析即“名”与“相”之分析，所谓名相分析，可发现有两种集类的从属关系。例如，“窗户”：

窗户从属于房屋，是房屋之一部分，无房屋则窗户的存在失其意义。房屋是窗户的原因，“原因类（名）”。窗户统合于房屋，这是因果类从属关系。

窗户自身又是一类集。在这个类集中，包含了各种各样的窗户，是各类窗户的集合体。此即“集合类（名）”从属关系（组合分类，偶性分类）。

两类概念的差异，实仍源于判断或命题中的“分析”与“综合”的差异。

又如“人类”。人类是白种人、黄种人、黑种人、褐种人四种人的集合。

人类从属于动物。人是动物之一部分。动物是人类的原因（型）类。

“相”（“意谛”）指的是原因类从属关系，而不是集合类从属关系。“相”，本体。

六十七

黑格尔说：“关于柏拉图，第欧根尼·拉尔修说过，正如泰勒斯是自然哲学的创始人，苏格拉底是道德哲学的创始人一样，柏拉图则是属于哲学的第三种科学即辩证法的创始人。”

第欧根尼·拉尔修说：“亚里士多德在他的《智者篇》中认为，恩培多克勒是修辞学的创始人，正如芝诺是辩证法的创始人。”（第欧根尼·拉尔修：《名哲言行录》，第八卷第二章第五十七节、第九卷第五章第二十五节）

黑格尔在《哲学全书》说：“辩证法在哲学上并不是什么新东西。在古代，柏拉图被称为辩证法的发明者。就其指在柏拉图哲学中，辩证法第一次以自由的科学的形式，亦即以客观的形式出现而言，这话确实是对的。”

亚里士多德在《论辩篇》中指出，辩证法是指一种特定的技术，这种论证的技巧，不是从必然的、自明的或原先已经证明的前提出发，而是从一般人信仰的或某些哲学家接受的前提出发。他在《修辞学》中指出，辩证法是指从同一前提出发，得出相反的结论，目的不是使人们相信相反的结论都是真的，而是论证对方提出的论据是不可靠的。

“辩证法”的希腊文原文是“οδιαλεκτικη”，源自“διαλεκοε”，意思是指彼此谈话。

“辩证法”来源于希腊语“dialego”一词，意思就是进行谈话，进行论战。在古代，所谓“辩证法”指的是以揭露对方论断中的矛盾并克服这些矛盾求得真理的艺术。

柏拉图在《国家篇》中指出，辩证法和诡辩术是根本不同的，但辩证法使用不当，就会转化成为诡辩术，就会导致使人们否定那些道德伦理准则，成为从事追求为争论而争论的享乐。（柏拉图：《国家篇》，537E–539A）

他主张模仿寻求真理的辩证法家，而不是模仿诡辩术家，他们为了娱乐是自相矛盾的。（柏拉图：《国家篇》，539C）

六十八

苏格拉底把“辩证法”理解为问答法——“理智助产术”，认为辩证法在一切科学之上，是一切科学的基石和顶峰。（柏拉图：《国家篇》，539C、534E）从时间顺序来讲，这也是柏拉图最初理解的辩证法的初义。柏拉图在许多著作中提到“辩证法”（ηδιαλεκτικη μεοθδοζ）（柏拉图：《国家篇》，533A–D、533C、511B），常常把它理解为“进行谈话的能力”（柏拉图：《国家篇》，533A–D、533C、511B），或“关于讨论的技艺”（ηπερι τουζ λογουζ τεχνη）（柏拉图：《斐多篇》，90B），或“讨论的方法”（ημεθοδοζ τψν λογψν）（柏拉图：《智者篇》，277A）。此外，尚在其他对话中多次提到问答法、讨论意义上的辩证法，如《克里托篇》（53C），《普罗塔哥拉篇》（329A–B、348C–D），《高尔吉亚篇》（461A、471D），《会饮篇》（194D），《国家篇》（328B–D、336C、343A、487B、534E），《斐多篇》（75D），《泰阿泰德篇》（151C），《克拉底鲁篇》（390C–D）。

柏拉图晚期把辩证法理解为归谬论证或矛盾论证。

从柏拉图使用术语的情况来看，作为名词的“假设”（υποτιθεμαι）是从动词τιθημι（设定、假定）发展出来的（柏拉图：《国家篇》，331A、334E、340A–B、352D）；它的含义相当于我们所理解的悖论或“二律背反”。意思是，在思维过程中，为了确立一个命题，先行设置两个互相排斥但又是同样可以得到论证的假言判断，然后“以子之矛，攻子之盾”，反复申述它们各自的结果，最后确定或否定其中某个命题。

这种“二律背反”意义上的辩证法，在《巴门尼德篇》中运用得最为典型。当青年苏格拉底谈道，“根据芝诺，要指明事物既是类似又是不类似或有其他的性质是并不困难的”，柏拉图就借巴尼德之口指出“二律背反”意义上的假设法的基本特征是：

“好。但此外应当再做以下一事，倘若你欲进一层训练你自己，不应当只假设：如若每一个是，以研究由这假设所产生的结果；但也必假设：如若同一个不是。”（柏拉图：《巴门尼德篇》，136A、135E）

这种意义上的辩证法，柏拉图自称是得自芝诺的。

他由此推演出不同的结果，发现存在与非存在彼此是处在对立中的。作为名词理解的“假设”，最先是在《斐多篇》中出现的，“回忆和学习的理解导致一种假设，这种假设是值得接受的”。（柏拉图：《斐多篇》，92D）

柏拉图引述苏格拉底而提出不矛盾律。苏格拉底说：“即便整个世界和我不一致，我也不愿和我自己不一致，和自己相矛盾。”（柏拉图：《小希庇阿斯篇》，369D）在《斐多篇》中，柏拉图认为辩证方法是指：“和假定的原则一致的就是真的，和假定的原则矛盾的就不是真的。”“这是我所采取的方法：我首先假定某种我认为最强有力的原则，然后我肯定，不论是关于原因或关于别的东西的，凡是显得和这原则相合的就是真的；而那和这原则不合的我就看作不是真的。”（柏拉图：《斐多篇》，100A）

六十九

柏拉图最重要的著作之一是《智者篇》。在此篇中，他指出古代哲学家对于辩证法的不同理解。芝诺的辩证法是归谬论证法，苏格拉底的辩证法是反讽艺术和反证法，而柏拉图的辩证法是一种分类、划分和定义的逻辑方法——

方法的说明（218D–221C）。我们的问题在于制定一个令人满意的定义，而它必须由柏拉图和学园特有的方法——精确地合乎逻辑地把类划分为组成它的种的方法来解决。因为这个方法明确地是柏拉图及其信徒的创造，有必要通过把它应用于简单熟悉的实例来为读者解释和阐明它；柏拉图选择了钓鱼人的实例，出发点是寻找一个令人满意的分类系统。

原则上，这一程序是这样的：倘若我们要给某个种 x 下定义，我们由选取较宽和较近的类 a 开始，x 分明是由类 a 再分所分成的部分。我们于是设计把整个类 a 划分成为两种互相排斥的次类 b 和 c，我们知道 x 有某一特征，b 具有这一特征而 c 却没有，次类 b 和 c 就由此区分开来。我们把 b 叫作 a 的右边的部分，把 c 叫作 a 的左边的部分。现在我们不去考虑左边的部分 c 而按照前面的同一原则对右边部分 b 进行再划分，而这一过程一直重复到我们得到一种我们根据观察看出与 x 完全符合的右边“部分”的结果。倘若我们现在确定最初较宽的类 a，并且按照次序列举借以划分出一个接一个的右边部分的连续的特征，我们就有一种对 x 的完整描述，x 就被下了定义。亚里士多德学派用“类加种差或许多种差”下定义的规则只不过是把这种学园的方法精简成为一个公式。

七十

亚里士多德推进柏拉图的上述研究。

亚里士多德把认识分为四种：最低之认识为感觉，较高者为记忆，再高者为经验，最高者为知识。知识与经验之区别，即前者洞悉事物之因，而后者不能。

哲学之目标在探求事物之原因。据亚里士多德之分析，事物之因凡四种。此"四因"是：（1）causa formalis；（2）causa materialis；（3）causa effciens；（4）causa finalis。即：（1）指事物之本性；（2）指事物之材料；（3）指事物之动源；（4）指事物之目的。

"四因"：（1）"相"因（需要，意念），形式因；（2）素材因；（3）使动因；（4）归属（目的、结果）因。

七十一

本性即本质、本体。

本性就是"相"，是原因（型）类名。与本性相对而言的乃是偶性。

本性——每一具体事物皆有许多性质，其中有为此类事物所必有者，有为此类事物虽有而不必有者。以人为例，人必为动物，必有双足，必无羽翼，等等。

然人之皮肤有白有黑，时而健康，时而病弱。前一类之性质为本性，后一类则为偶然性质，偶然性质不属于本性。本性非一单纯事物，乃合许多分子而成，界说物皆为组成人性之成分。人性中之普遍部分为"种"，其别于他种动物之部分为"差别"，"种"与"差别"乃为人之本性。

必须指出注意的一点是，偶性之转化为本性，即进步、演进。

七十二

在人类历史中，形式（相）因是主观需要，主观意图；素材因是历史活动之条件与可能；动力因是人类之欲念与动机；目的因是历史过程的客观结果（融入后续事件的导因中）。

七十三

柏拉图经常讨论到美，并注意到美的歧义性。

“美”作为概念具有深刻的歧义：

（1）形“相”、形式、形态的美（直观下单纯的美、无意义的美，感情的愉悦，可爱）；

（2）行为的美（功利性的意义与结果，如“伟大”）；

（3）作为一种属性的美（如“深刻”）；

（4）作为一种宗教情感的美（如“崇高”“善”）。

美是一个评价概念，换句话说，美是被评价者所赋予的，至少是默认或赞同的。因此，美是代表主体的，即主观的。

但是之所以导致这种评价，是因为有一种基质存在。人不会对真空说美。这种存在的基质，即作为对象，即对象的存在性是美的客观基础。

以上歧义是“美”这个概念之所以格外复杂的原因。

七十四

“美”实际是人类感受客体的一种方式。

美感导致好感、爱感、亲近感和认同感。反之，丑感则导致排斥感以至憎恶感、仇恨感。因此，柏拉图说美是爱情。

人类追求美感。人类之自我修饰，也是为了追求同类对自我的这种好感，或者说“爱”意。美产生爱，追求美也就是追求爱。

柏拉图的《斐多篇》试图对美提出统一范式（“意谛”/“相”）。

七十五

关于偶然与必然，自由选择与必然关系的一个设喻——一局象棋。

一局象棋，对两个对弈者来说，在象棋规则之内，其每一步选择是自主和自由的，是即兴和随机的。这种选择的好坏，制约着这局棋的结局，决定谁是赢家，并且决定对其棋术高低的评价。

但是，无论选择如何自由，棋术如何高低，棋局的最终结果是一种必然。换句话说，每一局棋必然只有三种结果：（1）某方胜负；（2）和局；（3）放弃之局。

任何棋术和结果都不会超出以上这三种可能之外。

棋局结果，棋术高低，虽然对棋手个人自身生活或会有影响，但作为人世大世局的一个小小组成部分，这个棋局的意义并不由自身决定，而是由所镶嵌其中的大世局所选择和确定的。

此喻虽小，可以喻大。

七十六

黑格尔哲学不是天上掉下来的。它具有两种重要的源头：一是从苏格拉底、柏拉图到亚里士多德的古典希腊哲学；二是康德哲学。

在希腊三杰中，尤以柏拉图对黑格尔影响最为深巨。黑格尔的绝对理念论，继承着柏拉图的“意谛”学说。

但是，柏拉图不能说明“意谛”是如何转化为现实世界的。黑格尔则将辩证法发展为一套崭新的逻辑学。在他看来，这种逻辑学不仅使“意谛”的世界具有内在的组织构成，而且通过这种新逻辑的自我推演，“意谛”不仅外化为现实世界，而且外化为现实世界的普遍运动程序。

七十七

黑格尔说，逻辑思维的起点是纯粹存在。纯粹存在就是绝对的存在，而绝对的存在就是不存在。

这种说法被罗素一类经验主义者视为胡说八道，因为他们无法理解。

但是，只要考虑到以下的事实，就会理解黑格尔的深刻性。

空间中的一切存在无不处在时间之流中（假定时间之流是存在的）。从时间流动的观点看，绝对存在之物是什么呢？所有存在的东西无不在时间序列中一一消失，即消解为非存在、不存在。因此，处在时间之流中的绝对存在物，恰恰是非存在者。

七十八

理化世界有三个层面：

（1）生物世界；

（2）宏观世界（物理和机械力的世界）；

（3）微观世界（化学世界）。

但是，还有一个无观世界——信息，即“意谛”的世界。

前三个世界都是有观世界，可以观察的世界。无观世界则是前三个世界的本体世界，是一个抽象世界，只有依靠思维、依靠抽象力才能达到。近代物理学提出的元质粒子的抽象，数质 上无限小的点的抽象。这无限小的极限（并不是零），正是有观世界到无观世界的分界。

柏拉图传记

此文是笔者早年（20 世纪 80 年代初）研究西方哲学史时，应商务印书馆外国哲学主编高崧先生之约而作的，所依据的史料主要来自英国和苏联。当时，笔者尚未对西方编撰的古希腊历史及哲学史产生任何怀疑。在此，有必要予以说明。

一

柏拉图的一生（前 427—前 347）处在希腊世界的奴隶制度及其意识形态由盛趋衰剧烈变革的过程中。

雅典经过梭伦（Solon）领导的改革（前 594—前 593），庇西特拉图（Pisistratus）实施的僭主政体（前 560—前 510），以及克利斯提尼（Cleisthenes）领导的革命（前 509），最终废除了贵族在原来氏族社会享有的特权，并随着氏族制度最后残余的消灭而牢固地确立了崭新的民主政体的城邦奴隶制国家。

雅典在对外关系中，积极支持小亚细亚米利都等殖民城邦的反波斯的斗争，在积极介入并领导的希波战争（前 492—前 449）中也取得了辉煌的胜利，因而称雄希腊世界，建立了雅典帝国。

当时的雅典进入了希腊的内部极盛时期，“希腊与罗马恰巧就是古代世界各民族中‘历史发展’最高的国家。希腊的内部极盛时期是伯里克利时代，外部极盛时期是亚历山大时代”。

伯里克利当政时期（约前 462—前 429），在国内发展民主政体的同时，掠夺提洛同盟提供的财富，大力兴建受到希波战争破坏的庙宇，塑造各种神像。

在著名建筑师伊克提努（Ectinus）、卡利克刺忒（Callicrates）、谟涅西克勒（Mensicles），以及著名雕塑家菲狄亚斯（Phidias）、卡利马库（Callimachus）等的积极参与下，兴建了雅典卫城的帕提农神庙，塑造了雅典娜神像等，从而出现了希腊造型艺术的全盛时期（前 450—前 400）。

伯里克利大力提倡戏剧等文艺形式。三个著名的悲剧诗人埃斯库罗斯（前 525—前 456）、索福克勒斯（前 496—前 406）、欧里庇得斯（前 485—前 406），特别是后面两人以及喜剧诗人阿里斯托芬（约前 450—约前 385）的作品，主要是在伯里克利统治下创作和演出的。

当时，在伯里克利和他的情妇——来自米利都的名妓阿斯帕西娅（Aspasia）周围，形成了一个文学、艺术、哲学、自然科学家团体。希腊世界的著名学者都相继访问和定居雅典，如享有盛名的城市规划的发明者米利都的希坡达穆（Hippodamus），著名的数学家、概算过太阳年的天文学家客俄斯的俄尼坡得（Oinipodes），著名的哲学家萨莫斯的希蓬（Hippon）、克拉左门的阿那克萨哥拉、米利都的阿耳刻劳（Archelaos，苏格拉底早期的老师）、阿布德的德谟克利特，以及智者派普罗塔哥拉、普罗狄库（Prodicus）、西皮亚（Hippias）等。

二

但是，以雅典为代表的奴隶主民主政体的强大，海上势力（控制爱琴海，霸持海上贸易）的增长，以及向西部的南意大利、西西里等地的经济扩张和对外积极推行的帝国政策等，日益威胁到以斯巴达为代表的奴隶主贵族政体及其经济利益。其结果导致了以雅典为首的推行民主政体的一方和以斯巴达为首的推行贵族政体的另一方之间，爆发了空前剧烈和残酷的长达 28 年之久的伯罗奔尼撒战争（前 431—前 404）。其原因正像当时著名的希腊史学家修昔底德所指出的是双方为了争夺希腊世界的霸权："斯巴达人之所以议决和约一经破坏立即宣战，不是因为他们受了他们的同盟者发言的影响，而是因为他们恐怕雅典的势力更加强大，因为他们看见事实上希腊的大部分已经在雅典控制之下了。”

这场战争，主要是在雅典所在的阿提卡半岛进行的。

结果，以雅典惨败和向斯巴达投降而告终。

因此，这场战争标志着雅典的奴隶主民主政体的繁荣从顶峰开始走向衰落。柏拉图的青少年时代，正是在这场战争的阴影笼罩下度过的；成年后，还不可避免地深受由此而来的惨重后果的影响。

随着战争的进行，积极参战的公民及民主政体代表伤亡众多，各种政治会社（εταтρεια）的领导权相继落到其中的贵族手里；在其右翼政治代表安提丰（Antiphon）、皮珊德（Pisander）等的领导下，于公元前 411 年发动政变，废除了民主政体，建立了寡头政体。由最富有的奴隶主组成“四百人议事会”，把参加公民大会的人数限制为富裕的 5000 名全权公民；全部废除原来由国库支付的担任公职的公民的津贴制度；主张立即和斯巴达缔结屈辱的和约。

不久，随着雅典在库梓科（Cyzicus）战役（前 410 年）中获胜，奴隶主民主派又重新获得了政权，恢复了民主政体和陪审法庭、津贴制度，惩处了反对派，从而出现了持续达 6 年之久的所谓“民主恐怖”。但是雅典的民主政体是不稳定的，正像亚里士多德在《政治学》中指出的那样，大多数平民容易受少数野心家的煽动和蛊惑，政权往往容易被少数人所篡夺。

三

公元前 404 年，雅典在羊河遭到惨败，从此一蹶不振被迫投降，承认斯巴达在希腊世界中的霸权地位；被迫同意原先放逐国外的敌视民主政体的人士回国，恢复“祖先秩序”；再次废止民主政体，成立了以柏拉图的近亲苏格拉底的弟子克里底亚（Critias，前 460—前 403）和查密迪斯（Charmides，死于前 403 年）为首的“三十僭主”政体。他们在政治上推行军事独裁，清除原有政体中的民主成分，废除陪审、津贴制度，限制全权公民人数，实行镇压民主力量等一系列恐怖政策。

僭主们在推行一系列残酷的大规模恐怖政策的同时，他们中间又出现了内讧，使国家陷入内战，以致民怨沸腾，因此执政不到 8 个月也被推翻了；雅典再次恢复了民主政体，推行的是比较温和的政策。公元前 399 年，在民主派阿倪图斯（Anytus）和梅勒图斯（Meletus）的诬告下，却处死了苏格拉底。

随着战争的推移，破产农民大量涌入城市；许多在城市中从事手工业工匠的生产陷于停顿；雅典长期以来依靠进口粮食，受战争和运输的影响而粮价暴涨，导致大量平民生计无着落而陷于破产，自由民愈加贫困化。估计，当时雅典无产平民人数超过居民总数一半以上。

与之相反，部分富人和贵族却通过战争大发横财。国家用于军事开支的经费，相当大的一部分落入了承包商、武器作坊主和船主们的腰包；他们乘机兼并农民的土地，阿提卡的土地大量落入他们手中，造成平民和贵族、富商之间的阶级矛盾日益尖锐。

针对这种情况，柏拉图在《国家篇》中这样写道："任何城邦，不管怎样小，事实上都分成两个互相敌对的城邦，一个是富人的城邦，一个是穷人的城邦，它们中的每一个，又分成许多更小的城邦，要是把它们都看作是一个统一的城邦，那是大错特错的。"

"他们仍然住在城里，准备起义。他们有的由于负债累累，有的由于被剥夺了公民权，有的两者兼而有之陷入困境，他们憎恨和密谋反对夺走他们财产的人，甚至反对所有的人，他们渴望革命。"

恩格斯曾指出，雅典这种民主制，是"排斥自由公民劳动的奴隶制"，因此必然要把雅典国家引向灭亡。然而，战争加速了这种进程。

奴隶的觉醒又使奴隶主陷于极端的恐惧之中。柏拉图同样也意识到了这种情况，他在《国家篇》中对此也有过描述："设想其中的某个拥有 50 名或更多的奴隶的主人，与他的妻子、儿女、财产及奴隶们一起被神带到荒野，在那里没有自由民们来帮助他——难道他不会陷于恐惧之中，害怕自己和妻子、儿女们会被自己的奴隶们处死吗？"

"慷慨而战，慷慨而死。"

四

柏拉图的原名是阿里斯托克勒（Aristocles），由于他强健的身材和宽广的前额，给他取名为“柏拉图（πλατψγ）”。他于公元前428或公元前427年5—6月生于雅典附近的埃癸那（Aegina）岛。这时，伯里克利去世不久，伯罗奔尼撒战争已进行到第四个年头，第二次瘟疫正在袭击雅典。柏拉图是他父亲阿里斯通（Ariston）和母亲佩丽克蒂俄妮（Perictione）的幼子，他还有两个哥哥阿得曼图（Adeimantus）、格劳孔（Glaucon）和一个妹妹坡东妮（Potone）。

双亲的家庭，都是属于雅典显要的贵族世家。从父亲来看，谱系可以上溯到雅典历史上最后一个君王科德罗斯（Codrus）至海洋之神波塞冬（Posidon）。

但柏拉图幼年时，父亲就去世了。

其母亲的谱系可以上溯到德罗彼得一世（Dropides I，前644年雅典执政官）至梭伦的兄弟德罗皮得二世（前593年雅典执政官）。柏拉图的父亲去世后，母亲改嫁给他的叔父皮里兰佩（Pyrilampes），并生下了安提丰（Antiphon）。

皮里兰佩是积极支持民主政体的，与伯里克利的关系密切，是伯里克利的挚友和政策的重要支持者，曾作为雅典的使节被派往波斯和其他亚洲国家执行任务。

柏拉图的青少年时期，是在他的继父家里度过的。他自己在早期对话中，曾经用颂扬的口吻谈到他的这位继父。

从历史上来看，柏拉图的家庭和希腊伯里克利领导下的民主政体的关系是十分密切的。

柏拉图一生对于政治高度关注，并且具有神圣的使命感。他深信，哲学家的最高的个人幸福会在对真理宁静沉思的生活里找到；如果时机来临，作为一个政治家和立法者，其天职就是要贡献他的最佳年华为同胞服务并做出崇高的牺牲。柏拉图并不满足于在《理想国》里宣讲这个信条，如我们所看到的，他在自己的生活里把它付诸实践。如果我们记得他自幼就在具有梭伦传统和几代以来习惯于在国家社会生活中起显著作用的家庭里成长起来，他之所以强调这一点就多半可以解释了。他的继父是伯里克利当政时代的一个杰出人物。J. 伯内特（J.Burnet）说：“要指出的是，柏拉图的家庭是属于我们可以称之为直到伯里克利时代为止的民主政党，我们将看到这点对理解他（指柏拉图——引者注）来说是一桩头等重要的事。”

但柏拉图平生一直敌视民主政体。A.E. 泰勒（A.E.Taylor）指出：“柏拉图原来一定曾经是受到过伯里克利政治的灌输，他是在晚年才不喜欢它的……不是出于无知的厌恶，而是出于柏拉图他这个人对民主知道得太多了。”

柏拉图对自己的亲属特别是母系亲属满怀着眷念并引以为傲，以至“他的对话，不只是对苏格拉底的纪念，而且也是对他自己家庭的美好时光的纪念”。

根据色诺芬的记载，柏拉图的母系家族是大奴隶主，他母亲的兄弟查密迪斯原来是拥有大量土地的贵族奴隶主，由于受到战争的影响而破产。柏拉图到埃及游历时，曾兼做贩卖橄榄油的生意。到南意大利、西西里游历时，柏拉图得到朋友狄阿的资助才能购买毕达哥拉斯学派的著作。此后，当柏拉图出于政治上的原因得罪叙拉古僭主狄俄尼索而被出卖为奴隶时，是由昔勒尼人安尼刻里（Anniceris）代为出款才得以赎身。柏拉图回到雅典后，这笔赎款又由于经济拮据而由朋友代为偿还；只是由于安尼刻里不肯接受，柏拉图的朋友才拿着这笔款子替柏拉图购置宅第，创建了闻名遐迩的学园。

五

由于出身和雅典的传统，柏拉图从小就受到良好而完备的教育。他的童年和青少年时期，正赶上希腊戏剧的黄金时代的尾声，有许多著名的悲剧和阿里斯托芬的许多喜剧，柏拉图都是直接看到公演的。柏拉图青少年时期就擅长于文艺创作，撰写过赞美酒神狄俄尼索斯的颂诗以及其他的抒情诗等。20 岁左右，柏拉图结识了苏格拉底。由于受苏格拉底的影响，他把诗稿焚毁，决心从事哲学研究。

柏拉图青少年时期亲身经历的两件事变——“三十僭主”政体的暴政和苏格拉底被民主政体处死——在很大程度上也影响了他以后的道路。

从柏拉图本人那里我们得知，在公元前 431 年，苏格拉底已经跟柏拉图的叔伯查密迪斯极为相知，此后甚至跟克力锡亚斯成为密友。因此，柏拉图与苏格拉底的相识大抵要追溯到他所能记得起的时候。

柏拉图本人在临终前所写的一封信上把这件事情澄清了。他告诉我们，在公元前 404—公元前 403 年期间的“寡头”统治时期，由于他还是一个年纪很轻的人，正瞩望着将来的一番政治事业，并受革命党里的亲戚（无疑是指克力锡亚斯和查密迪斯）的怂恿，在他们的庇荫之下进入社会生活，但他首先等待观望，看他们的政策究竟如何。他惊骇地发现他们不久就暴露出不法暴行的形迹来，最后当他们在非法逮捕并处决一个公民而且打算没收其财产，蓄意把当时最优秀的人物、他的年长的朋友苏格拉底当成同谋犯时，他感到厌恶了。恢复了民主政治的头头们干得更坏，因为他们竟然以荒谬可笑的渎神罪把苏格拉底处以极刑。柏拉图说，这件事结束了他本人的政治抱负。因为在政治上要是没有一个政党，什么事都干不成功，而雅典的两个党派之对待苏格拉底，证明一个正直的人在雅典跟任何一个政党都是不能共事的。柏拉图在这里清楚地暗示，严格来说，他并不把苏格拉底当作老师。就个人而言，他爱苏格拉底，有如一个青年爱一个受到尊重的年长的朋友，而且把他看作殉道者。但是直到苏格拉底确实被处死，才最后启发他打消最初以积极从事政治活动作为生涯的打算。他原先的志向是想当社会和立法的改造家，而没有做思想家或科学家的抱负。

六

公元前 5 世纪的最后 10 年间，在雅典发生的频繁的民主和反民主政变，特别是“三十僭主”政体推行的暴政，给柏拉图留下了深刻的记忆。

柏拉图在 74 岁高龄（前 354 年）时撰写的致狄阿的朋友们的著名的第七封信中，追溯了自己 23—28 岁期间的政治实践和政治思想。他声称，他有过和同时代的青年人相同的经验，期待成年后立即参加政治活动，实际情势也的确给了他这种机会——当时遭到广泛批评的政体（民主政体）被推翻了，一个“三十人议事会”（“三十僭主”政体）获得了最高权力；碰巧，其中有些人是他的朋友和亲戚，而且他们也立即邀请他参加政府；当时，他也真诚地相信他们，认为他们正在进行改革和公正地治理国家。

但不久，柏拉图发现民主派的所作所为与他的政治理想完全背离。“三十人议事会”的掌权者们甚至陷害、排斥他的老朋友——当时最正直的人苏格拉底。

柏拉图由于厌恶他们种种罪恶的行径，没有拒绝与新政府合作。不久，“三十人议事会”垮台，民主政体得到恢复。鉴于“那是乱世，他们所做的许多事情，有人会反对的；在一场革命中，有时报复是会过分的，也是没有什么奇怪的。从整体来看，恢复了的民主政体的施政，仍然是温和的”。但是，正是这个民主政体中的掌权者，却根据一种荒谬的指控，宣判苏格拉底有罪并将他处死。

于是，柏拉图深深感到，越是认真地研究政治、法律、习惯，越是年长就越加体会到公正地治理国家是困难的；要是没有朋友和支持者，那是什么事情也做不成的。他意识到，在一个法律和道德正在以一种惊人速度恶化着，并放弃传统道德准则的时代，要进行公正的治理是不容易的，要重新建立一种新的道德准则更是极其困难的，从而对曾经满腔热忱追求的一种政治生涯深感失望。

他认为：“一切现存的国家都治理得不好，它们的政制没有剧烈的处置和很大的运气是不能改革的。实际上，我被迫相信，为社会和个人找到正义的唯一希望是在真正的哲学中，否则人类的烦恼就不能得到缓解；直到要么真正的哲学家们掌握政权，或者由于某种奇迹，政治家们成了真正的哲学家。这就是当我初次造访意大利和西西里时持有的坚定信念。”柏拉图的这些见解，系统地反映在《国家篇》等著作中。

苏格拉底的被处死对柏拉图的影响是非常大的。苏格拉底是柏拉图的老师，柏拉图在自己的著作中多次提到苏格拉底是“人类中最智慧的人”。

七

苏格拉底（前469—前399）是雅典普通公民出身，父亲索佛罗斯库（Sophroniscus）是一名石匠或雕塑师，母亲费娜瑞忒（Phaenarete）是助产婆。苏格拉底除了和雅典一般公民一样循例短期出任陪审公职外，在政治上无特殊地位，从事过石匠或雕塑工作，终身清贫。苏格拉底早期研究过自然哲学，后来才转入对社会伦理道德或逻辑问题的探讨。柏拉图的母系长辈和他自己的两个兄长，都和苏格拉底关系密切。民主政体于公元前 403 年恢复不久，曾处决并放逐了柏拉图的至亲克里底亚和查密迪斯。苏格拉底则因被民主派阿倪图斯、梅勒图斯指控为犯有“拒绝国家承认了的神、引进新的神和蛊惑青年”的罪行，被民主政体处死了。

与苏格拉底接触频繁的克里底亚、查密迪斯、阿客巴德等，确实对雅典民主政体造成过极大危害。古代一个苏格拉底学派埃斯客涅（Aeschines，前 390—前 315）也有过这样的记载：“雅典人，你们处死了智者苏格拉底，因为他对克里亚的教育明显地负有责任。”

需要补充的是，事后雅典人给苏格拉底平反昭雪，恢复了名誉。为了纪念苏格拉底，还在庙宇中塑造了他的金像，并且未经审判就放逐和处死了原先发动这场指控的阿倪图斯和梅勒图斯。

八

柏拉图在苏格拉底被处死后，对雅典的各种政体已绝望，自愿地离开了雅典。

他怀着探求哲学和政治、哲学家和政治家结合的途径以及理想政体的希望，到麦加拉（Megara）、埃及、昔勒尼、马格那（Magna）、大希腊、西西里等地进行了为期 12 年左右的游历活动。

苏格拉底刚死不久，他的朋友们感到自身处境危险，暂时转移到了邻近的麦加拉城去，投靠那里的欧几里得（Euclides）寻求庇护。欧几里得是苏格拉底临终时在场的外国朋友中的一位哲学家，他曾把某些苏格拉底教义跟巴门尼德的埃里亚学派结合起来，但那个轰动一时的诉讼事件引起的激情经过一段时间平息下去了。

此后，柏拉图到居勒尼（Cyrene）、意大利和埃及旅行了几年，回到雅典后就创办了学园。他 40 岁那年访问了意大利和西西里，厌恶当地富裕人家所过的淫荡奢靡的生活。

柏拉图“多次旅行”的唯一重大成果，是他赢得了一位才能出众、前程远大的青年狄阿（Dion）的全心全意的钦敬，而此人就是统治叙拉古（Syracure）的“暴君”狄俄尼索（Dionysius）一世的女婿。

柏拉图于公元前 399 年离开雅典后，首先到了希腊本土离雅典不远的科林斯海峡的麦加拉。苏格拉底的学生创立了麦加拉学派，这个学派试图把苏格拉底的伦理学和埃利亚学派巴门尼德、芝诺的学说结合起来，并以此去批判其他学派的学说。接着，柏拉图就到埃及去游历。当时的埃及，法老们建立的庞大帝国已经不存在了，但是波斯于公元前 525 年对它的征服，也只是在表面上触动了它的政治制度和社会秩序。后来，在希腊的支持下，萨伊斯的阿谟涅泰斯（Amnertais）于公元前 405 年推翻了波斯大流士二世的统治，重新获得了独立。

这个古老民族的伟大文化，给了柏拉图以深刻印象，正像他在晚年的对话《蒂迈欧篇》中记载的一个埃及僧侣对梭伦所说的那样：“和埃及比较起来，希腊人‘在思想上都是未成熟的’。”

埃及绵延数千年之久的传统，僧侣们牢固地控制整个国家的理智活动和教育，音乐和造型艺术中早已定型且具有不变的风格，高度发展的官僚政治和制度，世代相传的等级森严的固定职业和职业中严格的分工，强制推行的教育制度和算术教育中的各种具体办法，以及天文学、数学等领域中的成就，都给柏拉图留下了难以磨灭的印象。他在埃及的宗教和僧侣们理智活动的中心赫利俄坡利斯（Heliopolis，离现今的开罗 5 英里左右）住了相当长的一段时间，并和当地的僧侣们进行了广泛的交游，深受他们的影响。他在后来的《国家篇》《法律篇》等对话中提出的一系列政治、宗教、教育理论和制度，与这些经历无疑是密切相关的。

马克思指出：“在柏拉图的‘理想国’中，分工被说成是国家的构成的原则，就这一点说，他的‘理想国’只是埃及种姓制度在雅典的理想化。”

九

离开埃及之后，柏拉图出尼罗河入海口，向西沿着海岸航行到昔勒尼游历。

该地区是希腊殖民城邦，当时是希腊世界的数学和哲学活动的中心之一。柏拉图在这里结识了著名的数学家忒俄多儒（Theodorus，生于约前 460 年），此人还擅长于天文和音乐理论，并开始由纯思辨转到对自然科学的专门研究。后来，柏拉图自己曾表明忒俄多儒对他的影响，说由此提高了自己在数学、天文学等方面的学识。

接着，柏拉图向西旅行到大希腊（南意大利）漫游，主要是到继克贾罗顿兴起的另一个毕达哥拉斯学派的中心塔壬同（Tarentum），结识了当地民主政体的领袖和毕达哥拉斯学派的主要代表阿启泰（Archytas），彼此结下了深厚而持久的友谊。

阿启泰既是一个杰出的政治家、军事统帅，受到当地人民的爱戴，又是一个杰出的思想家，是许多知识领域的先驱，特别是在数学和力学方面做出了贡献，因此受到亚里士多德的学生、著名学者欧得穆斯（Eudemus，主要活动在公元前4世纪下半叶）的称赞。

十

正是在此前后，柏拉图的思想出现了转折性的变化，形成和提出了以中期对话《美诺篇》《斐多篇》等为代表的先验的认识论、客观唯心主义的理念论，发展出一种神学目的论哲学体系。接着，柏拉图又渡海到附近西西里岛的叙拉古，历经艰难险阻，才于公元前387年重返雅典，并创建学园。关于这次西西里之行的情况，将归并到三次西西里之行中集中阐述。

柏拉图从公元前399年离开雅典，以后相继到麦加拉、埃及、昔勒尼、南意大利、西西里游历，到公元前387年才告一段落，前后长达12年之久。其间，他可能有三次因服军役回雅典而临时中断。

当柏拉图在塔壬同等地游历期间，曾应邀到西西里叙拉古的狄俄尼索一世宫廷（前387年）。狄俄尼索一世（约前430—前367）在他父亲赫摩克勒忒（Hermocrates）被害后成为叙拉古的僭主。

柏拉图到达狄俄尼索宫廷后，就和这个僭主大谈僭主政体的弊端，强调统治者的私利不是最好的目的，除非他本人在德行上出类拔萃。

结果激怒了这个僭主，只是在他的姻兄弟狄阿（约前408—前354）和阿里斯托梅涅（Aristomenes）等的规劝下，才没有处死柏拉图。但事后，仍然唆使当时在他宫廷的斯巴达使节坡利斯（Pollis）于归途中在埃癸那岛（柏拉图的出生地）把他卖为奴隶，幸得昔勒尼人安尼刻里出资赎身并将他送回雅典。不过，狄阿受到柏拉图的影响，不但吸取了他的观点，还拒绝过奢侈的生活。

十一

学园的建立是柏拉图生命史上的转折点，并且在某些方面是西欧科学史上最值得纪念的事件。对于柏拉图来说，从此以后，他就要担任一个通过独创性的研究从事探索的永久性学园的第一任校长。

建立学园的确切日期无从得知。从建园的纲领和柏拉图说起曾在 40 岁那年访问意大利和西西里时确立的信念之间的明显联系来看，我们自然应该设想建园大概是在公元前 388—公元前 387 年间。

柏拉图此后的 20 年光阴主要是从事创建和维护他的学园的繁重工作，“讲学”成为这种工作的一部分。我们从亚里士多德那里得知，柏拉图确曾在很晚时期才不用手稿“讲学”。

柏拉图详尽地考察了各地的政治、法律、教育、宗教等制度，进一步研究和掌握了当时的数学、天文学、力学、音乐等理论，以及各种哲学学派的学说。正是在这样广博的知识基础之上，柏拉图逐步形成了他自己的哲学体系，以及对改革希腊的社会、政治、法律、教育、宗教等制度的见解。

柏拉图建立学园正是为了进一步传播他的学说，在实践中推行他的“理想国”或“第二好的国家”。他的一系列早期苏格拉底学派对话——《申辩篇》《欧梯弗罗篇》《克里托篇》《查密迪斯篇》《拉刻斯篇》《普罗泰哥拉篇》《欧绪德谟篇》《克拉底鲁篇》《国家篇》（第一卷）等——大体上都是在这段时期里写的。

经过种种挫折和实地考察，柏拉图意识到要改革雅典的政体，必须要有“可靠的朋友和支持者”，否则“什么事情也做不成”。为此，需要培养一批既精通哲学、自然科学，又善于治理国家的政治家，来实现他主张的由掌握治国之道的人来治理国家的理想。于是，公元前 387 年，在朋友们的资助下，柏拉图参照了毕达哥拉斯学派盟会组织等经验，创建了自己的学园。园址在雅典城外西北郊，原是用来纪念希腊英雄阿卡得穆（Ακαδημει）或赫卡得穆（Εκαδημια）的一座花园和运动场，因而学园就以这个英雄的姓氏来命名。柏拉图创建的这个学园，是欧洲历史上第一所综合性的传授知识、进行学术研究、提供政治咨询和培养贵族子弟成为上层统治者的学校。

柏拉图的学园建立之后，直到公元前 86 年罗马的苏拉围攻雅典时，才被迫迁入雅典城内，并一直存在到公元 529 年。后来，在东罗马帝国皇帝查士丁尼下令禁止后，才被迫关闭，前后持续了 900 余年之久。

学园时期是柏拉图一生中最重要的创作时期。这个时期，朋友们为他在学园购置了宅第。柏拉图在这 40 年期间，除了两次短期去西西里外，一直在这里定居，从事创作和领导整个学园的工作。

十二

雅典的奴隶制度，经过伯罗奔尼撒战争的打击之后，又迅速惊人地恢复起来。

战后 10 年，雅典又建立了一支相当强盛的海上舰队，于公元前 378 年组成了以雅典为首的第二次海上同盟，重建了被毁的保卫雅典的长城，并与其他城邦一起成功地抵制了斯巴达的侵略。直到马其顿的腓力王于公元前 359 年推行侵略政策前，始终控制着赫勒斯蓬特海峡（Hellespont，即今土耳其的达达尼尔海峡），继续操纵着东西方贸易。这一期间，雅典人口也有所恢复，特别是奴隶的总数，到公元前 323 年基本上恢复到伯罗奔尼撒战争开始时的数目。

因此，学园时期的雅典正在从战争的废墟中迅速地恢复过来，整个奴隶制度总的趋势是由极盛转入衰落，但其间出现了一个比较长的稳定时期。柏拉图的中后期活动，正是在这种背景下展开的。

柏拉图创建的学园，不仅是柏拉图本人，而且也是整个欧洲学术史上的一桩重大事件，对后世产生了深远的影响。柏拉图亲自领导的学园，主要开展了以下几个方面的活动：

第一，培养奴隶制度的上层统治者和提供政治上的咨询。学园的成员来自希腊各地。学园的主要目的，是在政治上发挥作用，作为间接影响实际政治进程的手段。

第二，积极传授和开展哲学和自然科学研究，成为当时希腊的学术研究中心。学园积极开展了对正处在分化过程中的各门自然科学的研究，尤其是数学知识的传授和研究。

柏拉图强调数学在培养哲学家 / 政治家中具有重要作用，是接受最高的辩证法教育的最后一个准备阶梯。柏拉图本人对数学有相当深的造诣。当时，学园中已对动、植物进行了系统的分类研究，这项工作可能是由斯彪西波领导进行的。正是在这个基础上，亚里士多德才能根据学园收集的大量有关资料，进一步开展生物学的研究。此外，学园还进行了地理学、宇宙学等研究。

狄俄尼索一世于公元前 367 年去世，当时已担任叙拉古首席大臣的狄阿，看到有实现柏拉图理想的机会，就邀请柏拉图第二次来叙拉古，训练狄俄尼索二世成为哲学家 / 政治家。柏拉图虽然对此不抱希望，但是为了不辜负朋友们，尤其是狄阿的愿望，以 60 岁的高龄渡海，第二次来到西西里。

不久，狄俄尼索二世和狄阿的矛盾激化，指控后者从事卖国活动，而把他驱逐出境。狄阿就此去雅典的学园，在那里学习和积极从事策划推翻狄俄尼索二世的政治军事活动。为此，这个青年僭主狄俄尼索二世怀疑柏拉图鼓励狄阿和忒俄多忒（Theodotes）推翻他的统治，柏拉图的生命再次遭到威胁；后来，在阿启泰等的斡旋和当地发生战争的情况下，才允许柏拉图暂时回雅典，但要他保证战争结束后重返叙拉古。

公元前 361 年，柏拉图践约第三次去西西里。为调和狄俄尼索二世和狄阿间的矛盾，柏拉图冒着生命危险来到了叙拉古，但也没有什么结果，狄俄尼索二世仍然不允许他回国。后来，还是在阿启泰的斡旋下，柏拉图于公元前 360 年才重返雅典。狄阿则在学园的一些成员的支持下训练军队，于公元前 357 年攻占了叙拉古，将狄俄尼索二世逐出叙拉古，成为该地的僭主；但狄阿本人，于公元前 354 年被人谋害了。柏拉图自己终身没有结婚，把狄阿看作自己的继承人，所以对狄阿的死感到非常悲痛，自认为狄阿的死比之苏格拉底的死对他的打击还要重，其理由是“苏格拉底虽被处死，但他的死是达到了他自己的目的，狄阿则在准备达到其伟大事业前就去世了”。

柏拉图的晚年，不仅在雅典而且在整个希腊都享有相当高的声誉。

关于柏拉图最后的岁月，除了一两个不值得记录的传说之外，人们一无所知。我们所能说的，只是他必定在他的学园里依然继续不时地对他的学员作讲演，因为迟至公元前 367 年才进入学园的亚里士多德是他的听众之一。从公元前 360 年到他去世之间的那些年月，他一定忙于从事《法律篇》的著述，这是他对有关道德和政治哲学的文献贡献得最长和最成熟的一部作品。

传说，在 80 岁高龄时，柏拉图安详地死于一次婚礼的宴席上。当时，柏拉图在人们心目中的形象，可以用他的最有才华的学生亚里士多德的悼词来佐证：

“岿岿盛德，莫之能名。光风霁月，涵育贞明。有诵其文，有瞻其行。乐此盛世，善以缮生。”

十三

柏拉图出身于和希腊民主政体有密切联系的名门贵族家庭，但这个大贵族家庭在民主政体发动的伯罗奔尼撒战争中破产了；柏拉图又亲眼看到雅典社会在民主政体领导下暴露出来的种种弊端，甚至杀害了他的老师苏格拉底。因此，这些决定了他对民主政体采取严厉批评的态度。

柏拉图认为一个稳定的政治体制应该是一个混合政体。他说：

“有两种政体的‘模型’——个人统治（君主政体）和民主政体（群众统治）。在一种健全的政体中，需要把两者混成一体。雅典人是这样，同一时期在赛鲁斯统治下的波斯人也是这样。但在波斯，平民管理的成分已经消失，行政管理已变成反复无常的寡头统治；在雅典，尊重个人品质和权威已在群众专政中丧失了。

“在以上两例中，原因是同样的。在雅典，当没受教育的人学会认为他们对音乐和戏剧的看法像受过教育的人的看法一样好，而且同样的错觉不久扩大到政治问题时，不幸就开始了；现实中的雅典不是真正的‘民主政治’，而是无知的爱好轰动的人的‘戏剧狂政治’。在波斯，没有一个人被教会如何发号施令，而在雅典没有一个人学会如何服从。对想要成为立法者的人来说，历史的教训因是——每个健全的政府，必须依据‘统治权的划分’；它必须把‘平民’的成因跟‘某种个人权威’结合起来，或者如柏拉图所说，必须把‘君主政体’与‘自由’联结起来。在某个地方必须有权威的席位，但是权威不应该堕落成为管辖；必须有个人的自由，但不是无政府的自由。”

在柏拉图身上，理论和实践、政治目的和学术研究是与哲学、自然科学研究一致的，他的一切活动的目的都是为了实现国家的最高理想：实现最高的善理念，即实现他所设计的理想国，而一切学科的学习和研究也都是为了达到这个目的。

中国古典哲学

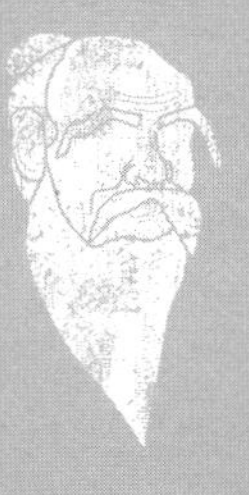

论《易经》

一

今人多视《易经》为上古卜筮之书，这是极常见的流行说法，其实是不确切的。《易经》不是一部原始占筮之书。东汉班固《汉书·艺文志》云："易道深矣，人更三圣，世历三古。"

《易经·系辞》云："是以明于天之道而察于民之故，是兴神物，以前民用。《易经》与天地准，故能弥纶天地之道。是以明于天之道而察于民之故，是兴神物，以前民用。"

《庄子·天下》云："易以道阴阳。"董仲舒云："易要天地，故长于术。"

道，推导。易，推演。推导阴阳，以明历变，乃易学之本义。因此，《易经》不是原始形态的占卜术，也不是一种宗教学说，而是一个隐藏在神秘符号和晦涩词句下的形而上学体系。李约瑟说"《易经》是一个含义丰富的'概念库'"，此说是有见地的。

二

从现代学术的立场去分析，笔者认为《易经》包括四个方面：

第一，图像（卦笔画）的数字意义；

第二，图像的符号学象征性意义（卦象）；

第三，卦辞（彖辞）及爻辞文义的理解和解释；

第四，卦辞及爻辞的哲学、政治、宗教及道德人文意义（以上合称义理）。

以上四个层面的解释不同，乃形成象数（第一、第二）及义理（第三、第四）两大学术流派。

《易经·系辞》云："《易经》之为书也，广大悉备，有天道焉，有人道焉，有地道焉。兼三材而两之。"

《易经·系辞》以天、地、人为"三才"。其实所谓"三才"，即宇（地，空间）、宙（天，骤也，时间）与人（主体）之三大存在。天为动（宙），地为静（宇），人在其中。"三才"也就是中国天人学之三维。

《管子·轻重》云："伏羲造六计以迎阴阳，作九九之数以合天道。"

俞樾云："周王循六计，则伏羲已有六画卦矣。"

《史记·周本纪》云："文王囚羑里，盖益易之八卦为六十四卦云。"

《史记正义》云："太史公言'盖'者，乃疑词也。"

《史记·日者列传》云："自伏羲作八卦，周文王演三百八十四爻而天下治。"

三

《易经》经文之所以神秘，原因在于其每一句话的意义并不是本身，而都是一种象征。意象相似的类比是比喻（如言某物圆似月亮），意象没有直接相似性的类比是暗喻或象征。例如，《左传·襄公七年》记讽喻卫君好色的卫国民谣："如鱼窥尾，横流而彷徉。"郑玄疏引："彷徉，游戏，喻卫侯好淫也。"卫侯之好色与游鱼，两者并没有直接的相似性或可比性。这种设喻，就是象征。《易经》中之意象多为此类之象征。

《易经》之经文文义勘破之后，有些内容实甚浅显。笔者颇疑著经之人有意设用冷偏字词，使之难以卒读，模棱两可，以便于以神道设教，遂使《易经》成为不可解之天书也。

《易经》本经包括六十四篇，一篇称一"卦"。

每卦的内容均由三部分组成：

第一部分是卦名及卦象。卦象的创造者传说为伏羲（太阳神及中华文明的始创者）。如“乾”，卦名为“乾”，卦象为“☰”。卦象分为六画，每一画配一句辞曰“一爻”。六爻乃象征阴阳六气及天之六道。

第二部分是卦辞，是一卦内容的提纲。如“乾”卦之卦辞为：“元亨，利贞。”卦辞的作者传为周文王。

第三部分是爻辞。爻，亦作繇，即谣，即歌谣。爻，即谣也。扬雄《太玄》拟《易经》称其辞为赞，计七百二十九赞。《易经》则三百八十四谣（爻）。谣辞的系附者传说是周公。

《周易本义》云：“易气从下生。易本无形，自微及著，故易逆数也。”

每卦之爻辞分为六句（唯乾、坤两卦则为七句）。爻辞以“下读法”（自下而上）读之，所对应之爻位自下而上之顺序为“初、二、三、四、五、上（六）”。

数字“九”代表阳爻，数字“六”代表阴爻。以爻而象征阴阳二气之交变。

对应于爻象的每一画，均有一句爻辞。例如，“乾”之初爻，其辞为“潜龙勿用”。上爻之辞为“亢龙有悔”。综观这些爻辞，内容包括三类：

第一类，隐语或谜语；

第二类，歌谣；

第三类，历史事件。

先有卦及象，再有名及义。卦辞以释名，爻辞以示义，明义而知吉凶。观象玩辞，参其义而明其理，是谓义理学派。王弼舍卦象而纯求义理，是刻舟求剑之举也。

《易经》经文本来的用处在于占卦者在得到爻象后索引爻辞，然后根据爻辞的意义去理解卦象所象征指示的成、败、吉、凶、悔、吝、休（喜）、咎（灾）。

《易经》中确有历史，而与商周之际史事相关。胡朴安云：

“乾坤两卦是序论，既济未济两卦是余论。自屯卦至离卦为草昧时代至殷末之史，自咸卦至小过周初文武成时代之史。”

《易经》自古流传，传述之本亦有所不同。张燧《千百年眼》卷八记：

“唐司户参军郭京作《周易举正》三卷，云曾持王辅嗣、韩康伯本，比较今世流行本，或将经作注，或用注作经，小系中间以下句居其上，爻辞注内移后义却处于前，兼有脱遗谬误者。”

西汉代王刘恒入主汉宫成为文帝前，曾占龟卜，得卦曰：“大横庚庚，余为天王。夏启以光。”大横，即乾，北斗也。此卦辞亦不见于今本《易经》。

四

八卦符号之起源，实源于结绳。阴、阳二符，一记号纪有绳结，即阴（--）。一记号纪无绳结，即阳（—）。若以三绳，有结、无结相参，即成八卦。若以六绳，有结、无结相参，即成六十四卦。

六十四卦中，其行文用韵之处计二十四卦。其用韵之法不一，有以平正胜者。例如：

“无平不陂，无往不复，艰贞无咎，勿恤其孚，于食有福。”（泰九三）

“观，国之光，利用宾于王。”（观六四）

“鸣鹤在阴，其子和之，我有好爵，吾与尔靡之。”（中孚九二）

有以奇诡胜者。例如：

“屯如邅如，乘马班如。匪寇，婚媾。”（屯六二）

“困于葛藟、于臲卼，曰动悔有悔，征吉。”（困上六）

“见舆曳，其牛掣，其人天且劓。”（睽六三）

“震索索，视矍矍。”（震上六）

有句法错综变化而仍用韵者。例如：

“其亡，其亡，系于苞桑。”（否九五）

“日昃之离，不鼓缶而歌，则大耋之嗟。”（离九三）

“得敌，或鼓或罢，或泣或歌。”（中孚六三）

就以上引例观之，卦爻辞之使用文字，极变化之能事。不特全部组织复杂，即其涉及事象之繁博、辞旨意绪之生动、涉笔取象之精辟，较之商代卜辞之平板无所变化，为进步多矣。

老子哲学中的活东西与死东西

老子的《道德经》(或云《德道经》《老子》),是古代道家的一部经典著作,也是早期中国哲学史上罕有的一部关于宇宙本体论的思辨著作。

《老子》全书,不过区区五千言。但千百年来对《老子》的研究和解释,则不下千百万言。一想到这一点,即足以令后起的研究者怯步——试想我们对于老子,是否还能讲出任何新东西呢?

然而,尽管考虑到这一点,笔者还是相信这一工作有必要从头做一下。为什么呢?

对于老子哲学,多年来的许多研究者都把精力集中于争论一个问题——老子是唯物的还是唯心的。实际上,老子就是老子——远古一位在学术上独树一帜而极具创造性的思想家。说他是唯物的,并不能抬高他;说他是唯心的,亦不能贬低他。真正的研究只应当理解他,这就意味着——要揭示出老子哲学的基本原理。事实上,只要能找到这个主要原理,笼罩于老子哲学之上的种种神秘烟雾,就可以烟消云散了。

本文的基本目的,就是试图揭示老子哲学中起决定作用的这个主要原理,即它所谓"玄之又玄,众妙之门"的"道",看看它的具体内涵究竟是什么。

一、《老子》一书源于口授

正如他的神秘哲学一样,老子其人也是一个谜。关于他的生平,历史上有过太多的说法,其结果却是没有一种确凿无疑、可资凭信的说法。

现在大致能相信的，只有关于他的这样一些事迹。

老子，名聃，春秋末期楚地人。曾在东周宫廷中任守藏史（这个职位是世官世职，即世袭），掌管天文及文书档案。晚年周王室衰弱，乃去官，赴秦国。过函谷关时，为关尹子口述作书，即《道德经》。其后不知所终。

现存所见《道德经》的最早文本，是1973年出土于长沙马王堆汉墓中的两种帛书，即帛书甲本与帛书乙本。就内容看，两种帛书本与原通行于世的西汉河上公本，有一些重要的差别：

（1）传世本《老子》一书有《道经》《德经》两部分。在通行本中，《道经》居前，《德经》在后。两帛书本则次序相反，因此被称为《德道经》。

（2）通行传世本全书分为八十一章，帛书本则不分章。

（3）通行传世本中作为语助词的"兮"字，在帛书本中一律写作"呵"。例如，"渊兮，似万物之宗"写作"渊呵，始万物之示"。

（4）帛书中多用假借字，同时同地出土的甲、乙二本，也常有写的不同的借字。例如，写"谓"作"胃"，写"其"作"元"，写"冲"作"中"等。又如河上公本第六十一章"常以靖胜"一句，在帛书甲本写作"恒以靓胜"，而乙本则写作"恒以静朕"。

由上述差别可以做出两点重要推测：

（1）帛书甲、乙本之间以及它们与传世本存在如此显著的差异，说明直到西汉初年《老子》一书尚无统一的定本。

（2）"呵"与"兮"相比，似更接近于口语。联系帛书甲、乙本中借代字极多，借音字互不同，以及不分节的事实，可以想见《老子》一书实源自口授的记录。

本文对老子哲学的引证，以通行的河上公本为据，同时参用两种帛书本。

二、《道德经》与《德道经》

"道"与"德"，是老子哲学的一对基本范畴。关于"道"的语词含义，前人诠释甚多，此不赘述。值得一提的是黑格尔的见解，他在讲论老子时指出：

"'道'在中文就是道路、方向、事物的进程"，因此也就是"一世事物内在的逻辑”。

参考老子所说“道者，万物之奥也”（第六十二章），可见黑格尔对“道”的这一理解是正确的。

“德”，古字书中有两种含义：

“德，得事宜也。”（《释名》）

“德，外得于人，内得于己也。”（《说文》）

也就是说，能抓住事物之根本，从而“外得于人，内得于己”，是谓有“德”。

老子说：“孔德之谷，唯道是从。”（第二十一章）这里指明了“德”对于“道”的依存关系——“道”为本体，“德”为器用。从老子书中对“道”与“德”的论述看：

老子所谓“道”，“天之道”也，是指事物发展、变化、运动的总规律，相当于希腊哲学家赫拉克利特所说的“宇宙中永恒的逻各斯”。老子所谓“德”，则是人之道，即人世上祸、福、兴、亡、成、败相互替易变化的规律。如果说《道经》是老子的自然哲学和方法论，那么《德经》就是老子的历史哲学和政治论。

由此，也就可以理解老子一书为什么有《道德经》与《德道经》两套版本了。看来是这样的：向老子一书中寻求帝王治国之术的汉初政治家，所重视的是《德经》，所以马王堆西汉贵族墓中所掘出的两种帛书均以《德经》居上篇；后世的玄学家们，所更重视的却是老子的“形而上”理论，所以西汉后期的另一种传本（河上公本）便把《道经》置于上篇了。

《汉书·艺文志》：“道家者流盖出于史官，历记成败存亡祸福古今之道，然后知秉要执本，清虚以自守。卑弱以自持，此君人南面之术也。”所谓“君人南面之术”，即治国之术，政治哲学。又云：“及放者为之，则欲绝去礼学，兼弃仁义，曰独任清虚可以为治。”

在这里，班固所说的“君人”与“放者”，看来即指政治家与玄学家对老子哲学的两种不同态度。

其实，老子既是一位高深的思辨玄学家，又是一位有权术的政治谋略家。因而，在两千年的中国历史上，《道德经》一书既是后来很多思辨玄学理论的发源之地，也是许多政治家、军事家乃至阴谋野心家从中汲取斗争策略、术数权谋的秘本珍籍。其原因，盖于此也。

三、“道”的二律背反

老子研究中的一个争论不休的问题，即老子的“道”究竟是物质实体抑或是精神实体的问题。

然而，若要正确理解老子，没有必要陷入这种经院式的循环辩论中，而应当深入分析“道”的真实意义。如果打破老子思想的神秘外壳，通而观之，那么老子的全部哲学可以提纲挈领地概括为三句话，即：

> 太初有道。
>
> 其道一为“变”，二为“反”。
>
> 圣人用之：明道，通变用反。

老子说：“道可道，非常道。名可名，非常名。”（第一章）这两句话是《道经》的开篇之首，对于老子全书具有提纲挈领的意义。它以思辨的形式，道出了规定与否定、有限与无限的辩证关系。

斯宾诺莎曾经提出一个著名的命题：“规定就是否定。”斯氏的这个命题所提示的是这样一个道理：对于具有无限性的实体来说，在质上对它的每一种确定，都必然意味着对其无限性的限制，因而意味着否定。

斯宾诺莎曾经把无限性比作一个圆环，因为当一个线段构成封闭的圆圈时，是既无起点也无终点的，因而在质上是无限的（尽管它在量上是有限的）。但其他任何一种开放的线段，则无论在量上可以延展多么长，在质上总是受到起点和终点的规定，因而是有限的（正是在同样的意义上，黑格尔把“绝对理念”也比作圆圈）。

“道可道，非常道。名可名，非常名”这个命题，与斯宾诺莎的“规定即否定”这个命题具有相同的含义。老子认为，“道”本身无起点亦无终点，“绳绳兮不可名”（第十四章），是不可规定的无限实体。但另一方面，老子又认为，“道”也不是栖身于宇宙之外的一个超越物，它存在于宇宙中，存在于事物中。

这里，老子实际提出了一种蕴含矛盾结构的命题，即：

一方面——

道不可道，不可名。例如：

> “道可道，非常道。名可名，非常名。”（第一章）

道无形，无象。例如：

> “是谓无状之状，无象之象。”（第十四章）

另一方面——

道可道，名可名。例如：

> “吾不知其名，强为之名，字之曰道。”（第十五章）
> “自古及今，其名不去，以阅众甫。”（第二十一章）

道有形，有象。例如：

> “其中有物”，“其中有象”，“其中有精”。（第二十一章）

在这里，我们看到了康德所谓“二律背反”，也就是逻辑上的所谓“悖论”。

黑格尔曾指出：“东方的哲人每每称神为多名的或无量名的……因为有限的名词概念，不能满足理性的需要。”（《小逻辑》，第 109 页）老子之所以视“道”

为“不可道，不可名”，其原因盖也在于此。

老子认为，驾驭着万有而又超越万有之上的“道”，乃是万物所生的本根。“夫物芸芸，各归其根。”（第十六章）从这一观点中，他引出反感觉论的认识论：“天下有始，司以为天下母。即得其母，以知其子。”（第五十二章）“不出于户，以知天下。不窥于牖，以知天道。”（第四十七章）“其出弥远，其知弥少。是以圣人不行而知，不见而名，不为而成。”（第四十七章）

宇宙中的万物纷纷芸芸，而“道”却是他们的总体、本根。由于万物形态及现象的多样性，所以任何感官的把握都只能达到片面的局部，只有理性的思辨才能把握万物的总体实体和本体——“道”，从而做到“不行而知，不为而成”。老子贬低感性认识的原因，是因为他从宇宙现象和人世经验的流动不居中意识到感性认识的表面性、片面性、偶然性、主观性。黑格尔指出：

“对那些断言感官对象的实在具有真理性和确定性的人，他们最好是回到那最低级学派的智慧……因为对于那些了解了这种神秘的人不仅仅达到了对感官事物的存在的怀疑，而且甚至于对它们的存在感到绝望，他们一方面否定了感官事物，一方面也看见了感官事物否定其自身。”（《哲学史讲演录》第二卷，第 241 页）

老子正是从对感性事物的这种否定中走向对感性认识的怀疑和否定。他要求越过感性现象而直接深入到对宇宙实体——“道”的认识，认为只有通过对这种普遍规律的认识才可以推导出对各种特殊事物的先验性的认识。所以，老子这种反感觉论的认识论，实质乃是中国古代哲学中一种尚处在萌芽形态的理性主义。

四、“道”的含义

那么，“道”的具体内容又是什么呢？老子认为，“道”的法则可以归结为两点：（1）道者，变也；（2）变者，反也。

他用这样三个字概括“道”的内容：“……曰逝、曰远、曰反。”（第二十五章）

“逝”者，消逝。“远”者，遁远。“逝”与“远”，都是指事物之发展变化。“反”者，物极必反也，也就是毛泽东常说的“事物走向反面”。

为了真正理解老子，这里有必要研究一下老子哲学中的一对重要范畴——

"有"与"无"。

老子说：

"天下万物生于有，有生于无。"（第四十章）

"常无，欲以观其妙；常有，欲以观其徼。"（第一章）

于省吾《诸子新证》云："徼者，归也。"此两者同出而异名，同谓之古，玄之又玄，众妙之门。

应该指出，对"有"与"无"这一对范畴的辩证分析是哲学史上（希腊、印度、中国）一切早期哲学的出发点。黑格尔的《大逻辑》和《小逻辑》亦都从"有论"开始。

在魏晋时代，玄学家也对这一对范畴甚感兴趣。然而，这一对范畴却被王弼、何晏等一班玄学家解得玄之又玄，以致完全变成了不知所云的离奇神话。实际上，老子命题所蕴含的道理是简单的。

试考察一个事物在历史进程中的形态变化，即可发现这样的规律：某一事物，起初呈现为一种存在形态，而在后来的发展中逐渐变为完全不同的另一种新存在形态。（例如，一粒微小的树籽，通过不断的发育变化最终长成一棵高大的树木。）

如果对事物的这种形态变化作抽象分析，就可以指出这乃是一个二重化的过程：一方面是事物原有的旧形态通过变化过程而消失，即由"有"转化为"无"（树籽）；另一方面是先前潜在的事物新形态逐渐生成出现，即由"无"显现为"有"（大树）。

例如，大树先前是"无"，在树籽的无化中转化为"有"。树籽原来是"有"，在大树的形成中消失于"无"。（参见列宁《哲学笔记》："正在开始的东西还不存在，它只是走向存在。从非存在到存在，非存在同时也就是所在。"）

由这种分析就不难引出如下的结论：

1. 事物新形态是从"无"中发生的。因此，"无"是本原。例如：

"天下万物生于有，有生于无。"（第四十章）

2. 事物之旧形态是向“无”转化的。因此，“无”是归宿。例如：

“夫物芸芸，各归其根，归根曰静。”（第十六章）

这就是老子哲学最基本的原理。实际上，老子关于“道”的其他一切命题，或者是导向这个原理的前提，或者是由这个原理中引申出的结论。

老子认为，事物之由不存在（无）走向存在（有），然后积小而成大、积弱而变强，以至于全盛，最终达到顶点，再一变而为走向反面，终至灭亡而消失。如是生生不已，这就是宇宙中一切事物生生灭灭、存在发展所普遍遵循的永恒之“道”。

在《老子》一书中，以大量的事例对“道”的这一原理作了具体生动的说明。老子说：“物壮则老。”（第三十章）“强梁者不得其死。”（第四十二章）“天之道，犹张弓也，高者抑之，下者举之。有余者损之，不足者补之。”（第七十七章）“人之生也柔弱，其死也坚强。万物草木之生也柔脆，其死也枯槁。故曰：坚强者死之徒，柔弱者生之徒也。”（第七十六章）“有无相生，难易相成，长短相形，高下相倾，音声相和，前后相随。”（第二章）“曲则全，枉则正，洼则盈，敝则新，少则得，多则惑。”（第二十二章）

五、老子的治国之术

正是从这一原理出发，老子引出了他的治国、平天下之术，也就是他的政治哲学、历史哲学、军事哲学和伦理学。对于老子的这一部分思想，可以归结为六个字，即“以反求正之术”。用老子自己的话说，即“玄德深矣，与物反矣，乃复至于大顺”（第六十五章）。

实际上，老子的逻辑是极其简单的。既然一切事物总是要向相反的方向发展——“大者，将变为小；强者，将变为弱；贵者，将变为贱”，那么为了使“大者常大，强者常强，贵者常贵”，就应该反其道而求之——“处大而若处小，处强而若处弱，处贵而若处贱”，即自觉地、主动地使自己经常处在小、弱、贱的地位上。这样，按“道”的规律发展，结果则往往是相反的，即转化为大、强、贵。

所以，我们可以把老子的这种策略思想概括为以下这样一个结构：

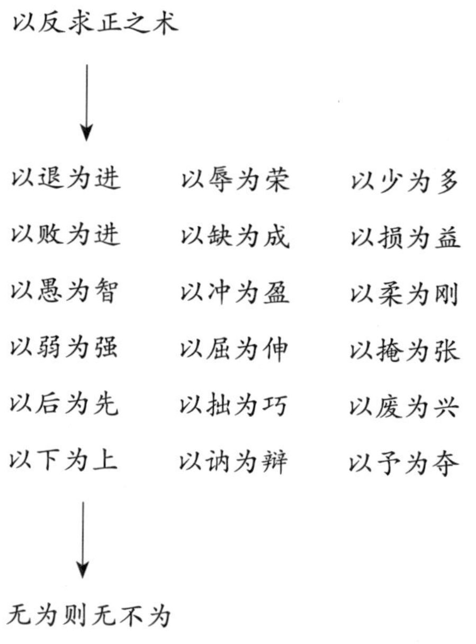

唐代以后，有人认为《老子》是兵书。《老子》书中确实包含军事哲学的内容，但这种军事韬略并不是著于哲学的主干，而只是老子“以反求正”策略思想的副产品。

作为用兵之道，老子主张以“不战制战，以退制进”，甚至“以败制胜”。他说：“以道佐人主者，不以兵雄天下……善有果而以，不敢以取强。”（第三十章）“兵者不祥之器……圣人不得已而用之……胜而不美……胜以丧礼处之。”（第三十一章）“用兵有言吾不敢为主而为客，不敢进寸而退尺。”（第六十九章）

但是，如果根据这些观点以为老子是“反对一切战争”的和平主义者、是“非攻非胜”的失败主义者，那就大错特错了。老子并不反对战争，而是以“非战”作为作战的战略方法。老子也并非反对胜利，所谓“胜而不美”者，乃是以胜为不胜从而不断求胜，以达常胜之术也。

这种以反求正的策略思想推广于政治斗争，则可以产生一套设计陷敌、阴谋制人的权谋术数。故，老子说：“将欲掩之，必固张之。将欲弱之，必固强之。

将欲废之，必固兴之。将欲取之，必固与之。是谓微明。”（第三十章）又说：“古之善为道者，非以明民，将以愚之。”（第六十五章）“绝圣弃知，民利百倍。绝仁弃义，民复孝慈。是以圣人处上而民不重，处前而民不害。以其不争，故天下莫能与之争。”（第六十六章）

这种权谋术略构成老子政治哲学中阴险的一面，亦成为后世许多政治家、阴谋家张权制敌的法宝。所谓“君王南面之术”者，实即指此。

六、老子的伦理哲学

从“以反求正”的原理出发，老子提出了他的伦理哲学—— 一种独特的人生价值观点。

第一，老子依据“相反者相成”的原理，认为人类行为的善与恶、美与丑的观念都不是绝对的，而是相反相成、互为依托的。没有绝对的美，亦没有绝对的善。美和善，是与丑和恶的观念相对比较而存在的。他说：“天下皆知美之为美，斯恶已。皆知善之为善，斯不善已。”（第二章）又说：“唯之于阿，相去几何？美之与恶，相去何若？”（第二章）

第二，由这种善恶相反相成的价值观出发，老子抨击西周晚期儒家的礼义观念。他说：“大道废，有仁义。智慧出，有大伪。六亲不和，有孝慈。国家昏乱有贞臣。”（第十八章）“故礼者忠信之薄而乱之首，前识者道之华而愚之始。”（第三十八章）

第三，既然美和善总是相伴着丑和恶，智慧总是相伴着诈伪，礼义总是相伴着堕落，总而言之既然人类在文明形态上的每一种进步都总是伴随着道德与纯朴人性的堕落，那么，对人性最根本的改革，就是彻底地放弃对美、善、智慧、礼义道德和社会物质文明的追求而回归于原始纯朴无知无欲的人性中去。所以，老子主张：“小国寡民，使民有什伯之器而不用也，使民重死而不远徙。虽有舟舆，无所乘之，虽有甲兵，无所陈之。使民复结绳而用之。至治之权，民各甘其食，美其服，安其俗，乐其业，邻国相望，鸡犬之声相闻，使民至老死，不相与往来。”（第八十章）

以上主张的后一段话，体现了老子的最高社会理想。这种理想，与儒家的大同理想（《礼记》）是非常不同的。基本上，老子是反对物质文明，反对科技与工艺，甚至反对理智性和知识的。他说："为学者日益，为道者日损。损之又损，以至于无为，无为而无不为。"（第四十章）"圣人处无为之事，行不言之教。万物作焉而不为始，生而不有，有而不恃，功成而弗居。"（第二章）"为无为，事无事，味无味，大小，多少报怨以德。"（第六十三章）"为者败之，执者失之。是以圣人无为故无败，无执故无失。"（第六十四章）"是以至人之治，虚其心，实其腹，弱其志，强其骨。常使民无知无欲，使夫智者不敢为也，为无为，则无不治。"（第三章）

应该指出，老子这种社会理想，表面看是一种反人性、反文明、反理性、反道德的荒谬思想，但从另一方面看，这正是哲学史上对于人类异化所发出的第一次抗议呼声。

根据这种"无为而治"的人生哲学，老子阐述了他所理想的圣人模式。这种圣人"自知不自见，自爱不自贵""不敢为天下先""知其白，守其辱""专气致柔"——无知、无欲、无为，如同初生的"婴儿"。

如果把老子的伦理学观点与先秦儒家的伦理学观点作一对比，就会发现这两种价值观念在许多方面是相反的。

儒家主张用世，老子主张避世。儒家主张进取，老子主张无为。儒家主张"爱人"，行仁政；老子主张"绝圣异知"。儒家重人事，老子尊天道。儒家主张"走私"，老子主张"成其私"。儒家崇奉西周礼治，主张克己复礼，实际上是以颂古的形式非今，抨击时政，主张改革政治；而老子根本摒弃礼治，认为"礼"是"忠信之薄而乱之首"，主张使社会彻底退回到氏族时代去。

孟子曾这样描述他所理想的政治家形象："居天下之广居，立天下之正位，行天下之大道，得志与民由之，不得志独行其道。富贵不能淫，贫贱不能移，威武不能屈，此之谓大丈夫。"（《孟子·滕文公下》）

老子所理想的圣人形象则是："微妙玄通，深不可识。豫兮若冬涉川，犹兮若畏四邻。俨兮其若客，涣兮若冰之将释，敦兮其若朴旷兮其若谷，温兮其若浊。"

（第十五章）意思是，无棱无角，无欲无争。随器赋形，与物同化。无不变之则，无必循之径。但求遗世独立，何问世之清浊。

老子这种拒绝承担伦理责任的人生哲学有其消极的一面。这种消极方面，后来在庄子、列子一派战国后期道家伦理学中得到更为极致的发挥。这种消极的道家伦理在认识论上发展到彻底的怀疑主义、相对主义，在价值论上则是彻底否定生存的责任和意义——不是使人敢于面对历史、面对社会的挑战，勇敢地承担自己的责任和使命，而是使人缩入个体生存的蜗壳，以个人的生存得失作为人生的最高价值。因此，后期道家伦理学实际上是一种十分自私的苟生哲学。

黑格尔曾批判中世纪基督教的“圣徒”观念，说：“假如这样的一批人要组成一个国家的话，那么，他们的羔羊式的善良，他们那种只知关切自己个人、自己爱护自己、自己永远看到和意识到自己的优点的虚荣心，就必须扫除干净。因为在公众中的生活和为了公众的生活并不需要那种软弱和怯懦的善良，而正需要一种强毅的善良——不要求只关心自己和自己的功罪，而要求关心公众和怎样为公众服务。”

这一批评完全可以用在后期道家身上。人类降生于地球上，是担当着责任和使命的。人应该面对历史、改造世界，力求有所作为，而不是逃避、无为。人应该有勇气坚持自己认为是善的原则，为一种理想作斗争，不论这种斗争使人遇到什么样的痛苦。两千年来，道家哲学中这种逃避人生责任的“无为”哲学，对我们民族的精神、性格和历史发展都造成了有害的影响。由于受这种人生哲学的影响，不少政治家在所谓“功成身退”“激流勇退”的借口下，为了保全身家而逃避自己的历史责任。请看一些人生谚语，如：

“危邦不入，乱邦不居。天下有道则见，无道则隐。”

“勇于敢则杀，勇于不敢则活。”

“刚易折，白易污，巧易拙。”

“事事求全无可乐，人非看破不能闲。”

“红尘白浪两茫茫，忍辱求和是妙方。”

“聪明难，糊涂更难。由聪明而糊涂最难。”

…………

诸如此类，所反映的其实正是这种无为与避世的人生态度。

老子这种“无为”哲学的消极面，后来与儒家哲学中那种“重等级，明尊卑，贵古贱今”的哲学相结合，遂成为维系两千年停滞的中国封建制度的两大精神枷锁。如果说在儒家的人生哲学中尚包含着积极进取、尊民轻君、正视人生、正视人的社会责任等人道主义成分（事实上，封建时代一切在历史上有所作为的仁人志士，正是接受了这种积极思想的陶冶），那么作为一种伦理学和人生哲学的老子思想却是不足取的。

结语

黑格尔指出：“每个人都是时代的产儿，哲学也是这样。哲学是被把握在思想中的它的时代。”老子的哲学，也是他那个时代的儿子。春秋时代乃是古代中国史上一个天旋地转的大时代，在整个中国的土地上从南到北、从东到西，社会的经济、政治、道德伦理和意识形态，都正在进入一个旧结构解体和新因素重新组合的过程。诸侯起来了，天子失势了；卿大夫起来了，诸侯又没落了。短短二百四十年间，大小战争二百九十七次，弑君三十六，亡国五十一。无数世家公侯或陵夷废灭或降为皂隶，而昔日的贱臣庶人却纷纷登上政治权力的角逐舞台。一切传统的典章制度，都在动摇着、颠倒着、扫荡着。变革的观念深深浸润人心。当时，有一位历史学家总结这种历史进程为“社稷无常奉，君臣无常位，自古已然”，故诗云：

“高岸为谷，深谷为陵。”（《诗经·小雅·十月之交》）

老子的哲学思想，是这个历史时代中的一位贵族知识分子对于当时正在发生的历史进程所作的哲学概括，也是他对于时代向它的阶级所提出的严峻挑战所给予的理论回答。如果说老子以物之必变、必反来概括时代的运动是深刻的，那么他以为可以以反求正、以无为达有为、以不变之术来抗拒宇宙历史必变之流，则貌似机智而实则是愚蠢的。

作为一个哲学思想体系，老子的思想具有深刻的内在缺陷，老子的逻辑方法也是有严重缺陷的。

第一，从《老子》一书中可以看出，他的哲学命题都是作为一种先验的公理，以直言判断的形式独断地给出来的。例如，老子说："道可道，非常道。"为什么如此？这个命题是如何推知的？老子全然没有说明，在他看来，这个命题乃是公理，是不证自明的。然而，像这种直接给出而未经逻辑论证的思想，只能是真假值尚有待验明的命题，而根本不是什么真理。

由于老子哲学缺乏一个严密的逻辑系统，致使老子的许多命题虽然貌似有理，实际却经不起严密的推敲。例如，老子的全部哲学都是从"反可求正"这一原理出发，认为弱小必能战胜强大，柔弱必能战胜刚强。但实际上，这个命题只有在作为或然判断时才有真实性，若作为必然判断，就是很荒谬的。因为世界上凡强大者都曾经过弱小阶段，但绝非凡弱小者必能发展为强大。

何谓"柔弱"？何谓"刚强"？这些概念，在老子哲学中都没有严格的定义。诚然，新生事物发轫之初常是柔弱的，然而垂死事物在走向灭亡时也是渐趋衰弱的。这种逻辑的不严密，使老子不得不在论述中借助大量的表象和实例，并使他不得不以无内在结构的散文诗的形式表述思想。

因此，老子哲学的缺点并非如有人所说具有过于深奥的思辨性，而恰恰是整体上的缺乏思辨性。那种散文诗的外在形式，也绝非老子哲学的优点，而恰恰暴露了它在逻辑方面的致命弱点。

第二，从内容看，老子哲学所反映的乃是辩证法的否定一面。

马克思曾指出：

"……辩证法对现存事物的肯定理解中同时包含对现存事物的否定理解，即对现在事物的必然灭亡的理解；辩证法对每一种既成的形式都是从不断的运动中，因而也是从它的暂时性方面去理解。"

在这里，马克思所指出的即是历史辩证法的否定特征。

生活于春秋那样一个变动的时代，老子对于历史辩证法的这种否定运动是有着深刻认识的。这一点，在他的哲学中体现得十分明显。

然而，老子没有认识到，在历史的辩证否定中，同时发生着社会形态的更新，即肯定运动，新的、更高级的社会文明正孕育在旧文明的破坏中。

黑格尔在论述辩证法的这种肯定运动时深刻地说过："为了争取科学的发展……唯一的事就是要认识以下的逻辑命题，即否定的东西也同样是肯定的……它是一个新的概念的否定或对立物，因而变得更丰富了。"

然而，这一点却恰恰是老子认识不到的。他所看到的只是旧事物、旧制度的崩溃灭亡，却看不到新的社会组织、新生活的强大萌芽。这也正是老子对人生、对历史采取那种极为悲观、消极、无为观点的原因。

悲剧时代产生悲剧的人物，而悲剧的民族总是产生悲剧时代。一个积极地、主动地寻求自我变革的时代是悲剧性的。春秋正是这样一个时代，而老子又是这个时代的一位悲剧人物。所以，他的哲学充满矛盾。总的来看，在理论上，老子是一个失败者，他的社会历史哲学和伦理学是反自然和反历史创进之流的。但在思想史的影响上，老子是一个成功者。他的政治哲学为历史上许多帝王将相所宗法；他的玄学思辨原理不但影响了中国两千年的自然哲学，而且后来发展成为一种宗教；他的伦理学至今还可以在现代中国人的某些处世方式中看到痕迹。在几千年的历史中，老子始终被看作最深奥、最丰富的古代思想家之一。然而，这正是中国文化史的悲剧。因为只应该是哲学思辨之起点的地方，却被后人看作了终点。老子哲学被看作古代思辨哲学的最高产物，成为后代无数思想家不断追溯的理论源泉，甚至直到今天的中国哲学中我们仍可以看到被不断重复的某些老子哲学命题。

黑格尔曾批评老子以"无"为本体的原理，说："在纯粹抽象的本质中，除了只在一个肯定的形式下表示那同一否定外，即毫无表示。假若哲学不能赶超出上面那样的表现，哲学仍是停在初级的阶段。"

这一批评是深刻的。

中国传统哲学的起源及演变

记者： 您前一篇谈到老子，我读过《老子》，十分喜欢。您认为老子是唯理主义者吗？

何新：《老子》书只有五千言，古今注疏则百千万言，但真懂他的似乎并不多。老子认为宇宙的本质是信息——“信息”是一个非常现代的概念，但在《老子》书中已经出现。《老子》第二十一章：“幽兮冥兮，其中有精。其精甚真，其中有信。”这个“信”，是指一种同期性，其实就是今天所谓“信息”，也就是庄子所谓“天籁（乐）”。老子所说的“道”，乃是天道，是一种大周期性。他认为，自然和社会中存在着建立在这种周期性基础之上的自然秩序。这个周期性的核心原则，就是由正态向相反状态转化——“反者，道之动”。

记者： 但是许多中国哲学史书中说，中国哲学具有素朴自然的唯物主义传统，如阴阳五行哲学。

何新： 这类说法多数是牵强的附和瞎扯。应该说，中国传统哲学，根本不适合装入源于西方希腊哲学的唯物论 / 唯心论的二元性分类框架中。西方的唯物主义观念，起源于希腊哲学中几个流派，特别是伊壁鸠鲁一派，后来通过法国启蒙哲学和英国的机械唯物主义哲学而深刻影响了近代思潮。启蒙哲学和机械唯物主义的自然哲学基础，都是牛顿的机械论物理学体系。

这种机械物理论，本身是一种十分缺乏活力的体系，是一种无生命意识的哲学。但中国哲学、东方哲学传统则与此完全不同，因为中国哲学、东方哲学是有生命的哲学、泛生命的哲学。在本质上，中国人心目中的宇宙是有机的、有生命的。中国人深刻地意识到宇宙、物质是一种具生命力、有活力的东西。中国古典哲学天道观的精髓是理性主义。中国古代哲学在本体论上是理性主义的，是伦理主义（孔子）的和崇尚个人人格主义（孟子）的。中国的阴阳五行理论完全不同于希腊哲学（如伊壁鸠鲁）中的唯物主义。

记者：您能否以最简明的语言，概括一下您对中国哲学思想史进程的观点？

何新：中国学术，起源于天文与人文两大因素。夏商以前的早期宗教自然观为太阳崇拜，在周代转变为北斗崇拜，其人文因素一为慎终追远的政典文化（《尚书》），一为敬祖尚亲的人伦文化（三礼）。春秋以后百家兴起，至战国秦汉则大统归入道法两家。孔子试图复兴三代古礼，但其长期处于不入官学的非主流地位。直到汉武帝罢黜黄老道法及百家，独尊儒术，儒家上升为官学，这才成为主流文化。魏晋玄学在贵族文化中兴起，以虚无为本体而注重尘世享乐，实际是中国的存在主义。隋唐宫廷崇佛，士人尊儒，民间尚道教，佛、道、儒三足鼎立。宋明新儒学勃兴，主张"名教"，核心是"三纲五常"。晚明及盛清士人倡导经世致用之实学，经学则以考据语言训诂学而复古（新汉学）。这就是我所理解的两千年中国传统宗教及学术演变之大体脉络。

论道家哲学和阴阳五行概念

“阴阳”概念的实质

记者：我还想请教关于中国哲学的几个概念的问题。

何新：请讲。

记者：“阴阳”概念的实质究竟是什么？这个概念似乎从没有被真正讲清楚。关于“五行”的说法，在现代人看来更是混乱。我想知道您的高见。

何新：关于“阴阳”，过去没有人讲得清。我们首先可以考察一下这两个字的语源。“阴”繁体作“陰”，从“云”，古人认为“乌云”“乌烟”是一回事。乌云笼罩，就是“阴”。所以，“阴”也就是“暗”（“阴”“暗”古语亦相通），也就是没有光明。“阳”，本义是太阳，就是阳光，就是光明。“阴阳”概念的实质，就是黑暗与光明。光明可见，黑暗则不可见。但古人已经知道，光明与黑暗并非两个事物或两种物质。光明的消失就是黑暗，黑暗中能量的增强就是光明。如果我们用现代的观点来解释的话，“阴阳”概念的本质就是现代物理学讲的“能量”。能量的熵化，能量的消失，就是“阴”。能量的聚集，能量的增强，就是“阳”。古人认为，宇宙是光明与黑暗，即“阴”与“阳”两种范畴交替运动和循环的产物，这就是所谓“一阴一阳之谓道”。在中国学术中，最早“阴”与“阳”是作为一对天象、天文和历法中的范畴。在《易经》和老子哲学中，发展成了宇宙本体论的范畴。这两个范畴都不具有物质实体的含义，而是抽象的哲学理念。“阳”，就是显现，是实在。“阴”，则是非显现，是潜在的东西。潜在的东西生化为实在的东西，实在的东西内化为潜在的东西，这是阴阳转化的实质。

“五行”论的真义

记者：讲得透彻。那么，什么是“五行”呢？

何新：至于“五行”，“行”古音读“恒”，“五行”就是“五恒”，也就是“五常”。“五行”或“五恒”的本义，就是指五种永恒存在者。印度古代哲学认为宇宙的实体是“四大”（地、水、火、风），后来发展为“五大”（地、水、火、风、空）。中国的“五行”观念是“金、木、水、火、土”，五种永恒存在者。“五行”与印度的“五大”哲学具有某种对应的关系。“地 / 土”，“水 / 水”，“火 / 火”，这三对范畴类同。不同的是，印度的“风、空”，在中国则是“金和木”。然而，这两种原始本体理论似乎是具有某种共同背景的。“五行”的另一种解释是“五运”（《黄帝内经・素问・五运篇》）。“运”，就是运行、运动。静态的“五行”在“五运”中变成了动态的概念，“五运”就是“金、木、水、火、土”五大元素的运行和相互转化。

记者：您说“五行”是指五大恒在物，这是不是唯物主义的本体观呢？

何新：中国古典哲学所说的“金、木、水、火、土”五大元素，并不是指五种实有的物质。“五行”与其说是五种物质的物理元素，不如说是五种象征性的物态符号。如果你把它们理解成有固定属性的物质，你就无法理解为什么由同样物理物质构成的人会有所谓“火”型人、“木”型人、“水”型人之类的分别。在同一个人身上，中医认为“肝属木，肺属金，胃属土”。这绝不意味着“火”型人是火做的，“木”型人是树做的，而人的肝脏中有树木、肺中有金属、胃中有土石等物质实体。晋人张华《博物志》云：“石者，金之根甲。石流精则生水，水生木，木生火。”张华所说“石”，即土。他指出“五行”论所言的物不是实质而只是形态：矿石生金，金化而生水（液体），液体（水）滋润生木（植物、生物、有机物），木燃烧而生火，火燃尽而生灰（土 / 石）。因此，“五行”论的实质是存在的五大形态：金 / 金属，木 / 生物，火 / 等离子，水 / 液态，土 / 固态。“五行”所描述的不是物质，而是五种恒在的物态。古人认为“金、木、水、火、土”五大元素存在互相转化的关系，就意味着否定了它们本身是绝对性的物质。所谓变（运）的进程、转化的过程，实质正是一种抽象化的过程。

“太极”一元论

记者：“阴阳五行”哲学似乎是一种多元论。

何新：不对。中国哲学中最深刻的本体论观念，源于《易经》中的阴阳理念。历代《易经》的传注者均认为，阴与阳、黑暗与光明并不是两种物质。黑暗乃是光明的缺失，而不是异于光明的另一物质。所以“阴阳”理论不是二（或多）元论，而是一元论。朱熹说，不是同时有阴阳两种不同物，而是说阴去则阳生，阳去则阴生。同一个本体，生化出两种现象：阴和阳。这是一元论，而且是符合《易经》哲理的一元论。“阴阳”统一于“太素”“太极”。“太素”就是极小、无限小，而“太极”就是本原。所以，“太素生太极，太极生两仪”（阴 / 阳）。

记者：为什么“太素”是极小？

何新：“素”语根从“系”，“系”“细”古音通。“细”即小，“太细”即太小，所以“太素”即极小（“太素”又即“太幽”。素，从系，从幺音，与“幽”相通。“幽”即“幼”，亦有小意），即无限小。宇宙发生于“太素”，即发生于无限小，这是一种思辨。中国古人具有深刻的思辨智慧。

记者：“阴阳五行”概念究竟是什么时候产生的？

何新：非常之早。近代“古史辩”一派认为“五行”是邹衍创始的，至汉代方大倡其道。梁启超认为战国以前无“阴阳”概念，郭沫若《金文丛考》认为金文无“五帝”“五行”概念。这些都是片面之说。甲骨文中已有“五方、五帝、五风神”的记述，“阴阳”概念亦已见于金文。清代以前，一直认为“阴阳五行”概念来自伏羲。伏羲是传说神王，固不可信。但作为一种宗教哲学，我相信“阴阳五行”及“四象”“廿八宿”理论的产生不晚于商代，在商周时早已成为正式的国家官学。

“道”就是“逻各斯”

记者：这种阴阳哲学是中国哲学所独有的。

何新：也不尽然。类似这种阴阳哲学，在古波斯哲学中也存在，古波斯的神秘主义光明崇拜（米特拉［Mitra］崇拜）与中国的阴阳哲学似乎具有某种联系。还应注意到，虽然说希腊哲学与中国哲学在本质上不同，但在中国古典哲学与希腊哲学中也并非完全没有可比较的因素。罗素曾说，古希腊哲学中有一个主导性的概念“logos”（“逻各斯”）。他这个观点是剽窃于黑格尔的。黑格尔说“logos”一词有两种意义：言辞和尺度。无独有偶，中国哲学中也有一个类似于“逻各斯”的主导性概念——就是“道”。“道”至少有三层含义：（1）语言（“道可道，非常道。”道者，祷也，祝也，咒也，诵也）；（2）规范、秩序（道理）、道路；（3）运动、动力（导，引导，导动，推动）。“道”作为哲学的概念，起源于“天道”，即天体运行的轨道。中国古代哲学与天文学有直接和密切的联系，所以古代哲人首先正是从天文轨道的周期性、秩序性、可重复性上认识了宇宙万物现象之内存在着秩序和组织的理念，在表面的无序之下存在着秩序和组织的超级理性。这种理性，就被古人归纳为“天道”和“道”的概念。荀子说：“列星随旋，日月递照，四时代谢，阴阳大化，风雨博施，万物各得其和以生，各得其养以成，不见其事而见其功，夫是之谓神。”这就是说，人们是从宇宙中的周期及秩序，认识到一种超人类的理性和逻辑组织的存在（是之谓“神”）。陈寅恪认为中国古代的原始道教起源于后汉的五斗米道或天师道，这是不确切的。道教的真义是天道教，即天文道教。它的宗主神玉皇是主持北斗的天神，即天玑玉衡星座中的玉衡（皇）星。所谓玉皇大帝，即北极星和北斗星君。“道”起源于上古崇拜太阳和北斗的天文学，道家、道教起源于对“天道”的观察与研究。（日本的国家宗教起源也在于此，日本神道教是中国上古天道教的次生变种。）所以，我说中国古代哲学的“道”一元论，本原是理性主义，而中国关于“道”（“天道”）这个概念远比西方“logos ”的概念要丰富和深刻。

中西比较哲学

谈“玄”

如果我们承认真理是不可知的，那我们也就无法理解：为什么我们还要浪费精神来研究哲学？

哲学体系在历史中的相互次序，也就是理念规定的逻辑推导的次序。

——黑格尔

一

在黑格尔看来：“哲学产生的历史前提，并非只是由于一个民族达到了充分的高度教养的情况，而且还因为这个民族此前那种和谐一致的观念结构发生了‘断裂’。这样一个民族的生活，就不再同它的基本历史原则保持普遍的一致了。（新的）哲学就产生在这样的情况之下。”他又说：“但是，哲学并不能消除现实世界中的那种‘观念断裂’，它毋宁是在寻找纯粹思想领域中的和解。”

黑格尔说：“历史中的哲学体系，虽然表面上是偶然发生的，但实际上自有其内在的逻辑链条，因为哲学史乃是理性的思维产生的理性体系的序列。”关于西方哲学史，请注意以下几大环节：

（1）希腊哲学虽以本体论为主，但苏格拉底侧重的主要已不是本体论，而是存在主义所谓“人本学”。苏格拉底是西方认识论（“认知你自己”）和伦理学的教父，柏拉图也是如此。古典形式逻辑的真正原创之父乃是柏拉图（发明了分类方法、概念定义法、矛盾二分法等逻辑方法），而非人们通常说的亚里士多德。

但是，亚里士多德的确是希腊学术的一位最伟大之综合者，他的哲学中几乎包括了一切近代哲学和科学问题的原型。

中国的孔子、墨子、荀子、董仲舒、朱熹也都是前几代学术的伟大综合者，但是中国思想史上的确没有一位可以和亚里士多德相侔的人物。亚氏所提出的多数哲学问题，今天仍然是未解决或待解决的问题，包括人文学术如政治学上。

例如，关于政治体制中"三权分立"的理论，中国当代"自由主义者"把它当成先进的"民主宪政"（共和）理论，以为它源于法国启蒙哲学中的卢梭和孟德斯鸠。但很少有人知道这一理论原型，实际来自两千年前亚氏的《政治学》中。

伟大的哲学体系是很难超越的，就像那位首登珠峰的登山家关于珠穆朗玛峰的名言——"它在那里"，而且将永在。

（2）正是希腊认识论和伦理学，提供了向新柏拉图主义的过渡。柏拉图主义中含有源于东方的神秘主义（"迷狂"，一个不确切的译语）因素。所以，新柏拉图主义（特别应注意其中的诺斯替一派）在中古哲学中乃与基督教神学相汇合。

（3）中世纪经院哲学并不是西方哲学史的一个空白，而是一个极其重要的过渡阶段，正如南北朝隋唐佛哲学不是中国哲学史的空白，而是一个极其重要的过渡阶段一样。在中古宗教哲学中，源自希腊学术的神学、认识论（包括逻辑）、伦理学，都仍在被研究，而且有所发展。

（4）文艺复兴重新提出人的问题（所谓重新发现"人"），导致了人本主义的新文化潮流（人文主义）。其基本取向是反经院哲学的，由此导向对认识和方法问题的反思，首先是对"方法"即逻辑学的反思（培根、笛卡尔、洛克等，包括提出新的"归纳主义"）。

（5）但是，由休谟到康德，以怀疑主义终结了这种方法论反思。康德系统总结了培根以来的认识论和逻辑研究（包括唯理论与经验论）。

（6）在康德之后，黑格尔将逻辑学和认识论重新导向本体主义形而上学（康德声称摧毁了“形而上学”，黑格尔则宣称复兴“形而上学”）。费尔巴哈又将黑格尔的本体主义导向“人本学”，其后叔本华和尼采则将主体意志论赋予这种人本主义哲学。哲学向主体性的转变，衍生出“现象学”（胡塞尔）和存在主义（克尔凯郭尔）。从此，主观性（人格主义）和非理性遂成为19—20世纪现代哲学和艺术的基本特征（所谓“诗化”）。

（7）在希腊时代，古典逻辑学的中心是关于何谓客观真理的问题。（因此，形式逻辑定律也曾被解释为本体论规律。）

到19世纪，后康德主义出现，认为客观真理并不存在，即使存在也不可能被认知；认识论主流转向于对真理问题的怀疑主义。

于是，由认识“真”的问题转向解析语意形式的问题，这就是语言哲学的诞生。语言哲学的目标之一，就是要彻底摒除关于客观真理的可能性（包括詹姆士的实用主义，也是如此），解析语言何以不能真，以及在不真之境下如何仍能有效。

（8）对于寻求客观本体性真理的摒弃，自康德以来就有一个著名的口号——“摒弃形而上学”。

1981年，我批评新版《辞海》对“辩证法”与“形而上学”这两个重要哲学范畴的解释存在根本错误。为此，与《辞海》编者（哲学编辑）之一的徐庆凯就这个问题在《学术研究》杂志上做过两轮“论战”。后来，新版《辞海》已修正了对“形而上学”这个概念的这种误释。

但是，这种根本性误释影响了现代中国哲学几十年，使许多中国学者一直不懂所谓“形而上学”一词的真正含义。

（9）罗素的哲学史给人的印象是：在罗素以前，历史上的哲学家只有一系列逻辑谬误。也就是说，除了罗素主义即逻辑斯蒂自身之外，在罗素之前历史上根本没有存在过真正有意义的哲学。

“他们宣称传统哲学只是一些伪问题而已。”（石里克）但是，我想到黑格尔的一段话：“一种新的哲学出现了，这哲学断言所有的别的哲学都是毫无价值的。诚然，每一个哲学出现时，都自以为：有了它，此前一切哲学不仅是被驳倒了，而且它们的缺点也被补救了，正确的哲学最后被发现了。但根据以前的许多经验，倒足以表明《新约》里的另一些话同样的可以用来说这样的哲学——使徒彼得对安那尼亚说：‘看吧！将要抬你出去的人的脚，已经站在门口。’”

文德尔班是新康德主义的大家，所著《哲学史教程》值得一看。但我认为，迄今最好的西方哲学史还是黑格尔的《哲学史讲演录》。

（10）希腊哲学三杰是苏格拉底、柏拉图、亚里士多德，三人有师徒相承的关系。苏格拉底在政治上是反民主派的，所以他被民主派以多数表决的形式处死了。苏氏以及柏拉图、亚里士多德，希腊哲学的这三位公认圣人其实都是希腊民主制的批判者。这是耐人寻味的。柏拉图的“理想国”是西方共产主义的理论渊源之一。柏拉图最早发现了社会中的“阶级斗争”，并且主张限制私有财产。柏氏指出，一切城邦都分裂为对立的两部：一部一无所有，一部拥有一切，两部互相把对方看作寇仇。柏拉图认为“民主”必然导致“暴民政治”，正如另一极端——寡头专制同样应当被摒弃。

（11）反对民主并不意味着就是拥护专制。柏拉图认为，理想的政治是以法制作为最高权威的混合政体。其实，现代的美国和欧洲，其政体根据柏拉图和亚里士多德的分类，都是混合政体而不是民主政体，正如他们的市场经济并不是纯粹的自由市场经济而是混合市场经济一样。

柏拉图最早提出了“中产阶级社会”的“纺锤形”（两小中大）的稳定理想（一个中产阶级人数最多而两极对立较弱的社会，才是稳定的社会）。

柏拉图的思想，在中国从来没有得到真正的研究和理解。因此，在中国的西哲史教科书中，这位伟大哲学家一直被指责成“反动的奴隶主思想家”。

希腊的民主派在学术上属于“诡辩学派”（智者派），这一点与现代中国那些“自由民主派”很相像。

在读哲学书时，不要以为后人必会比前人先进。实际是，苏格拉底、柏拉图时代提出的多数哲学问题，今天仍然是解决不了的问题。哲学著作之具不朽性，意义即在此。

二

哲学与宗教有一共同的根本性问题，即所谓“终极问题”，也就是关于人生究竟是什么的问题。这个问题之所以存在，根源在于人生本身的虚幻性。（其实，一部《红楼梦》的全部禅机也正在于对这种虚幻性的感悟，即所谓“太虚幻境”云云。）

但是，对世俗之人来说，庸俗生活意味着有滋有味，对这种所谓“人生的虚幻性”命题自然是不能理解的。也许只有一些过来人，以至每个人到面临死亡时才会对此有所顿悟。

一位禅师曾说：“佛说法四十九年，所为何事？就是要为人类解决一个最大的根本问题，即所谓‘了生死’的问题。”

人必有死！但是，死究竟是终结还是非终结？——这是宗教问题，也是哲学问题。宗教以对神（无限者）的信念和皈依解脱掉这个问题，而哲学则始终概念性地困扰在这个问题中。

由生死问题以及人生虚幻与真实的问题，进一步也推及整个存在世界究竟是真实或虚幻的问题。康德称之为“现象”与“实在”的问题，而在中国中古佛学中则是所谓“色”（现象界曰色）、“空”（虚幻曰空），以及关于何为“真如”（本体、实在、本源）的问题。

再由此可以提出人的智慧和知识究竟是否可能认识“真如”的问题。因为人在本质上对于客体的介入手段是有限的，即只能通过感觉、感受、思维及语言（眼、耳、鼻、舌、身、意、言）介入客体。

为什么认知问题最终总是会归结到语言问题？因为思维是意识的间接活动，它必须借助符号系统（语言）。所以，语言既是人的认识工具也是表述工具，而人发明的语言符号（包括概念）系统，即古代名家及墨、荀所言的“名”的系统，既是推理工具也是传达（表述）推理的工具。例如，我现在向你传递信息，也必须使用一系列“名”的符号。借用佛语，这个问题就是所谓“诠”（诠释）与“遮”（遮蔽）的问题。（中国古代学术中所谓“训诂学”，就是阅读古典文献时破其“遮”

的一种“诠”。禅宗之所以自居教外，单传心印，不立语言文字，也是为了破除“遮”“诠”之障。）

三

然而，一“诠”必生一“遮”，“诠”生“遮”生，随“诠”随“遮”。所以，天下事，不说还明白，愈说反而愈糊涂。“诠”就是语言符号，凡“诠”必有“遮”。因为语言符号工具本身就是“遮”，所以中古佛学称语言指号为“假名”。

假名不是实体，却被用以表述本体，并且人必须也只能通过假名来表述本体。但是，人类的语言却有来自自身形式具有根本性的模糊不确定性。（中国古名家所谓“白马非马”的悖论，以及希腊的“说谎者”悖论，正是揭示了基于语言指号的这种模糊性。）

弗雷格、罗素、怀特海等试图构造一种纯粹的形式语言，也就是试图建立一种彻底无“遮”的指号系统，结果哥德尔证明了其绝不可能。（《易经·系辞》已讨论过“言”与“意”的关系，提出：“词不尽言，言不尽意”，故“立象尽意”。庄子则主张“得意忘言”。它们都与指号和意义的矛盾有关。王弼解《易经》也主张：“得意则忘言”，“得言则忘象”。）

维特根斯坦也意识到这个“诠”与“遮”的问题，所以他断言“诠”只是语言游戏，而主张摒弃对不可言说者的讨论——“对可言说者言说，对不可言说者沉默”。（但是，这句话本身就具有很复杂的歧义结构，事实是他仍然在说而不是沉默。）

哥德尔定律证明了纯数理语言形式自身的自反（矛盾）性及所谓“不完全”（不统一）性。这样，就意味着确认了人的理性认识和表述工具本身是有问题的，因此要做到完全透彻的无矛盾认知是不可能的——这正是康德主义“由于工具有限，因此本原不可知”的结论。

四

然而，现代西方哲学家和中国哲学家迄今都不知道，其实在中国中古佛哲学关于“遮”与“诠”以及“真如”与“般若”的讨论中，早已实质地蕴含了现代哲学的这些理论。

中国中古佛学的“般若学”就是认识论。万法皆本一源，万法皆归一源。（康德哲学的最终结论是限制理性的滥用而回归于信仰，在这一点上与中古佛哲学的辨智论亦相通。）因此，哲学与佛学的最高境界不是“别”（分别），而是“通”（汇通）。

佛学中有所谓“金刚九喻”，其中之七八九喻曰“观过去如梦”“观现在如电”“观未来如云”。梦、电、云，无非都是“空”的喻象。因此，最高的“般若”境界实本于空。

必须悟得“般若”及“真如”之本体是空，才能得大智慧，才能得大解脱，也才会有大勇敢。大智慧，就是看得破；大勇敢，就是“菩萨行”；大解脱，就是无不为不可为，所谓“以出世精神，作入世事业”“我不下地狱，谁下地狱？”“地狱不空，誓不成佛！”（大乘佛教的真境界实在于此！）

“惟能入世，才会有智；惟能出智，才会有勇。”（谭嗣同《仁学》，精义亦在于此。）所以，《西游记》中全智全勇的猴子名叫“悟空”。整个《西游记》本身，其实正是以明季禅理调侃人生而设喻游戏的一个象征主义大寓言。

悟得于此，可以少却许多闲气和争论。须知一“诠”就是一错（必有“遮”），所以只能随“诠”随扫，随“遮”随破，哪里有什么“绝对”！（汉语中的“绝对”一词，本身也是来自佛语。）

五

佛教小乘教义主求业力，大乘教义则主求般若。何谓“般若”？“般若”就是达到融通而超越的终极理性，即所谓“大智慧”。

然《法华经》则以为：“大乘不在小乘之外，而是包摄了小乘。小乘只是方便，大乘才是究竟。”其与《摄大乘论》以大、小乘之义相对立不同。

吕澂先生说：“‘般若’是知照性空之理的大智。”

佛学常讲圆满，世人也好讲圆满，然而有谁懂得佛学所谓“圆满”即是自体圆满（菩提达摩所谓“理事兼融，苦乐无滞”），其既包括形式与实体的自我完备性，也包括理论（达摩谓之“理入”）与实践（达摩谓之“行入”）的自完性。

《楞伽经》讲人之习禅有“四境界”：

愚夫行，有人无我（盲从他人）；

观察行，有法无我（教条主义）；

攀缘行，诸法实相（求法于外）；

如来禅，自觉智境（见佛于心）。

这四境界其实反映颇普遍的认知规律，并不仅习禅如此。

但或有人云“我一生来即高于这四境界”，那才真是“野狐谈禅”——“狐”（胡）说了。

【附】

关于“野狐禅”

在禅宗中，流入邪僻、未悟而妄称开悟，谓之“野狐禅”。其出典或曰取自如下公案：

百丈禅师每日上堂，常有一老人听法并随众散去。有一日，却站着不去。师乃问：“立者何人？”

老人云：“我于五百年前曾住此山。有学人问：‘大修行人还落因果否？’我说：‘不落因果。’结果堕在野狐身。今请和尚代一转语。”

师云：“汝但问。”

老人便问：“从修行人还落因果否？”

师云：“不昧因果。”

老人于言下大开业悟，告辞师云：“我已免脱野狐身，住在山后。乞师依亡僧礼烧送。”

次日，百丈禅师令众僧到后山找亡僧，众人不解。师带众人在山后大盘石上找到一只已死的黑毛大狐狸，斋后按送亡僧礼火化。

又云：有个瑞岩和尚，整日价自唤“主人公”，复自应诺。宋无门慧开禅师批评他是“野狐见解”。(《无门关》)

据此，后来人即以“野狐禅”泛指各种歪门邪道。例如，《儒林外史》第十一回：“若是八股文章欠讲究，任你做出什么来，都是野狐禅，邪魔外道。”[1]

[1] 关于“野狐禅”的上述说法，但我颇疑此非确说。盖南北朝时，无来历的外道异邦人曰“野胡”，其讲说即曰“胡说”(听不懂)。至于所谓“野狐禅”，则只是“野胡说禅”的戏谑之语(读“胡”为“狐”)耳。

中西学术的语言本体论

拙著《诸神的起源》出版后，有一位台湾的批评者（陈云根）认为，这本书“征引宏博，用力之勤令人钦叹”，但“方法学上却显示陈旧”。我知道，这位批评者之所以说我的方法陈旧，主要是因为我既没有照搬弗洛伊德、弗雷泽、荣格以后在国外神话学中流行的心理分析和原型分析方法，也没有因袭克洛德·列维–斯特劳斯的结构主义方法。

其实，对于这些大师及他们的著作与方法，在理论上我一直深感兴趣和做过一定的研究。但我以为，在研究中国远古宗教神话问题时，简单袭用任何一种外来的方法，基本上是不灵光的。这种尝试，此前已有多人做过（如杜而未、苏雪林、张光直），当下也有人尝试。

但无论是把中国神话看作某种普遍宇宙或人类意识的翻版，或是把中国神话看作一种“使人界、神界得以沟通的媒介”，如果连起码的文献考辨与语言分析这一基础性工作都还没有做过，那么无论构制的是一个表面看去何等辉煌的金光大厦，其根基还只是立在沙滩上的。社会语言学家陈原先生在一封信中论及《诸神的起源》的方法学意义时，曾讲过这样一句话：“这本书是从语言看社会的一个很好的证据。”这话可谓深获我心。

实际上，中国神话是中国历史和汉语语言文化的一种独特产物。因此，研究中国神话的首要方法，就是必须掌握传统朴学的训诂和考证方法——这实际就是通过语言分析工作重新认识和真正读懂古代文献的方法。《诸神的起源》之所以别开生面，即得力于这一点。不过，本书对此则有更深入的开掘和阐发。

至于我的目的，就是要通过语言文字分析和语源语义的历时探索，重新识读和阐释古代经典，从而以语言文字研究为手段，达到真正理解和认识古代中国社会与文化的目的。在这个意义上，本书的方法乃是语言分析和解释学的方法。这种方法在某种意义上的确是恪守"传统的"，但对于20世纪西方学术来说，语言分析和解释学恰恰已成为当代哲学中最具有先锋意义的研究方法。

了解20世纪西方哲学思想发展情况者会知道，20世纪西方哲学在方法学上的一个突出转变，就是由本体哲学、逻辑哲学向语言哲学的转变。20世纪的西方哲学主流，在方法上常被称作"分析的时代"。所谓"分析哲学"，指的是逻辑语言和日常语言的分析。迈克尔·默里指出："分析哲学自称是语言的哲学。但语言研究并不仅仅是当代哲学诸多课题中的一个，它已被认为是解决所有哲学课题的关键，它是哲学的基础、方法和超级理论。语言哲学在当代哲学中的这种重要地位，可以与传统哲学中形而上学的地位相比论。"

解释学（hermeneutics）不属于分析哲学，但它却也是一种语言哲学。"解释学可以广义的定义为有关解释的理论，特别是对原文的解释。由于原文是语言的文字记载，所以解释学必须研究语言的本质和与口语相对的书面语的本质。（西方）古典时代的解释学，包括圣经解释学、法律解释学、文献解释学及文学解释学。"实际上，中国传统学术中的经学、考据学正是具有经典意义的中国传统解释学，而训诂学则正是一种具有中国特色的语言分析学和生成语义学。

1725年，西方学术界出现了一本名叫《新科学》的著作。这件事在当时似乎并未引起人们的重视。但是对于近现代社会科学史来说，这是一个重大的事件，其意义完全可以类比于弗朗西斯·培根的《新工具》对近现代自然科学史的意义。

之所以这样说，是因为维柯在本书中提出了一个重要的思想。他试图构拟一个科学的研究人性、社会和意识形态的方案。这一方案的模型，就是伽利略、培根和牛顿等人当时新建立的"自然科学"。这一方案的目标则是构造一门研究人的"物理学"——"人文学"，即社会科学。

从那时到今天，两个半世纪过去了，社会科学—人文科学已经建立并取得了很大的发展和成就。但是，除了极少数的几门学科（如语言学、逻辑学）之外，迄今恐怕很难说当代社会科学中有多少成果和结论是基本没有争议的。同时，距离维柯所设想的把研究人、社会、思想的学术科学化这一目标，我们还有相当长的一段路程要走。

在这部著作中，维柯还表述了两个极其重要的思想：一个与神话学有关，一个与语言学有关。这两个思想，对于现代社会科学都具有极其重要的启示性意义。

维柯指出，对于原始神话关于天地万物的创造社会组织的建立，文明的起源，万物的命名等常见主题，现代研究者不必过于拘泥于其表层的文学化叙述，并且以为其幼稚、荒诞和可笑。

这些神话，对于原始人类来说，是他们认知世界的一种独特方式——所谓"诗性的智慧"（sapienza poetica）。这些神话，体现的不是关于事实的"谎言"，而是如何认识、命名和表达这些事实的一些方法。它们不单是现实的装饰，而且是应付现实的一种手段——"因此，人们学会的最初的科学应该是神话学或者是对寓言的解释，就如我们看到的，任何民族的历史都肇始于寓言"。

维柯指出，如果正确地评价所谓"原始人"，就会发现他对世界的反应不是幼稚、无知和野蛮的，而是本能的、独特的、"富有诗意"的。人生来就有"诗性的智慧"，指导他如何对周围环境做出反应，并且把这些反应变为隐喻、象征和神话等形而上学的形式。

因此，如果恰如其分地解释神话，便可以把它看作是"最初一些民族的文明史，这些先民，都是地地道道的诗人"。任何神话在古代人一般经历过的实际经验中都有其基础，表达了他们的愿望：试图把一种令人满意的、可以理解的、人化的形式强加于这种经验。

毫无疑义，维柯对于古代神话的这种观点，至今仍然具有现代性，并且比之国内学术界目前流行的一些神话学观念要更为深刻得多。

然而，同样重要的是，维柯不仅对后人启示了关于神话学的一种崭新观念，而且他还揭示了研究神话学的基本方法——文化语言学（符号学）的方法。

维柯认为，人类认识中所谓"真实"，实际仅仅是他通过自身的观念和语言所构造的一种真实。（这一观点在 20 世纪哲学中已是极为著名的。海德格尔说：

“语言是存在的家。”伽达默尔说：“可能被理解的存在就是语言。”这些论断都继承了维柯的这种观点。）

人类创造各种神话，就是以语言隐喻的方式理论地和实践地把握现实世界。在这一意义上，神话不仅是文化的象征，而且被看作隐喻思维的一种符号系统。（因此，维柯也被认为是符号学理论的奠基人之一。）这种隐喻式的符号语言逻辑，被维柯称作“诗性逻辑”。又正是在这一意义上，对于语言符号和象征的解读活动，就成为理解神话式隐喻思维的关键手段。

维柯的这种观点，在近现代语言学中，导致了被命名为“萨丕尔—沃尔夫假设”的语言决定论。根据这种决定论，语言不应当如传统观点所认为的那样，“仅仅被看成是解决人类交往或思考中各种问题的一种附属手段”。

萨丕尔说：“事实上，现实世界在很大程度上是建立在团体的语言传统之上的。绝不可能有两种不同的语言，在表现同一种现实时其见解和叙述却是完全相同的。不同的社会所生活于其中的世界是不同的世界，而并不是只贴着不同标签（语言）的同一个世界。我们确实可以看到、听到和体验到许许多多的东西，但这仅仅是因为我们这个社会的语言传统预先给我们提供了用以认知和解释世界的那些基本范畴。”

由这一观点出发，很自然地引申出了这样一种重要的社会语言学见解：

“这种看法并不意味着现实（客体）本身是相对的，而是说现实是由不同文化的参与者以不同的方式划分和归类的。或者说，他们注意到的或呈现在他们面前的，乃是现实世界的各个不同的方面。”

这也就是说，一种社会文化，只有通过特定的语言符号手段，才能对现实（客体）发生关系。再把这一观点作一下推广，就自然地引申出了如下结论：

构成人类文化的整个社会生活领域，事实上都处在语言符号系统的组织和约束之内。在这一意义上，人类的全部文化活动，都不过是一种语言、符号性的行为，即与自然（客体）和人类自身（主体）的无限对话活动。

正是由这里出发，20 世纪的现代哲学，由古代哲学的自然本体论以及近代哲学的思维本体论（认知论）转变为语言本体论，语言哲学则由此取代了传统形而上学本体论的神圣地位。在方法论上，则由康德、黑格尔时代的泛逻辑主义，分别转变为伏尔泰、海德格尔、维特根斯坦、索绪尔、萨丕尔、列维－施特劳斯、伽达默尔等人所代表的不同流派的泛语言主义。当代，英美的分析哲学和符号学，法国的结构主义和后结构主义，德国的解释学，就是体现这种本体论和方法论转变的三大主要语言哲学流派。

然而，语言哲学和解释学对中国学术传统来说，实际上也并不是陌生的东西，它们的根早已深扎在中国古典学术的深厚传统之中，并且形成传统学术方法的一种主要特色。在汉代以后两千年的中国古典学术中，经学是主干，而治经学的基本方法就是汉代古文学者所重视的训诂——语言分析，以及与之相辅相成的为当时的今文学派和后来的理学家所重视的哲学解释学方法。

在探讨中国学术传统与西方科学传统之差异时，有人曾指出这样一点：中国人没有像希腊人那样构造一个严格形式化的逻辑斯蒂系统。那么，为什么没有呢？

我认为，这一点恰恰与中国古典学术的特点有关。实际上，在古典学术中，逻辑形式被“消解”在语言研究的过程中了。就学术传统看，中国与西方截然不同。但是，从当代西方学术由本体论、认知论和逻辑哲学向语言哲学和解释学的上述转变中，我们却可以体会到中国古典学术的方法未必是完全落伍的，它的价值还有待于我们重新研究和估量。

中国哲学为何缺乏抽象性？

我极不赞成把西方哲学范畴与中国哲学范畴，特别是关于佛学的范畴混同在一起讨论。

中国古代学术中并无西方古典意义的哲学、形而上学、方法论（工具论）与认识论存在。现代中国学界，至今也还很少有人真正能够理解西方 19 世纪以前古典哲学的纯粹"形而上"概念。

我根本不相信中国有人真的读懂了柏拉图对话（非道德和美学部分），有人能真正读懂亚里士多德《形而上学》以及康德的"三大批判"，以至读得懂黑格尔的逻辑著作以及《精神现象学》。（其实，包括那些书的译者本身也是知其文句不知其义理，半懂不懂或者似懂非懂。这是有自知之明的译者他们自己都承认的。有人不相信，会说翻译岂会不懂原著？——那么，只要想想为何电脑机器也能翻译就可以了。）

其实，20 世纪以来西方也已无真正的哲学可言。哲学作品与艺术作品一样，并非后代一定可以超越前代。经典永不过时，那些古典的高峰是永恒的高峰，是代表人类思维抽象能力达到巅峰的永恒杰作。

未来哲学将会死灭。因为西方大学里也已经没有人读得懂古典哲学名著了，而经典的死亡必然也就是学术的死亡。

也就是说，无论中外，今后都很难再出现真正的哲学思考和体系，只会不断出现一些貌似哲学和伪哲学。

其中一个重要原因就是，自从洛克（John Locke，1632—1704）以后，英国、法国特别是现代美国人只崇尚经验主义和实用主义，已经远离古典哲学的“形而上”研究。

文艺复兴以后兴起的西方近代哲学始于人性论的探讨，在培根、笛卡尔、洛克以后转入方法论和语言逻辑的工具探究，到 20 世纪初叶则追随罗素、哥德尔陷入语言分析的迷障森林（故海德格尔著有《林中之路》[*Holzwege*]），从而日益远离古典哲学。连续几代人下来，对西方学界来说，古典哲学的诸范畴也已经成为丧失意义而不可理解的事物。

至于中国古代学术系统，本来就没有纯粹的哲学。

秦汉以前只有《易经·系辞》《道德经》，以至魏晋王弼、裴頠时代的“玄学”讨论，唐宋佛学以及宋代理学和心学的本体论和方法论讨论——略许有所接近于西方古典意义的纯粹哲学思考，涉及了“形而上”的本体论、实体论和方法论（如名辩、因明）诸问题。

但中国哲学所用概念则混沌难解，各说各话，一直没有统一的概念、语言和一以贯之的逻辑化思考，其意象化的哲学范畴基本没有形成清晰明确的定义。例如，关于什么是“佛”，什么是“道”，不同流派就可以有至少一千种说法——鸡有鸡的解释，鸭有鸭的解释。

宋元以后由于朱熹鼓吹一种伪道德的伦理化纲常体系，并且得到朝廷支持而占据了思想主流。明朝开国皇帝朱元璋全力推行“八股”形式程序化的考试制度，以死记硬背“四书”教条遏制了数百年读书人的抽象思维能力，也扼杀了创新思维能力。继之清代初叶兴起残酷的“文字狱”，使得中国文人从此噤若寒蝉，300 年集体沉湎于琐碎饾饤之学（如文字学、版本学）的考证。

清初、中叶的 200 多年里，中国学术界胆战心惊，连史学问题都不敢轻易讨论。但正当此时期，西方经历文艺复兴后“启蒙运动”发生，17—18 世纪以后种种新科学、新学说异军突起而日新月异。中国学界对此则懵懂无知，一直封闭隔绝在禁锢之中，对世局已经彻底变化完全一无所知。

清康、雍、乾、嘉、道五代，彻底禁锢、扼杀了中国学术界的创造性思维。

可以说，自元朝蒙古入主中原以后，中国除了文艺以及所谓朴学、“小学”（训诂学）以外，基本无正经学术。中国学术在此数百年里发生了巨大破坏和断裂，致使元、明、清三代以来中国既无哲学更无科学——当然也没有真正的哲学家。

中国学术自古以来的主要思维方式，是流行一种大而化之的、意象化的模糊思维方式。如果中国人离开利用一些乱七八糟的具体意象为比喻，似乎就既不能思维也不能表达。至今，中国文人讲学、写文论，仍然很少首先从定义概念入手，也无法锁定概念并依据概念的明确定义而进行有系统、抽象化的演绎推论。

18 世纪英国哲人休谟（David Hume，1711—1776）曾经批判当时以及中古的西方哲学家，说他们搞不清什么叫"是"，以及什么叫"应当是"的区别。这个区别，直到今天（21 世纪）恐怕中国学界多数论者也还是很少有人能搞明白。[1]

中国人的阐述方式总是喜欢比喻、类比，凭借印象和模糊意象，稀里糊涂一锅糨糊——也就是所谓"捣江湖"（上海话）。中国人从来没有发展出抽象的哲学原理，依据一套模糊语言方式也不可能发展出纯粹抽象的演绎体系，如欧几里得几何原理那种。

作为中国哲学之祖的老子的《道德经》，书中使用的就是意象化的论说方式。庄子著作更是充满各种混沌模糊的意象和宇宙相对主义，各种大而无当的比喻，以及所谓"得鱼忘筌"而忽视工具批判的见解，可以看作是中国特色"糊涂"哲学的典型范本。

后来，包括禅学，中国人玩混淆概念的小聪明技巧就在于玩弄什么机锋、话头、种种语言游戏，虽然偶尔也不失有趣，但永远无法达到科学化的严谨真知（真如）。

因此，中国哲学与西方哲学就工具分析而论，不可同日而语。如将西方哲学范畴与中国所谓哲学和佛学的范畴，在不给予任何明晰定义和辨析、说明的前提下混同谈论，只能云山雾罩，愈扯愈远，风马牛不相及。

意象化是比较素朴幼稚的一种思维方式。儿童思维的特点就是非常意象化，意象化的特点就是讲故事。

[1] 休谟注意到，许多学人经常将"是什么"（what is）等同于自己认为的"应该是什么"（what ought to be），并且据此作为普遍化的论据基础，把私己之见看作上帝之见，要求人人认同——这也就是后来康德所谓"独断论"（dogmatism）。

传统思维方式过于意象化，导致抽象思维能力的缺乏，更缺乏系统化的逻辑思维能力，使得中国传统文化中虽然有高度发达、精美的技术体系，有高超的工艺技能，有辉煌的艺术文明，却发展不出系统性的抽象理论科学。

例如，中医的理论体系、《易经》的象数体系，都必须借助“阴阳”（太阳和月亮）和“五行”（金木水火土）的意象比喻，艺术化地感象阐释和传授，从而变成只能秘门独传的具有神秘性的私人经验技能，无法形成具有普遍性、普适性的科学体系。这也是中医理论体系遭受西医理论体系排斥、打压、轻视的原因。

应当指出，中医和易学是有效并且往往有神效的——我个人对此有深切的切身体验，但是有效的并不意味着也是普遍的和真确的。

传统医学、易学理论体系是意象化的、陈旧的，经不起逻辑的严谨批判的。

例如，作为基础的传统关于“五行”的理论，就有许多模糊不清的设喻。金、木、水、火、土本来是五种有形的实物，但自《尚书·洪范》以后，此五物竟然成为五个“形而上”的范畴。但是，这五个范畴都不是能够严密定义的概念，它们都仅仅是作为意象的比喻，都不可定义，也不是五种物理元素，而变成了五种不可捉摸的模糊意象。据说，这五个范畴所涵盖的象域神乎其神，宽广得不可名状，似乎可以涵盖宇宙一切，如同空气或者以太，所以“五行”又称为“五气”。（中医常说的什么“内火上升”“咽喉上火”，等等。——难道是说人身体里发生火灾了吗？）

中医、易学皆以这种模糊不可捉摸的意象方式来作为论说和推理的基础，这就难怪其如同宗教只能付诸信仰了。如果任何学术或科学都以这种方式来思考，那么马就可以不是专指马，牛也可以不是专指牛，而整个思维语言系统就都会发生大混乱。

西方人在欧几里得、亚里士多德以后，继之近代培根、洛克、笛卡尔、康德以来，无不高度重视学术和科学思维的方法和语言逻辑问题。他们追求论理化、公理化的思维方式，以认识论和方法论的系统研究批判，为近代科学体系的产生奠定了思维工具的基础，也确立了学术讨论和辩论的逻辑规范—— 一切从严密概念的定义和分析开始，因此才有了近代科学体系的发生。

例如，像斯宾诺莎（Baruch de Spinoza，1632—1677）的《伦理学》那样严格遵循几何范式的演绎推理而写成的实体论著作，以中国人的意象式思维方式只会觉得其好笑——不明白一位深刻的西方哲人何以认为有必要这样做。但黑格尔曾说，如果历史上有过任何真的哲学——那就只是斯宾诺莎。斯宾诺莎是走向真正哲学理解的始点和终点——我完全赞成他的这个说法。

我早年曾经深深沉浸于西方哲学名著的研读多年（1971—1988），浸润甚深，对古典的柏拉图和亚里士多德，以及近代特别是笛卡尔、巴斯葛、洛克、休谟、斯宾诺莎、康德、黑格尔、马克思等贤哲的伟大著作，下过面壁止观、苦读不已的死功夫，然后乃能逐步穿透理解而融会贯通。

但是由此我也才知道，尽管中国哲学的起点很高（如先秦时期的伟大著作《易经·系辞》《老子》），但宋元以来境界则日益降低。

因为有三个基本的西方哲学范畴（概念），中国主流学界竟然混讲了几十年，而基本定义却始终没弄清楚，以致连《辞海》这样的工具书都写错定义。这三个概念，就是关于——“形而上学”“辩证法”以及“哲学”范畴本身。

20 世纪 80 年代初，我在《学术研究》杂志上大胆发论，试图澄清这两个概念在西方哲学中的本义。为此，《辞海》编委徐庆凯在《学术研究》杂志上抨击我，发生了一场往复达数次的“论战”。20 世纪 90 年代以后，新版《辞海》改变了旧的说法，采用了我的新释义。

再举例而言，“哲学”这个词是近代日本人所发明的一个汉字概念，并非中国学术所本有。此词从日本原样引进后，中国人虽然会使用（语用学意义），但对这个名词的意思也从来搞不清楚。艾思奇曾经说什么“哲学就是世界观加方法论”——那么，为什么世界观、方法论叫哲学而不叫玄学？

理解“哲学”这个词，难点在于理解古汉语“哲”这个字的本义。如果不深读《说文解字》，不会知道“哲”这个字不过就是“智”字的同源异形字。所以，哲学就是“智学”——“智慧之学”，与古代西方的爱欧尼亚（非希腊）人所说的“爱智之学”（philosophy）同义。日本人这样解译“爱智之学”的确很为精准，但这个词义是我在 2000 年出版的《思考：我的哲学与宗教观》一书中首次澄清的。

举此二例，非为自炫，不过表示我对百年以来中国一贯大而化之的混沌中国哲学学术的蔑视而已。中国今日的思维混乱、概念混乱、理序混乱，与百年以来的哲学思维的混乱很有关系。

如果真要深入研究哲学，我的建议是，不要忙于构造自己的体系——无非又是多造一个“应当是”（what ought to be）的主观体系而已——至于世界是否真如“是”（what is）——则也许相距远远不止十万八千里。

任何学术研究，首先应当从明晰所论的概念和澄清一些混乱的概念为起始。假如要援佛论道或者以中国的学术与西方哲学相比照，那么首先应当从一些基本概念的澄清、定义和明晰开始。例如，中国人常讲的“心”的概念、“道”的概念、“气”的概念，以及关于西方传入的什么“量子”“信息”之类的概念，究竟它们说的是什么？对于这些概念，有必要一一澄清，明确其定义。如果不澄清概念和明晰定义，就无从讨论哲学问题。否则，永远只能是鸡讲鸡话，鸭讲鸭话，吵得无限的热闹，却永远不会有共识，也没人真知道对方（对手）究竟在讲什么、吵什么。

中国古代玄学中有许多糊涂概念与胡言乱语。例如，《上经·知辨》云：“见，所见；见不见。不见见；见见愚乎弗见。见见也，乃谓常见。见弗见之见。见见之见；不见见见，见而得之道矣。”

诸如此类的模糊矛盾语句，貌似高深，其实是概念混乱，不知所云。对这一类不着边际、云里雾里的说法，一万人可以有一万种理解和解释，而且一万年以后也仍然纠缠不清。——谁知道作者自己清楚不清楚究竟在说什么，以及究竟想说什么呢？[1]

[1] 还应当指出，黑格尔、休谟、洛克及斯宾诺莎，他们都是作为启蒙运动的积极参与者，都是近代共济会重要成员。

中西方哲学比较

西方哲学思想的发展，可以划分为几个阶段。每个阶段，哲学家们有一个普遍的关注点、研讨焦点。在不同的阶段，这种焦点是不同的。

大体说来，在希腊哲学早期，哲学家们集中关注的焦点是宇宙万物的本原、存在的性质（存在与非存在），即本体论问题。但在苏格拉底以后，哲学讨论的中心转移到伦理学问题（善、美德及美的本质）。

在智者（诡辩学派）兴起后，由于论辩的多元化，不同学派论辩的发展，产生了对语言辩证方法（论辩与思辨方法）的讨论，而这种讨论的结果使晚期希腊哲学中产生了关于思维规范（逻辑学、辩证法）及语言规范（演说术、修辞学）的新学术。哲学中心问题，可以说由自然哲学而转向人本问题和方法问题，这也成为罗马哲学的主题。

基督教兴起以后，整个中世纪欧洲哲学的主题是围绕基督教本体论（三位一体）和神学定位问题（神正论）的。

文艺复兴以后，人本问题再度成为哲学的根本问题（近代人道主义的兴起），而方法问题、工具理性问题上升为科学方法论的首要问题（培根、洛克、笛卡尔、莱布尼兹、康德、黑格尔）。

到了 20 世纪的西方哲学，人道主义归结于存在主义，工具问题转变为语言问题。维特根斯坦试图将本体问题和认识论问题用语言哲学加以消解，其最典型的一种说法是——“对可以言说者言说，对不可言说者沉默”。

与西方哲学相比，中国哲学的历程完全不同。早期中国学术兴起于天文哲学，易学、道家哲学都起源于天文历法的哲学思考。商周春秋士人关注的中心问题是天道与秩序的问题，战国诸子关心的核心问题是人伦秩序，如“礼与仁”的问题，这后来成为中国的伦理学中心问题。

两汉哲学的焦点是方法问题，今古文经学争论的核心围绕着语言文字为核心的经学解释的方法问题。

两晋隋唐时期，宇宙的实相问题随佛教哲学的兴起而成为中心。佛教哲学的基础是佛学理性主义，这种理性主义与中国的传统学术结合衍生出了宋明理学。

宋明理学当然是理性主义的，其本体范畴是“天理”，但其核心价值却是人伦及伦理。

清代方法问题再度随当时的新古典学派（朴学 / 汉学）而勃兴，语义、语言和语源问题（训诂学）成为学术聚焦的中心问题。

20 世纪初西方新思潮及新方法的引入，导致发生“五四”以来的文化革命和社会革命，导致西方科学、哲学和文化思潮与中国传统思想发生激烈冲突、竞争和交融。

总之，中国哲学所走过的路程与研究方法与西方非常不同。西方哲学的发展进程，基本上是与中国哲学路线完全无关而且不同的。因此，将西方哲学的唯物论、唯心论分类标准引入观察中国哲学，则是根本不适用的。同时，这也是以欧洲为中心模式和作为学术规范来研究中国问题的一种幼稚表现。

新一代的中国哲学和学术研究，我认为应该有勇气、有魄力、有学力突破过去这种幼稚的西方中心规范，否则就不会有中国哲学的进步和发展。

论中西学术精神之异同

我们初中时所学习的主要数学内容：一是初等代数，一是欧几里得几何。对于中国人来说，这两门学科都不是传统所固有的，而是起源于希腊和西方的两种古典学术。（顺便说一下，耐人寻味的是，中国学校的教材呈现出文化色彩参差不齐的混杂。理科教育主要是模拟西方传统，但在教学实际中却未必人人理解其精神。文科教育则是近代中国人自己的作品，理路芜杂，充满概念和思维的混乱。）

中国人学文化讲求实效。所谓“学术”二字，“学”指学问，而“术”则指方法、手段。因此，学术的目的并不在于自身，而只是达到某种目标的工具。所以，中国学术中少有西方那种考究“一个针尖上能存在多少天使”的形而上学（佛学除外。朴学，虽有人以为琐碎，实际却别具实证精神，本质仍不同于西方经院哲学）。但问题在于，实效可以划分为近期效果、远期效果、表面效果、深层效果等时空意义上不同的层面。如果认为实效仅仅就是眼前有用的事物，那就未免过于浅见。

就中学数学来说，从算术到代数，实际是一个意义巨大的跃进。算术主要是计量，实用性很强；而代数和几何的日用实效却并不显著。那些关于实数、虚数、有理数、无理数的抽象概念定义和辨析，对于初学者来说既枯燥又会感到无用。我们最初很难理解，在小学早已会做数字四则运算的基础上，为什么又要花那么大力气来学习、领悟一门与数学运算关联越来越少的“代数学”？——事实上，代数中的多数演算，已愈来愈强地变为一种以字母为工的概念兑换。我们也无法理解，为什么在平面几何中要花那样大力气去细致地且还必须合于规范地证明一个看起来具有经验中的自明性的命题？例如，为什么三角形两边之和大于第三边（不是可以用尺子测量一下来证明吗）？为什么不能用在直观上看起来既简单也很有效的办法（如用度量的方法证明三角形的三内角之和为 180 度，或者用测角度画线的办法画出一个直角三角形）？

后来，在“文化大革命”中，这一类看起来似乎是绕过常识、缺乏自明的实用性的教学内容，都被“造反派”认为是虚假、无用、脱离实际且浪费学生精力的东西，并在大、中学的教材中被废除了。这种做法，与中国学术注重实用的传统精神在某种意义上是切合的。数学作为一门科学，它既是知识，又是工具。在前一意义上，它是目的；在后一意义上，它是手段。所以，人们容易持有一种偏见——目的似乎比手段重要（如庄子说“得鱼可以忘筌”），计算似乎高于概念，实用似乎高于方法。

但在西方学术传统中，对问题的看法则恰恰相反。希腊的哲人认为，工具的价值要高于目的。因为目的是随机的、多变的，而工具却反映着学术进步的水准，并且积累着各个时代的智慧。目的是暂时性的，而工具是常在性的。科学的主要特征是知识系统的工具化，只有当知识能够专业性地工具化时，知识才能真正成为科学。一门知识体系价值的高低，是与它最终能够在何等程度上成为这一知识领域的有效工具成正比的。

我后来在自身的研究中愈来愈深刻地体验到，中国传统学术的主要方法是语言方法，缺少希腊那种做严密概念定义和辨析的逻辑方法，而从事这种辨析在中国容易被看作是无用的烦琐哲学。但是实际上，一切严密的理性精神，必须以初等代数和几何中开始训练的形式逻辑方法作为奠基的基石。

在我后来的人生和治学中，我一直深为得力和受益于初中时代的数学训练。其原因是与曾经教过我的两位老师在课堂上给予我们的严格概念辨析和方法训练分不开的。成年后，我读斯宾诺莎《伦理学》，注意到他试图以几何学方法建立本体论和知识论。在这部对于近代西方哲学影响甚深远的著作中，我再一次意识到西方人的理性主义精神。这种精神，对于在治学旨趣上似乎更崇尚大而无当风格的中国知识界，却至今还少为人们所真正理解和实践。

西哲伪史考

西方哲学的起源地问题

关于西方哲学的起源地，一般公认为起源于公元前 6 世纪的小亚细亚半岛（今土耳其本岛的“爱奥尼亚”）以及其周边群岛（历史上的安纳托里亚地区）。西部亚洲的这个地区，也被西方史家认为是历史上所谓“爱琴文明”的真正的起源地。

但是请特别注意，这个地区，无论在古代或者现代一直属于地理上的亚洲地区，而不是欧洲地区，更不是小小的希腊本岛地区。

小亚细亚半岛即安纳托利亚（Anatolia），又称西亚美尼亚，是亚洲西南部的一个半岛，位于黑海和地中海之间，地处亚洲最西端，北临黑海，南滨地中海，西临爱琴海。

这一半岛及其周边岛屿，西方史家常称其为爱奥尼亚（Ionia），认为这里是历史上著名的“爱琴文明”（Aegean Civilization）（前 3000—前 1200）的主体诞生地，并根据所谓希腊殖民地的臆说而将其归属于古代希腊。实际上，没有任何可信文献或考古证据可以表明远在地中海对面千万里之外的古代希腊曾经控制过小亚细亚。

小亚细亚半岛东界是前托罗斯山脉，西部山地有河谷通往爱琴海沿岸平原，东部与亚美尼亚高原、伊朗高原相接，东南隅与两河平原（苏美尔文明的孕育地）相接。

小亚细亚地区大体上含扩今日土耳其的亚洲部分，绝大部分是被山地所环绕的高原，故又称安纳托里亚高原。现在，安纳托利亚地区的全境主权均属于土耳其。

西方哲学并非起源于希腊

谈到西方哲学的起源问题，还是不能不谈一下关于古希腊的伪史问题。

小亚细亚半岛及其附近的岛屿，被文艺复兴以后的近代西方史学家（主要是17 世纪神圣罗马帝国的历史学家和 19 世纪的德国历史学家）伪称为是当时古希腊人的殖民地。

所谓希腊雅典曾经具有巨大史前殖民地的说法纯粹是一个“莫须有”的历史谎言，西方史学据此制造了历史上“莫须有”的一个泛希腊或者大希腊。全部古希腊伪史的根本问题就在这个问题上——历史上究竟有没有一个幅员覆盖数千万平方公里、横跨亚非欧三大洲的雅典殖民地或者泛希腊文化存在过？

但是，必须根据这个虚拟的泛希腊才能将与雅典为中心的古希腊完全无关的一些东方哲学家伪托为所谓“希腊”哲学家，才能臆造出所谓“哲学起源于古希腊”这个已流传很久的历史谎言。近代的欧洲学者制造这一伪说的主要原因，是为了篡改欧洲文明源自古代东方亚洲这个客观事实。

然而，几百年间谎言流传，积非成是，加之不断以讹传讹——现今已经没有一部中外哲学史书不认为西方哲学起源于希腊——这已经成为被信仰的一种常识。[1]

西方哲学起源于小亚细亚的米利都地区

实际上，西方哲学起源于爱琴海东岸的小亚细亚地区。传说，诗人荷马以及赫西俄德都出生在这个地区。

小亚细亚有一个著名的港口城市米利都，这里出现了西方最早的哲学流派米利都学派（或称爱奥尼亚学派），其中最著名的是哲学三杰泰勒斯、阿那克西曼德、阿那克西米尼。

早期哲学家思考的最初问题，首先是关于什么是“存在”，以及存在的起源的问题。——可以说，哲学问题起源于存在论。

一些原创性的最初的哲学家被这样一些问题所困

[1] 虽然黑格尔也认为哲学起源于希腊，但黑格尔讨论苏格拉底时曾说过一句名言：“真正的哲人必须反常识。”因为什么是常识，常识无非就是一系列积非成是的成见和偏见的堆积。迄今为止，黑格尔的《哲学史讲演录》仍然是一部最伟大的哲学史。

扰：事物（包括人）存在的本质实际上是什么？我们如何解释事物的变化过程（包括人生的生与死）？万物在不断生成、变异和消逝的事实，产生了一个困惑的问题——事物与人类究竟是如何产生的，又是如何在不同的时间里形成不同的形态的？这种变化与消亡的归宿、目的和意义何在？等等。

于是，出现了各种关于存在本源的假设，包括泰勒斯的“水”，毕达哥拉斯的“数”，柏拉图的“意谛”论（idea），等等。

关于西方哲学之父泰勒斯

西方公认的哲学与科学之父泰勒斯并不是希腊人，而是族属可能来自希伯来人（犹太人）的泰勒斯（Thales，约前624—前546）。

泰勒斯是公元前7世纪—公元前6世纪的小亚细亚米利都思想家、科学家、哲学家，他是西方最早的哲学学派米利都学派（也称爱奥尼亚学派）的创始人，因此一直被欧洲哲学界誉为“科学和哲学之祖”。

泰勒斯是西方思想史上第一个有名字留下来的哲学家。

西方一些学者认为泰勒斯出身的小亚细亚港口米利都原是一个腓尼基商人的城市，因此泰勒斯具有希伯来人（Hebrews）或犹太人（Jew）的人种血统。泰勒斯家族可能出身于腓尼基的商业贵族。

泰勒斯是西方最早的、最著名的思想家、哲学家、天文学家、数学家和科学家。他最早招收学生，建立了学园，创立了西方哲学史上的第一个学派——米利都学派。

泰勒斯青年时代曾游历埃及，从学于埃及神庙的祭师。据说，他在埃及学会了几何学和数学、天文学知识，曾利用金字塔的投影来测量金字塔的高度，曾在历史上第一次准确地预测了一次日食，并且数学上的泰勒斯定理以他的名字命名。泰勒斯通过对天文学的研究，确认了小熊座和北极星的位置，从而用于引导航海。同时，他最早将一年的长度修订为365日。

在西方哲学史上，泰勒斯第一次讨论万物存在的本源问题，他提出了“水是万物之本原”的理论，认为“万物起源于水”。

泰勒斯对西方哲学产生了重要的影响。阿那克西曼德是他的学生。传说毕达哥拉斯早年也曾经从学于泰勒斯，并听从了他的建议前往埃及从事学习和研究。

西方人一致公认泰勒斯乃是西方“科学之祖”。但是，无论泰勒斯的种族、血统、母邦、出生地、所属种族，以及他的文化背景和来源，都是来自东方的小亚细亚。泰勒斯根本不是希腊人，也不是什么希腊的哲学家。（泰勒斯有一句名言——“固执招致毁灭”[To bring surety brings ruin]。）

米利都城位置在今土耳其

米利都城位于地中海东岸小亚细亚地区，位于今日土耳其的西海岸线上。此城最早是腓尼基人建立的一座商业城镇，其地理位置在门德雷斯河口（米安得尔河口）。米利都城位居东西方往来的交通要冲，是地中海东部古代手工业、航海业和商业的一个中心。由于其所居的重要枢纽地位，所以能广泛吸收古代巴比伦、埃及等东方古国累积下来的经验和文化。

米利都在赫梯文献中被称为“Millawanda”或者“Milawata”，在荷马的《伊利亚特》中也有出现。

米利都曾长期处于古波斯帝国（前 553—前 334）统治下（前 547—前 499）。米利都产生了一批著名的思想家，如泰勒斯、阿那克西曼德、阿那克西美尼等，被称为米利都学派。

历史上，米利都曾先后被小亚细亚的君主国赫梯帝国（前 1700—前 1178）、吕底亚、波斯和马其顿帝国（前 356—前 312）所控制。后来，相继被安提柯一世王朝、塞琉西亚帝国、东罗马帝国和土耳其的奥斯曼帝国所统治。

在奥斯曼帝国时期，米利都是一个与威尼斯共和国贸易的港口，后来河道下游的港口淤塞，城市被废弃。

今日米利都的废墟距离海面数十公里，在卫星地图上位于北纬 37°31′8″、东经 27°16′7″，位置在土耳其艾登省内。

伪“希腊”哲学家——毕达哥拉斯

古代著名哲人毕达哥拉斯是地中海上的萨摩斯岛人，而萨摩斯岛（Samos Island）在历史上与希腊毫无关系。但是，在所有的西方哲学史中，毕达哥拉斯一直被称作是古希腊最重要的哲学家之一。

萨摩斯岛在爱琴海东部，是爱琴海东部距小亚细亚大陆最近的岛屿，与小亚细亚的土耳其半岛只隔着窄窄的萨摩斯海峡，但距离希腊半岛则较远——相隔数百公里。

萨摩斯岛上最早的居民种族及来源不详。新石器时代早期，萨摩斯岛南岸的蒂加尼（Tiganj）附近已有人居住。约公元前 11 世纪，有来自小亚细亚的爱奥尼亚人到达萨摩斯岛。至前 7 世纪，萨摩斯岛已经成为地中海主要商业中心之一，与黑海海岸以及埃及、昔兰尼（Cyrene，今利比亚）、科林斯和哈尔基斯（Chalcis）有贸易往来。

该岛历史上曾先后被波斯、拜占庭、奥斯曼土耳其统治。

1912 年，巴尔干战争中土耳其被英国击败，英国强行夺取该岛使其归属于希腊。

萨摩斯岛在古代是一座富有和强大的岛屿，属于爱奥尼亚文化区域。岛上出产葡萄酒和萨摩斯红色陶器（罗马称之为“萨摩斯瓷器”）。

该岛面积 476 平方公里，现有人口约 4 万人（1991 年）。岛上主要城市瓦锡，有良好的港口。岛上发现了铜器时代遗物。

该岛上发掘了一座女神庙（来自小亚细亚人信仰的大地及生育女神，后来被列入希腊和罗马神系，称为赫拉，而罗马称为朱诺）以及殿堂的遗迹，建筑风格为小亚细亚神殿建筑的传统风格。1992年，被指定为联合国教科文组织世界遗产。

传说，历史学家希罗多德（前484—前425）也曾在萨摩斯岛居住，据说他的著作《历史》是在该岛上完成的。

毕达哥拉斯出生于地中海的萨摩斯岛，早年曾游历从学于埃及、巴比伦、印度，后定居意大利半岛的南部城市克罗顿，在那里讲学并建立了著名的毕达哥拉斯学派。传说，毕达哥拉斯还建立了一个传授哲学宗教秘密学问的秘密组织"兄弟会"——中世纪兴起的神秘组织"玫瑰十字架学会"以及"光明会"都引用毕达哥拉斯密教为宗祖。

在安德森的《共济会宪章》中，共济会把毕达哥拉斯尊作其来源的先祖之一。

毕达哥拉斯是著名的古代数学家和数理哲学家。他认为数学原理可以解释世界上的一切事物，同时建立了对神秘数字的崇拜和禁忌。这种神秘数字崇拜，也被共济会信仰并继承。毕达哥拉斯认为一切真理都可以用比例、平方及直角三角形去反映和证实：主张平方数"4"意味"公正"。

毕达哥拉斯的密教要求徒众信守秘密。据说毕达哥拉斯通过几何学发现了无理数，大为震惊。当他的弟子希帕索斯向外人透露无理数的存在后，毕达哥拉斯的其他弟子就将其扔进海中淹死了。

应当指出，历史上从来没有过什么真正属于希腊人的"古希腊哲学"。多数所谓古希腊哲人，都是小亚细亚地区人、意大利地区人、地中海地区海岛的人，很少是真正的希腊地区的人。

所谓"古希腊哲学"这个名称，纯然是文艺复兴后为了制造希腊崇拜和希腊神话而炮制出的一个假概念，是希腊文化"造神"运动的产物。但是，谎言历久成常识，以后便一代一代以讹传讹地传下来。

公元前5世纪前后，在环地中海地区出现的一批哲人和智者，比较贴切的说法应当称作"地中海学派"的哲学家——因为他们中的多数人并非生活在希腊地区，实际上这些哲人分别生活在小亚细亚的土耳其半岛、欧洲的意大利半岛和巴尔干半岛以及地中海群岛，即环地中海地区的不同国家和地区。

贫瘠荒凉，多山地，人烟稀少，自古即贫困、弱小、落后的希腊地区，其历史的真相是从来（到如今依然）就没有产生过什么辉煌的古代文化，更没有什么先进的城邦政治民主制度，也没有出现过什么超级智慧的“古希腊哲人”——所有这些都是为了适应近代宗教和政治需要——需要为欧洲制造一个伟大的文化传统，从而被意大利、英国和德国的共济会学者们冒认为文化祖先，世代叠加，精心制作出一套自欺欺人的“神话”。

英国共济会高级会员王尔德[1]曾说“我们都是希腊人”，其真意似乎应当是“我们都是冒名顶替的希腊骗子”。这一套“希腊”故事，后来特别被用来哄骗那些无知轻信、唯恐不能加入“希腊人”队列的第三世界的精英们。

[1] 奥斯卡·王尔德（Oscar Wilde，1854—1900），爱尔兰贵族世家出身，英国共济会高级会员（也是法国共济会大东方会社会员）。王尔德的传世名言是：“我们都是希腊人（We are all Greeks）”，“我们都在阴沟里，但仍有人仰望星空（We are all in the gutter，but some of us are looking at the stars）”。

亚里士多德著作的作者究竟是谁？

最早记述亚里士多德学术的史料来源，是传说中的希腊或罗马哲人第欧根尼·拉尔修。

然而，言必称“希腊”的中国“希腊粉”恐怕很少有人知道——以学术观点考证，第欧根尼的存在如同荷马、希罗多德以及多数所谓希腊哲学家一样，只是一个子虚乌有的传疑人物。

第欧根尼·拉尔修（Diogenes Laertius，约200—250），据说就是他写了一部希腊《名哲言行录》（最早的一本希腊哲学史），也是他最早报道说曾存在一个古希腊哲学家的群体。

但是问题在于，历史上是否真有第欧根尼这个人，其本身却是可疑的。这个人的名字及著作，都是在文艺复兴时期出现的。文艺复兴学者说第欧根尼是后苏格拉底希腊犬儒学派的主要代表，但晚近的西方研究则认为他实际上晚出得多，应当是罗马时代的人物。

因此，就出现了两个分裂的第欧根尼。《大不列颠百科全书》中就有两个第欧根尼，第一个是传疑时代的希腊人（Diogenes，约公元前5世纪人。据说生于锡诺帕［Sinopeus］，现属土耳其，卒于科林斯。那么，他实际也是近东地区的小亚细亚人），另一个则是罗马时代近东地区小亚细亚人，约为公元3世纪的人。这两个人在文艺复兴时期被杜撰出现时，其实可能原是同一个人。所以，对于这两人的关系，就连权威的《不列颠百科全书》也难以确认，只是寥寥数语而语焉不详，不得不以诸多的“可能是”来含糊其词。

关于撰写希腊哲学史的那位第欧根尼·拉尔修，出生地则不详。近世西方学界有人根据其姓名特征推测其家乡应在奇里乞亚[1]（小亚细亚的一座城邦），生活年代约在公元3世纪。关于第一个第欧根尼，则有一种传说说他的父亲是一位古代的银行家。据说他少年时代造伪币而使父亲获罪，因此被从家乡驱逐——以现在的观点，此人实际是个金融骗子。关于他，多有一些有趣的传闻，但真实性则全部都已被西方学界所否定。

例如，据说他曾经到雅典受教于安提斯泰尼（苏格拉底的学生），此后一改过去的生活方式。他没有房屋，居住在一个酒桶中，平素过着简朴的自然主义生活，不惜以折磨自己的肉体为乐。因此号称"犬儒"，成为苦行者的典范。

关于他的另一则著名逸事是：

有一天，第欧根尼正躺在地上晒太阳，亚历山大巡游到此。这位世界之王与他搭讪："我是皇帝亚历山大。"他却逍遥地躺着回应说："我是流浪狗儿第欧根尼。"亚历山大闻言起敬，问："我有什么可以为你效劳的吗？"回答是："有。就是——'请走开，不要挡住我的阳光'。"据说，亚历山大为此感叹道："如果我不是亚历山大，那我愿意做第欧根尼。"

但是，实际上这则逸事毫无根据。

犬儒第欧根尼·拉尔修名下还有一些哲学对话和悲剧。但这些以他为名的著作，由于时、地不符，出处无据，也都已经被西方近世的研究者所否定。

事实上，无论是所说的第一个还是第二个第欧根尼·拉尔修，与亚历山大都非同一时代的人物。亚历山大是公元前4世纪的人，与后来那个罗马的第欧根尼·拉尔修相差500年以上。至于第一个第欧根尼，关于他曾受教于苏格拉底的学生安提斯泰尼的说法也不可信。所以，我们其实根本不知道两个第欧根尼究竟是谁，或者是否真有这两个人在希腊或雅典的历史中存在过。

但是，尽管传说中的第二个第欧根尼·拉尔修几乎完全没有生平，却留下了一部最著名的作品，就是关于古希腊哲学的名著《名哲言行录》（全名《著名哲学家

[1] 奇里乞亚，又译为基利家，位于今土耳其东南部的小亚细亚半岛，塞浦路斯以北，东至旁非里亚，北至托鲁斯山脉，地处前往地中海的通道上，曾经是罗马帝国一个贸易非常繁盛的地区。基督宗教人物使徒保罗出生于当时奇里乞亚的首府。15世纪后，奇里乞亚为奥斯曼帝国统治。今奇里乞亚分属土耳其梅尔辛省、阿达纳省和奥斯曼尼耶省。

的生平、学说和格言》)。后来，人们引述的所谓“伟大希腊哲学”及哲人生平的基本史料，最早几乎无不出于此。

《名哲言行录》共十卷，其中述及200余位哲学家及300余篇作品。然而，耐人寻味且特别有趣的是，该书将哲学家的出身籍贯分为两大学派——爱奥尼亚学派（小亚细亚学派）和意大利学派（罗马学派），其中唯独没有希腊或雅典学派。

该书卷一至卷七介绍的主要是“爱奥尼亚”[1]哲人——包括苏格拉底、柏拉图、亚里士多德，卷八至卷十讲的是“意大利”哲人（包括晚期的伊壁鸠鲁）。该书引用资料全部是间接资料，多为没有出处的传闻之辞。不过，卷十介绍伊壁鸠鲁及其弟子的思想则颇为详尽，因此西方学界怀疑此书的真实作者应是伊壁鸠鲁的弟子。

由此可见，该书显然是大量前代资料的汇总，编排得很不好，内容前后不一，抵牾矛盾之处甚多，明显并非出自一人之手。书中逸闻、趣语占很大比例，有些近似中国的《世说新语》一类笔记小说。若以中国古史学的严格标准，此书完全不应被看作“信史”，也不应当据为“史材”。

《名哲言行录》这部书在文艺复兴以前不存在，自然此前也无人知晓。文艺复兴时期被威尼斯的犹太银行家发现而推出，于是以后就有了关于“伟大古代希腊哲学”包括什么“雅典学院”之类的一系列“神话”。

其实，若认真一一考察所谓“古希腊哲人”的出生籍贯，会发现其中泰半以上是小亚细亚——今日土耳其人。因此，所谓希腊或者雅典的哲学史，确切说应当叫小亚细亚哲学史或者中近东哲学史，至少也应当叫环地中海地区哲学史，但就是不应当叫什么古希腊哲学史、古雅典哲学史——古希腊、雅典基本并无什么哲学。

第欧根尼的哲学史书在文艺复兴初期（12世纪）才出现最早的羊皮抄本。16世纪，威尼斯犹太银行家、出版家阿·曼努修（1547—1597）出版此书，以后乃有多种印刷本出现，变得为人所熟悉。文艺复兴时期，法国哲人蒙田是该书的热情推崇者之一。此后，该书即常

[1] 所谓“爱奥尼亚”，其地有二：A. 地理的爱奥尼亚，位置在小亚细亚即今日的近东土耳其境内。B. 意大利半岛与希腊半岛之间有一个爱奥尼亚海区。由于文艺复兴时人的地理概念多混乱，对此常发生混淆。

被引用而成为记述所谓“古希腊”著名哲人包括苏格拉底、柏拉图、亚里士多德生平的权威“信史”，经常被“不明真相者”，特别是膜拜西学的中国精英滔滔引用不绝。然而，对于《名哲言行录》一书的来历问题，其真实作者究竟是谁，为何时代、何许人所作，记述内容究竟有多少可信性，却很少再有人认真探究一下。

亚里士多德著作失传及再生的惊悚故事

翻开中译十卷本《亚里士多德全集》第一卷（中国人民大学出版社，1990年版），有该书译者苗力田先生1989年撰写的一个长篇“序言”。此文学术价值极高，其文献考证意义大大高明于某些大部头的“希腊哲学史”。

最耐人寻味的是，此序言中详细记述了亚里士多德著作在其死后发生的失踪，后来又奇迹般出现、再失踪，再后来又在文艺复兴时期被伊斯兰哲学家和威尼斯的犹太银行家、学者们重新“发现”的曲折而有趣的惊悚故事。

兹将苗力田先生的部分原文照录如下：

> 关于亚里士多德著作的坎坷命运，早在公元11世纪，就以传奇故事的形式记载于著名的地理和历史学家斯特拉波（Strabo）的《地理学》和阿加德米亚哲学家、传记作家普鲁塔克（Ploutarkhos）的《道德论集》中。
>
> 根据传说，公元前322年亚里士多德殁后，吕克昂（学院）由亚里士多德的学生和朋友塞奥弗拉斯特（Theophrastos）主持。后者在公元前288年逝世前，把藏于吕克昂的亚里士多德和自己的稿本托付于同事斯开普斯（Skepsis）的纳留斯（Neleus），由纳留斯带回他小亚细亚的故乡，公开展览，任人抄传。
>
> 后来珀加蒙王国的君主为自己的图书馆向民间征集书籍，为了避免被征用，这批稿本就被藏于斯开普斯的地窖中，一直沉睡了百余年。
>
> 直到公元前1世纪才发掘出来，被卖给了台奥斯的哲学家阿柏里康

（Apellikon）重新带回雅典。

公元前86年苏拉攻占了雅典，把这批书稿劫到了罗马。后来又转手到了文法学家提兰尼奥（Tyrannion）手中，准备编辑抄传。

但经两个世纪岁月的腐蚀、播迁散乱，这批稿子已经面目全非，又加上誊抄手文化不高，讹误百出，所以稿件的内容次序、写作先后完全不可辨认。

直到罗马吕克昂第十一任主持、罗得斯岛的安德罗尼珂（Andronicus）收藏了它，并重新加以编辑，这大概是公元前60年左右的事情。在当时，安德罗尼珂已经无法查清这些著作的写作年代，只能用当时流行的分类归纳法把它们按内容排列在一处。

简括以上苗力田先生叙述，我们可以知道以下几点基本事实：

1. 亚里士多德死后，其手稿迭经辗转易手。（需注意，当时没有纸张。抄写载体只有颇为昂贵的羊皮，抄写一部书要耗费数百张羊皮。另外，还有产量稀少且须远途贩运，故价格比羊皮更贵且不易保存的埃及纸草，以及需用火烘干且厚重近似砖块的泥版文书。）

2. 亚里士多德的手稿（不知是以什么媒介作为书写载体）在某地窖中沉睡了上百年。

3. 后来手稿又再出土，但经过战乱已经面目全非，不可辨认了。

4. 再过数十年后（公元前60年），有个名叫安德罗尼珂的人收藏了这些已经难以辨认的手稿，并重新加以编辑誊写（改编或重写？）。

5. 这一过程，距离所传说的亚里士多德去世之年已过了至少220年——新的文件不可能不是面目全非了！

也就是说，假定亚里士多德的确曾经写出过那些伟大著作，那么至此那些再出现的文稿究竟还有多少是可信的原貌呢？恐怕只有天知道了。

苗力田先生作为《亚里士多德全集》中文版的译者，对于这种失而复得的神话也不能不产生疑窦。他指出：

这样一个传奇故事，说来虽也凄婉动听，但总难免启人疑窦。

因为，吕克昂在当时已是古代西方文明世界国际性的学术机构，自亚里士多德后已存续了 250 余年，很难想象在各地的学院里连创建者一份手稿也无保存，更难想象漫步派的门徒们让其开山祖的典籍受到如此恶劣的对待。

不过，无论如何，我们现在所见到的亚里士多德著作的形式次序和每篇的标题，都应归功于安德罗尼珂。这也是人所公认的了。

然而，更有趣的问题却在于这个惊悚故事还远没有终结。苗力田先生接着又指出：

更令人遗憾的是，安德罗尼珂所编定的《亚里士多德全集》后来也失散了，甚至连一份目录也不曾保存下来。

至少也可以断言，第欧根尼·拉尔修没能够见到这份目录。若不然，我们就会从保存下来的第氏目录中更多见到我们今日所见的亚里士多德著作的标题，特别是那些主要著作的标题，如《物理学》《形而上学》等。

实际上，公元后的几个世纪里，罗马帝国战乱频仍、社会腐败，希腊哲学的智慧火花已濒于熄灭，学者们纷纷带着他们的典籍移居较安定的东方继续自己的事业。于是，新兴的基督教就来填补这一精神空位。基督教是一个以信仰为基础的、排他性很强的宗教，它和把求知看作是人的本性的希腊哲学针锋相对。特别在公元 4 世纪基督教被宣布为罗马帝国国教，便对世俗的希腊哲学加强限制，终于在 529 年时查士丁尼下令封闭了全部非基督教的学校，希腊哲学在西方失去了最后的存身之所，亚里士多德的著作几乎不再为人所知。

除了在公元 6 世纪初，罗马的一位学者和政治家波埃修（Boethius）把《范畴篇》《解释篇》等几个短篇译为拉丁语之外，直到公元 12 世纪初的 600 年间就没有迹象表明拉丁语世界还接触过其他亚里士多德著作。

概括苗力田先生以上所指，我认为特别有必要指出以下几点：

1. 在罗马帝国时代，那个最后改编版的——安德罗尼珂的《亚里士多德全集》，后来也消失了，甚至连目录都不曾保存下来。

2. 那位我此前已经讨论过的、最早撰写希腊哲学史的“第欧根尼·拉尔修”，并没读过任何亚里士多德著作，他也不知道亚里士多德还写过“形而上学”（后物理学）、“物理学”等之类的著作。

3. 关于公元前 529 年罗马皇帝查士丁尼查封非基督教学校的事件，苗力田先生似乎有意要回避提及——据说也查封了那个著名的“吕克昂学院”[1]——这个学校在历史中其实并不存在。这种谨慎的态度，反映出苗力田先生治学的严谨和睿智，令我非常钦佩。

那么，也就是说，堂堂辉煌的古希腊哲学之最伟大代表亚里士多德，其全部著作在中世纪已经失传——连一份目录都没有保存下来。因此，在整个中世纪漫长的近千年里，西方拉丁世界中其实并无人知道谁是亚里士多德。——这才是历史的真相！

既然如此，那么我们必然要问：现在传世的洋洋大观的所谓亚里士多德著作又是从何而来的呢？

苗力田先生说：

> 公元 12 世纪之后，随着东西文化的交流，西方人士通过阿拉伯哲学家阿维洛伊（Averroes）重新见到了亚里士多德著作，并从希伯来语转译为拉丁语。
>
> 大约在 1255—1278 年，绝大部分的亚里士多德著作已有拉丁文本。不过，在这一时期由佛兰德翻译家莫依（Moerbecke）所编的《亚里士多德全集》拉丁文本中，还有一半是从阿拉伯文转译过来的。

[1] 关于“吕克昂学院”，据说“亚里士多德在公元前335年仿效柏拉图在雅典创办吕克昂学院（Lykeion），或称逍遥派学校（Peripatetic School）。该地包括一座为阿波罗而建的神庙、许多林荫路，有树、喷泉和柱廊装点。据说亚氏曾在雅典讲学 13 年，直到公元前 333 年亚里士多德被控犯了不敬神之罪而逃离雅典。一年后，他就去世了”。必须指出，这些传闻如同柏拉图所建的雅典学院一样，完全出自不可信据的文艺复兴时期的伪造史料，实际是出自文艺复兴时期光照派秘密信徒的杜撰。“吕克昂”（Lykeion）的词源和拉丁文的“lykos”（狼）有关，也与“lykee”（光）有关。“狼子”是光照会员的秘称，而“光”则是暗示吕克昂学院就是光照派的秘密学院。文艺复兴时期伪造的柏拉图对话录中，曾经说苏格拉底常常到吕克昂散步。这似乎在暗示苏格拉底、柏拉图及亚里士多德的活动与日神阿波罗崇拜及传播光明有关。

在公元14世纪末年，出版家阿尔杜斯·曼努修（Aldus Manutius）出版了几乎是全部的亚里士多德著作的希腊本文，不过其中的《论诗》直到1500年仍不为西方学术界所知。

也就是说，12世纪（文艺复兴运动初期）时，所谓的亚里士多德著作是从阿拉伯人那里转到欧洲的。——其实，全部的所谓希腊哲学、戏剧以及史学著作，包括《荷马史诗》，无不是如此。

关于亚里士多德著作失而复得、得而复失、再而复得的故事，全程历时穿越达千年之久。此比之中国秦汉之际的百年间，因秦始皇焚书坑儒而导致《尚书》《周礼》等古、今文经书的失踪和再发现，要远为复杂、曲折、扑朔迷离得多。

但是，中国的古、今文《尚书》及《周礼》等在经历此一波折后，对其真伪问题至今学界仍是聚讼纷纭，纠缠难解。不过，亚里士多德这些覆盖自然、人文、天体、宇宙全方位各领域的100多部著作，其真伪却很少受到质疑。正是根据这些真伪难辨、来历不明的全方位著作，亚里士多德被尊称为西方哲学的鼻祖——全知全能的超级大师，特别是中国人中的“希腊迷”更是对之无不顶礼膜拜、无不信以为真。

——何其可笑也！

欧洲人何时知道亚里士多德？

让欧洲人知道亚里士多德的是中世纪晚期的一位阿拉伯哲学家、伊斯兰神学家阿维洛伊（Averroes），但是多数言必称“希腊”而盲目膜拜西方的中国精英则对此人一无所知。

阿维洛伊（1126—1198），12 世纪最有影响的阿拉伯哲学家、伊斯兰神学家。由于他成为把所谓的古爱奥尼亚和希腊哲学介绍给欧洲拉丁文明的主要媒介人，因此他的学术被欧洲人称为“拉丁阿维洛伊主义”（参见《大不列颠百科全书》，“拉丁阿维洛伊主义”条）。

阿维洛伊祖籍在阿拉伯地区，生活在西班牙半岛的“科尔多瓦”地区。

自 8—14 世纪，整个伊比利亚半岛[1]（包括西班牙地区）都在阿拉伯人控制下。阿维洛伊作为哲学家，曾经担任西班牙半岛上科尔多瓦伊斯兰公国（伊斯兰名“古儿土拜”）的大法官。

此前的讨论已指出，无论从人种、语言和文字来源看，古代希腊都与欧洲白色种族无重要关系。古希腊哲学和文化的源头出自小亚细亚的中近东地区。实际上，古希腊文明是中近东土耳其半岛上的爱欧尼亚—小亚细亚文明在希腊—巴尔干半岛的辐射和延伸。

在古代和中世纪的古波斯—埃及—阿拉伯人眼中，甚至在古希腊—罗马人眼中，那些西欧、北欧的白人（包括日耳曼人、高卢人、斯拉夫人、盎格鲁－撒克逊人，以及北欧的维京人），都是些低文明的“蛮族”——“野

[1] 711 年，柏柏尔人和阿拉伯人的联军（西班牙人统称他们为“摩尔人”）征服了整个伊比利亚半岛。在其后的 750 年间，一系列伊斯兰教国家相继建立。当时，被伊斯兰教控制下的西班牙地域被称为阿尔－安达卢斯（Al-Andlus）。

蛮种族”。

阿维洛伊本人来自阿拉伯民族，但他是一位阿拉伯的亚里士多德专家。这里应当特别注意的是以下这一点：

在中国的许多辞典以及历史教科书中，一直流行所谓“古希腊是西方文明的源头”的主流说法（来自近代共济会的伪史学）。但这一流行的说法纯属无稽之谈，因为在古希腊文明与欧洲文明之间并不存在任何连续性的关系——事实上，二者之间横亘着一个阿拉伯文明。

在伊斯兰教兴起以后，一部分阿拉伯精英反对伊斯兰经院主义的主流教义和教规，试图从伊斯兰经文之外寻求“自由思想”的空间，于是一些阿拉伯哲学家试图向古代爱奥尼亚包括希腊地区曾经流行的古代哲学思想中寻找论据。所以，尽管亚里士多德的著作当时已经失传，但是它的一些残篇和残卷被这些阿拉伯哲学家们所重视。

据说最早可追溯到 4 世纪，叙利亚地区的基督徒（“大秦景教”教派，唐末曾传布到中国）、犹太教徒、琐罗亚斯德教徒（祆教，是共济会、光明会的核心信仰之一）中就有人整理、解读、翻译、重构古代爱奥尼亚人和希腊人的哲学著作，以及亚里士多德的著作。这些著作最初都是用希伯来语或古希腊语写成，阿拉伯人把它翻译成古阿拉伯语言——当时的古叙利亚语言。其中，著名者如鲁哈城的费鲁巴翻译了被认为是亚里士多德作品的《修辞学》及《分析篇》的论文，奈绥宾的布里斯、费尔吉优斯将亚里士多德的《论灵魂》和《范畴篇》解读并翻译成古叙利亚语等。

6 世纪中叶以后，阿拉伯人在幼发拉底河左岸的根塞林建有一座修道院，成为古叙利亚的爱奥尼亚和古希腊文化的研究中心。阿拉伯学者马尔萨威斯在此留下多部哲学著作。

7 世纪，伊斯兰教兴起。8 世纪前后，阿拉伯哈里发帝国控制了希腊和巴尔干半岛、伊比利亚半岛，成为横跨亚、非、欧三洲的游牧、商业及军事的强大帝国。

8 世纪中叶，阿拉伯人在伊比利亚半岛建立了科尔多瓦哈里发国家（756—1031）。

到 9 世纪初，以西亚的巴格达为中心（有一说，这座大城是来自唐朝的工匠帮助设计和建造的），在一些阿拉伯伊斯兰僧侣及知识精英中形成了研究古代近东地区及希腊哲学著作的潮流，他们主要用阿拉伯文或者希伯来文字抄写和翻译了大量的古代作品。

到 10 世纪中叶，西班牙的科尔多瓦一度成为一个向欧洲传播阿拉伯文明的学术中心。

这一时期，一些伊斯兰哲学家用自己的主张注释亚里士多德的著作残篇，并以此为思想武器而与伊斯兰教的正统派神学思想进行论争。因此，在阿拉伯控制下的地区，包括西班牙半岛，竟然兴起了一个现今中国人很少知道的学派——"阿拉伯亚里士多德学派（Arabia Aristotelians）"（古阿拉伯语称作"侯卡玛派"[Hukama]，意为"智者"、哲学家）。（有关"阿拉伯亚里士多德学派"，参见《伊斯兰百科全书》）

西班牙的阿拉伯人阿维洛伊，就是中世纪晚期"阿拉伯亚里士多德学派"中影响最大的人物。在 1169—1195 年间，阿维洛伊对亚里士多德的著作撰写了一系列介绍和评注（有提要，有中篇和长篇的评介），而这些介绍和评注都是以阿拉伯文或希伯来文写成的。事实上，他许多篇以希伯来文写作的对亚里士多德学术的解释文论，都被当时的阿拉伯学者直接用以代替早已失传的一些亚里士多德的原文（注意：这意味着今日我们所读到的某些亚里士多德著作，其实可能是阿维洛伊等阿拉伯学者的著作）。

在 12—15 世纪文艺复兴早期，当意大利半岛的拉丁文明开始兴起以后，是阿拉伯人阿维洛伊让他们知道了亚里士多德的存在。对于阿维洛伊的评注，后来均被编入 15 世纪以后威尼斯最早出版的《亚里士多德全集》的拉丁文版。

在以后的数百年间，阿维洛伊关于亚里士多德的著作对天主教廷统治地区的犹太教徒（秘密的共济会员、光明会员）和基督教徒，均产生了巨大的影响，由此而形成了所谓的"拉丁阿维洛伊主义"。

阿维洛伊的许多哲学论著，还通过西班牙传布到更远的欧洲。例如，当时欧洲最早兴办的巴黎大学和意大利的巴杜亚大学中都曾建立阿维洛伊（伊本·路西德）学院，形成了当时影响力不亚于亚里士多德的“拉丁阿维洛伊学派”。

拉丁阿维洛伊学派——这个也被欧洲人称为“阿拉伯亚里士多德主义”的学派，在中世纪后期和文艺复兴时期的欧洲思想界占有重要地位竟然长达400年之久，影响相当深远。

事实上，近代欧洲人了解亚里士多德学说，了解爱欧尼亚及希腊的哲学思辨，完全是通过中世纪兴起的阿拉伯学派——特别是通过这位可能不仅是重新阐释甚至可能重新创作了部分已失传的亚里士多德著作的阿维洛伊。

与希腊毫无关系的“希腊哲学家”和学派

泰勒斯（Thales，约前 624—前 546），据说为公元前 7 世纪—公元前 6 世纪小亚细亚的思想家、科学家、哲学家。在所有的西方哲学史包括官方的百科全书和辞典中，泰勒斯一直被称作是“希腊最早的哲学学派——米利都学派（也称爱奥尼亚学派）的创始人”“希腊科学和哲学之祖”“古希腊及西方第一个有记载、有名字留下来的自然科学家和哲学家”“古希腊最早的、最著名的思想家、哲学家、天文学家、数学家和科学家”云云。

但是，这些叙述纯属无稽之谈，是彻头彻尾的谎言。

有趣的是，多年来这个谎言一直未被人揭穿。人性的确是很愚蠢的，只要公共媒体异口同声，谎言就可以植入集体意识，而成为一种大众的常识。

实际上，泰勒斯既不是希腊人，也不是西方人，而是小亚细亚地区人。他平生从没有去过希腊半岛，他的种族、语言、文字都与希腊人无关。根据中世纪阿拉伯人的最早记载，泰勒斯平生一直活动在小亚细亚和埃及。无论泰勒斯本人还是米利都学派，都与希腊或者雅典没有一丝一毫的关系，而米利都在地理距离上与希腊半岛更是相隔千里之遥。

据有关记载，泰勒斯出生于米利都。米利都（Μίλητος）是位于安纳托利亚西海岸线上的一座小亚细亚地区城邦，靠近米安得尔河口。米利都在赫梯文献中被称为“Millawanda”或者“Milawata”。这座城市在荷马的《伊利亚特》中也有出现。有意思的是，《荷马史诗》是一部作者不明的神话，但是在希腊史中却常被西方人援引作为可信史料。

历史上，米利都曾先后被赫梯帝国、吕底亚、波斯、罗马帝国、拜占庭帝国和奥斯曼土耳其所统治，但未被遥远的希腊或者雅典统治过。在泰勒斯出生的那个时代，包括米利都在内的爱奥尼亚地区都在希腊的对手波斯控制下，这样严格说来米利都学派是波斯学派，与希腊没有任何关系。

在奥斯曼帝国统治时期，米利都是与意大利半岛的威尼斯进行贸易的港口，后来由于港口淤塞，城市被废弃。今日米利都的废墟距离海岸数十公里，在卫星地图上处于北纬 37°31′8″、东经 27°16′7″ 的位置，属于土耳其艾登省。

据说，在公元前 1500 年左右，一些来自克里特岛的移民定居于米利都，随后这个城邦就成了爱奥尼亚十二城邦之一。在公元前 6 世纪，米利都建立起了强大的海上力量，并建立了许多殖民地。在希波战争前，米利都处于波斯统治下。

米利都出了一批著名的思想家，如泰勒斯、阿那克西曼德、阿那克西美尼等，称为米利都学派。

在种族来源上，泰勒斯也与希腊人无关。据说，泰勒斯有希伯来人（Hebrews）或犹太人（Jew）、腓尼基人等人种的血统。

泰勒斯是一位小亚细亚地区的思想家，亚裔人士。但自黑格尔以来的西方哲学史中，泰勒斯一直被誉为“希腊七贤之首”。因为他懂得天文和数学，又是人类历史上比较早的科学家，所以西方称他为“科学之祖”。

泰勒斯早年是一个商人，曾到过不少东方国家，学习了古巴比伦观测日食、月食和测算海上船只距离等知识，了解到英赫・希敦斯基（希伯来人［Hebrews］或犹太人［Jew］、腓尼基人）探讨万物组成的原始思想，掌握了埃及土地丈量的方法和规则等。

据说，泰勒斯还到过美索不达米亚平原，在那里学习了数学和天文学知识。以后，他从事政治和工程活动，并研究数学和天文学。晚年，他转向哲学，获得了崇高的声誉。

据说，在天文学方面，泰勒斯做了很多研究。他对太阳的直径进行了测量和计算，测出太阳的直径约为日道的 1/720。这个数字与现在所测得的太阳直径相差很小。他在计算后得知，按照小熊星航行比按大熊星航行要准确得多。通过对日月星辰的观察和研究，他确定了 365 天为一年。

在天文学领域，他更为人们所津津乐道的就是正确解释了日食的原因，并预测了一次日食。不过，人们更为关心的是另一个重要的问题，泰勒斯是怎样预测日食的。

后来，人们做过种种推测和考证，一般认为泰勒斯是应用了迦勒底人发现的沙罗周期。一个沙罗周期等于 223 个朔望月，即 6585.321124 日或 18 年又 11 日（若其间有 5 年闰年，则是 18 年又 10 日）。日、月运行是有周期性的，日食、月食也有周期。日食一定发生在朔日。假如某个朔日有日食，18 年又 11 日之后也是朔日，而日、月又大致回到原来的位置上，因此很有可能发生类似的现象。不过，一个周期之后，日、月位置只是近似相同，所以能看见日食的地点和日食的景象都可能有所变化，甚至根本不发生日食。泰勒斯大概知道公元前 603 年 5 月 18 日有过日食，所以侥幸猜对。关于这件事，还有一些别的说法，没有统一的定论。

泰勒斯在数学方面的贡献是引入了命题证明的思想，标志着人们对客观事物的认识从经验上升到理论，这在数学史上是一次不寻常的飞跃。在数学中引入逻辑证明，其重要意义在于：保证了命题的正确性；揭示各定理之间的内在联系，使数学构成一个严密的体系，为进一步发展打下基础；使数学命题具有充分的说服力，令人深信不疑。泰勒斯曾发现了不少平面几何学的定理，诸如“直径平分圆周”“三角形两等边对等角”“两条直线相交、对顶角相等”“三角形两角及其夹边已知，此三角形完全确定”“半圆所对的圆周角是直角”等，这些定理虽然简单，而且古埃及、古巴比伦人也许早已知道，但是泰勒斯把它们整理成一般性的命题，论证了它们的严密性，并在实践中广泛应用。

据说，泰勒斯可以利用一根标杆测量、推算出山峰的高度。泰勒斯在埃及时，人们想试探一下他的能力，就问他是否能解决“大金字塔有多高”这个难题。泰勒斯说可以，但有一个条件——法老必须在场。

第二天，法老如约而至，大金字塔周围也聚集了不少围观的老百姓。泰勒斯来到大金字塔前，阳光把他的影子投在地面上。每过一会儿，他就让别人测量他影子的长度。当测量值与他的身高完全吻合时，他立刻将大金字塔在地面的投影处做一记号，然后丈量大金字塔底到投影尖顶的距离。这样，他就报出了大金字塔确切的高度。

在法老的请求下，他向大家讲解了如何从“影长等于身长”推到“塔影等于塔高”的原理，也就是今天所说的相似三角形定理。据说，埃及的大金字塔修成1000多年后还没有人能够准确地测出它的高度，虽然此前有不少人做过很多努力，但都没有成功。

在科学上，泰勒斯倡导理性，不满足于直观的感性的特殊的认识，崇尚抽象的理性的一般的知识。譬如，等腰三角形的两底角相等，并不是指我们所能画出的、个别的等腰三角形，而应该是指“所有的”等腰三角形。这就需要论证、推理，才能确保数学命题的正确性，才能使数学具有理论上的严密性和应用上的广泛性。泰勒斯的积极倡导，为毕达哥拉斯创立理性的数学奠定了基础。

泰勒斯的哲学观点，用一句话来总结就是“水生万物，万物复归于水”。他认为世界的本原是水。

泰勒斯向埃及人学习观察洪水，很有心得。他仔细阅读了尼罗河每年涨退的记录，还亲自查看水退后的现象，发现每次洪水退后不但留下肥沃的淤泥，还在淤泥里留下无数微小的胚芽和幼虫。他把这一现象与埃及人原有的关于神造宇宙的神话结合起来，便得出万物由水生成的结论。埃及的祭司宣称大地是从海底升上来的，泰勒斯则认为地球就漂在水上。

泰勒斯还有一个很重要的观点就是“万物有灵”。根据这一学说，他认为连石头也是有灵魂的生物。泰勒斯向他哲学上的对立面毕达哥拉斯反复强调说：“整个宇宙都是有生命的，而又正是灵魂才使一切生机盎然。”这一说法在当时非常流行。

泰勒斯曾用磁石和琥珀做实验，发现这两种物体对其他物体有吸引力，便认为它们内部有生命力，只是这生命是肉眼看不见的。由此，泰勒斯相信，任何一块石头看上去冰冷坚硬、毫无生气，却也有灵魂蕴含其中。

关于泰勒斯，还流传有许多若真若伪的逸事。

据说，有一次，他用骡子运盐，骡子滑倒在溪中，盐被溶解掉了一部分，负担减轻了不少，于是这头骡子每过溪水就打一个滚儿。泰勒斯为了改变这头牲畜的恶习，就让它改驮海绵，而海绵吸水之后重量倍增，这头骡子便再也不敢偷懒了。

泰勒斯无论在天文学、数学、哲学等方面都有建树，他所提出的理论、定理一直沿用至今，为后世的科学发展奠定了基础，被后人誉为“人类历史上最早的科学家”。

亚洲地区的哲学是希腊哲学之源

阿那克萨哥拉（希腊语 Αναξαγρα，英语 Anaxagoras，前 488—前 428），一位亚洲地区的哲学家，属于小亚细亚产生的米利都学派。

阿那克萨哥拉出生于小亚细亚（爱奥尼亚）中部的克拉佐美尼，他是米利都学派哲学家阿那克西美尼的学生。在希腊地区发生伯罗奔尼撒战争期间，据说他曾经担任过雅典政治家伯里克利的顾问。

据第欧根尼·拉尔修说，“阿那克萨哥拉是第一个把哲学理念教给雅典人的人”。就是说，真正的希腊哲学是从阿那克萨哥拉开始的。

阿那克萨哥拉是个自然主义者。他认为太阳不是神，只是一块又红又热的石头；认为月亮、行星也和大地一样，上面有山岭和居民；认为月光是日光的反射，并且试图用光学原理来解释日食和月食。

阿那克萨哥拉还有一些奇特的主张。例如，他认为大地是一个圆柱体，相信天体和大地的性质是同样的。

最重要的是，他不认为天上存在神灵，并且讲授和传播他的这种观点，从而触犯了雅典人的宗教信仰。于是，有些雅典人要杀死他，伯里克利庇护了他，最终他被驱逐而不得不逃出希腊。

阿那克萨哥拉曾经是古希腊人的哲学教父。这个故事表明，希腊人的哲学思维是从亚洲学到的。

【附】

古亚洲学派、古意大利学派和希腊半岛三地域的哲学家

【亚洲（小亚细亚）地区哲学家】

米利都学派：

泰勒斯（Thales，前 624—前 546）小亚细亚赫梯帝国米利都城人。

阿那克西曼德（Anaximander，前 610—前 547），米利都人。

阿那克西美尼（Anaximenes，前 585—前 525），米利都人。

毕达哥拉斯学派：

毕达哥拉斯（Pythagoras，前 582—前 496），小亚细亚萨摩斯岛人。

爱非斯学派：

赫拉克利特（Heraclitus，前 535—前 475），小亚细亚赫梯帝国以弗所人。据赫梯文献的记载，以弗所是 Arzawa 王国的首都 Apasa（Abasa）。罗马时代，以弗所是罗马帝国亚细亚省（小亚细亚西部）的省会，被誉为“亚洲第一个和最大的大都会”。

阿那克萨哥拉（Anaxagoras，前 500—前 428），小亚细亚的克拉佐美尼人，希腊哲学教父。

早期原子论者：

留基伯（Leucippus，前 450 年左右），米利都人，德谟克利特的老师。

【欧洲意大利半岛的哲学家】

埃利亚（Alean）学派（埃利亚是意大利半岛南端城邦）：

色诺芬尼（Xenophanes，前 570—前 470），意大利半岛人。

巴门尼德（Parmenides，前 510—前 440），意大利半岛南部人。

芝诺（Zeno of Elea，前 490—前 430），意大利半岛人。

麦里梭，意大利半岛人。

恩培多克勒（Empedocles，前 490—430 前），意大利西西里岛人。

高尔吉亚，意大利西西里岛人。

德谟克利特（Democritus，前 460—前 370），希腊半岛人。

色雷斯学派（“智者”——语言学派）：

普罗塔哥拉（Protagoras，前 481—前 420），色雷斯人。色雷斯在亚洲和欧洲、黑海、爱琴海和马尔马拉海的交界处。

犬儒——伦理学派：

安提斯泰尼（Antisthenes），意大利半岛人。

雅典（学园）学派：

苏格拉底（Socrates），雅典人。

柏拉图（Plato），雅典人。

马其顿（逍遥）学派：

亚里士多德（Aristotle），马其顿人，出身蛮族。

（以上资料原始来源据第欧根尼·拉尔修的《名哲言行录》）

由上可见，所谓古希腊哲学家中真正属于希腊半岛本土出产的人很少，希腊哲学之本源实际在亚洲。

伪希腊哲学的地图

第欧根尼说，所谓“希腊哲学”的中心地区并非是希腊雅典，却在小亚细亚的爱欧尼亚。

名叫第欧根尼的人最著名的有两个：一个是犬儒派哲学家，另一个是《名哲言行录》的作者第欧根尼·拉尔修。

后者的姓名究竟是第欧根尼在前，还是拉尔修在前，似无定论。有趣的是，此人以写他人的生平而不朽，自己的生平却保持为谜团，而人们只能根据他书中所提到的最近历史人物推断他大概生活于公元3世纪上半叶，但具体他的活动区域、其他著述情况等都无可查考。他的《名哲言行录》奇迹般完整地保存了下来，这是关于古希腊哲学的珍贵史料。其援引了多部著作，而这些著作却大多散佚了。

第欧根尼的《名哲言行录》绘制了从公元前6世纪—公元3世纪期间的希腊哲学地图。

他在《名哲言行录》中为多位哲学家归类的方法是很聪明的，突出的是地缘和师承这两个重要因素。人们了解古希腊哲学，往往总是始于并终于柏拉图和亚里士多德两人，仿佛他们代表并囊括了古希腊智慧的一切。这从实际操作的角度来讲不失为明智的做法，但这样的习惯会有助于形成一种偏见，或者一种错觉，仿佛在这两人前后的希腊哲学史都是平静得等于空白，只静待他们二位的横空出世。其实，事实远非如此，而且要真正地理解古希腊哲学必须首先纠正这种错觉，获得一种全景式的背景。就这一点而言，《名哲言行录》所提供的知识不可或缺。

以地中海为中心，古代希腊哲学在小亚细亚、希腊半岛、意大利、北非以及地中海的一些岛屿都有其开花结果的福地。最集中的当然是小亚细亚西海岸和希腊半岛上的阿提卡，前者是发源地，后者是鼎盛期的见证者。当然，意大利半岛因为毕达哥拉斯学派的活动也不容忽视。第欧根尼在开篇就介绍了哲学的两大起源：一是始于阿那克西曼德，二是始于毕达哥拉斯。我们后来所主要关注的雅典学园的哲学，他认为是渊源于前者，即伊奥尼亚哲学，中间经过苏格拉底的转变，才从自然哲学向伦理学等其他方面延伸。

在古希腊的历史版图上，小亚细亚地中海海岸地区一直是诞生传奇和历史的神秘地域。古希腊文学史的开端离不开特洛伊这个名字，哲学史的开端则必须从伊奥尼亚地区开始。第欧根尼从米利都的泰勒斯讲起，这一点为后来的多种希腊哲学史所承继。泰勒斯既是米利都学派的创始人，也是古希腊七贤之一。因为后来相继出现的哲学家阿那克西曼德及其学生阿那克西美尼也都生活在这个城市，米利都学派因而成名。阿那克西美尼的学生是阿那克萨哥拉，克拉佐门奈人，该城在米利都的北方。这些爱好探究自然及宇宙奥秘的人被称为“自然哲学家”，从一开始便预示了西方哲学与自然科学的内在关系。据第欧根尼所述，是阿那克萨哥拉第一个将自然哲学从伊奥尼亚带到了雅典，自然哲学在雅典终于阿那克萨哥拉的学生、苏格拉底的老师——阿尔刻拉俄斯。

赫拉克利特称赞过的少数人之一——彼亚斯也是古希腊七贤之一，其出生并生活在毗邻米利都的普里耶涅。他留下了许多杰出的箴言，最有名的一句是“多数人坏”。伊奥尼亚地区还诞生了两位据说没有师承的“零散的哲学家”——赫拉克利特和克塞诺法涅斯（不过，第欧根尼在《名哲言行录》的序言中又将后者列入意大利学派），前者生活在以宏伟的阿尔忒弥斯神庙著称的以弗所（又译爱非斯），后者出生在毗邻的科洛封。赫拉克利特不大远行，似乎没有离开过以弗所，而克塞诺法涅斯则被科洛封流放，在西西里或其他地方客居。这两人都有辗转流传至今的残篇可供研究，第欧根尼关于他们二人生平的讲述历来被频繁地引证。

靠近小亚细亚西海岸的几个岛屿也是声名卓著的，如萨摩斯岛（据说是毕达哥拉斯的故乡）、开俄斯岛（斯多亚派哲学家阿里斯通的故乡）、勒斯博斯岛（七贤之一的皮塔科斯生活在这座岛上最著名的城邦——密提勒涅），以及罗得斯岛（七贤之一的克勒俄布洛斯出生在该岛的林多斯）。

以地中海为中心的大希腊（Magna Graecia）的形成，与公元前 8 世纪中叶开始的殖民活动密切相关。希腊本土多山，资源种类有限，但其海岸线绵长，因此海上贸易和交流成为扩展资源的必经之路。西至中南部意大利和西西里岛，南至北非，东至黑海沿岸和小亚细亚南部的塞浦路斯岛，都是希腊人航海的目标范围。建立殖民地城市在希腊形成了一种传统，每一个殖民地的建立要在得到德尔斐神谕的前提下行动，由一个母邦（metropolis）在异地建立她的殖民地，殖民地一般要奉行母邦的法律、宗教信仰和习俗。意大利南部和西西里岛的几个著名殖民地如莱吉翁、克洛同、塔拉斯、叙拉古和美塔庞提翁等便是在这一时期陆续建立的。在哲学史上最值得注意的是克洛同和爱利亚，克洛同因毕达哥拉斯而闻名。毕达哥拉斯前半生浪迹天涯，他师从七贤之一——小亚细亚叙洛斯岛的斐瑞居德斯，到过埃及、克里特，最后在克洛同建立了意大利学派，声名远播且影响深远。据第欧根尼所说，毕达哥拉斯的门徒有300人之多，他为克洛同制定法律，使这个城邦得到良好的治理。爱利亚的哲学名声不亚于克洛同，因为以巴门尼德和芝诺为核心的一个学派被称为爱利亚学派。巴门尼德是芝诺的老师，而他自己曾师从克塞诺法涅斯。在柏拉图的《巴门尼德篇》中，两人曾一起访问雅典，巴门尼德当时已是一个声望很高的长者。他的学生芝诺常被称为爱利亚的芝诺，以别于一个多世纪以后的斯多亚派的创始人基提翁的芝诺（基提翁位于塞浦路斯岛）。

众所周知，希腊半岛本土的哲学活动以雅典为中心。苏格拉底及其追随者的哲学生活，柏拉图和亚里士多德的学园，使得雅典在几个世纪的时间内保持为大希腊范围内的哲学圣地。柏拉图的学园在雅典西北郊区的一个名为阿卡德米的体育场，“阿卡德米”一词也就此具有了“学院”的意思。亚里士多德的出生地在斯塔吉拉，位于远离雅典的希腊北部。亚里士多德在柏拉图的学园里学习，并在柏拉图尚在世时即退出了学园。当学园在柏拉图死后由其他人主持时，亚里士多德在雅典东郊的另一个名为吕克昂的体育场另辟学园，因为他和学生时常在散步中讨论哲学，所以被称为“漫步派”。

属于雅典的还有三个重要的哲学流派：犬儒派、斯多亚派和伊壁鸠鲁派。安提斯特涅斯，犬儒派的开创者，他是苏格拉底的学生，与柏拉图及克塞诺丰同时代。安提斯特涅斯生前、死后的影响都不小，后来的斯多亚派也渊源于他的思想。斯多亚派由基提翁的芝诺创立，芝诺又曾是犬儒派的克拉特斯的学生。这两个流派在思想上有着不少传承和相似之处。《名哲言行录》第六卷中关于犬儒派的，大概是全书最有趣的部分之一。与基提翁的芝诺同时代的伊壁鸠鲁是公元前4世纪晚期到公元前3世纪前期最重要的哲学家。第欧根尼给了他应得的足够的重视，他享有与柏拉图相当的篇幅和详尽的介绍。

在雅典之外的几个流派，多以地名命名。例如，麦加拉派，以距离雅典不远的麦加拉命名；埃利斯派，埃利斯位于伯罗奔尼撒半岛的西北角；厄瑞特里亚派，厄瑞特里亚位于优卑亚岛；另有一个库瑞涅派，以希腊本土以外的北非城邦库瑞涅命名。

几个世纪里，层出不穷的“爱智慧者”在大希腊的版图上四处旅行，大大促进了哲学的交流和发展。从这些交流的轨迹可以看出，小亚细亚、意大利和希腊半岛上的哲学活动，是犹如商业及海运一样活跃和流通的。

“古希腊哲学”：西方的学术伪造品

一、历史上根本没有所谓“古希腊哲学”

笔者研究西方历史及其学术得到的一个重要新知，是文艺复兴以后的西方学术虚构了许多西方文明的史前史。惊人的一个事例就是，被中国精英无不顶礼膜拜的所谓“古希腊哲学”，所有权根本不属于希腊。所谓“古希腊哲学”，纯粹是文艺复兴以后欧洲思想家的一个虚构物。

其实，真正的西方哲学、欧洲哲学兴起很晚，主要是文艺复兴以后的产物，其传统与古代希腊完全无关。

世界历史上并没有存在过一个统一、强盛的古希腊国家体系——所谓“希腊城邦制度”是文艺复兴以后的杜撰产物，也根本就没有什么“古希腊哲学”。现在，人们所说的一些著名古希腊哲学家如米利都学派、爱非斯学派，与历史上的地理希腊地区毫无关系。这些地区都属于欧亚接合部的亚洲中东、近东地区，其地理区域属于今日西亚的土耳其、叙利亚、埃及。

西方人在文艺复兴后所说的古希腊哲学，实际是近东哲学、亚洲哲学，是黄种人的哲学。

文艺复兴时代，意大利地区出现银行家控制下的独立城邦（威尼斯、佛罗伦萨等）。这些银行家（以梅蒂奇家族为代表）从十字军（圣殿骑士团）手中购买了大批劫掠自“圣地”——中东、近东（阿拉伯）地区的文化物品和古代书籍典籍，他们雇用的学者、艺术家模仿以至剽窃其思想和艺术风格，重新复制、编撰、包装、改编，这就是所谓伟大的“文艺复兴”运动。于是，一个历史上莫须有的“古希腊文明”被重新发现，出现了经过杜撰的古希腊史、古希腊哲学以及古希腊民主的种种文化神话。

其实，所谓“古希腊哲学”作为整体根本不存在，作为区域划分则是文艺复兴时期地理认知的错误。被称为古希腊哲学鼻祖的那些著名哲人中，几乎没有真正的希腊人，而族源却接近苏美尔、埃及、闪族以及巴比伦人等亚裔或古波斯人种。

所谓“古希腊哲学”的存在，纯属文艺复兴时期和启蒙时期银行家资助的欧洲人文学者的一种文化虚构。虚构这一概念的目的，与文艺复兴学者虚构似乎存在一个统一的古希腊城邦文明体一样——最初只是为了建树一种反抗天主教学术的传统，后来则是要为近代新兴的资本主义市场文明找到一种源远流长的“根”。

二、所谓“古希腊哲学”不如称作“小亚细亚哲学”

近代西方所谓“古希腊（地区）哲学”，确切的名称不如称作“小亚细亚（地区）哲学”。

西方学术界无任何争议地一致公认，所谓希腊哲学最早的起源是在伊奥尼亚（又译为“爱奥尼亚”或“爱欧尼亚”）。但伊奥尼亚是古代欧洲人对今天土耳其安纳托利亚西南海岸地区的称呼，其区域北端约位于今天土耳其的伊兹密尔，南部到哈利卡尔那索斯以北，此外还包括希俄斯岛和萨默斯。

近代，历史上从来不属于希腊而属于土耳其的伊奥尼亚地区，被冒认为希腊地区而成为西方哲学的起源之地。

伊奥尼亚这个名字据说来自一个叫作伊奥尼亚人的游牧部落。这个部落的人种究竟是否为白种人，尚无定论。传说，这个部落于公元前2000年后期在小亚细亚定居后开始形成一个部落的共同体。伊奥尼亚重要的城市有以弗所、米利都和伊兹密尔，这些城市靠贸易富强起来，它们结盟为伊奥尼亚联盟。

文艺复兴后发现的一些重要的古希腊艺术风格的作品，其实并不是在希腊地区而是在伊奥尼亚形成的。公元前 6 世纪—公元前 5 世纪，在伊奥尼亚出现了泰勒斯、阿那克西曼德和赫拉克利特等重要的哲学家。

公元前 7 世纪，吕底亚人（小亚细亚土耳其地区的一个古王国）控制了伊奥尼亚。

公元前 547 年，波斯帝国的居鲁士二世征服了伊奥尼亚，并给这些城邦委任了僭主。

公元前 500 年，爆发了伊奥尼亚人反对波斯人的起义，由于雅典的介入，从而导致了希波战争。

公元前 470 年，伊奥尼亚脱离了波斯的统治。

公元前 386 年，伊奥尼亚再次被波斯帝国控制。

公元前 133 年，伊奥尼亚属于罗马亚细亚省（亚洲）的一部分。

公元前 395 年后，伊奥尼亚属于拜占庭帝国。

11 世纪末期，塞尔柱突厥人占领伊奥尼亚。

1359 年之后，伊奥尼亚被土耳其的奥斯曼帝国征服。

1920 年，协约国击败土耳其奥斯曼帝国后，签订《色佛尔条约》（Treaty of Sèvres）将这个地区划给希腊——因为这个地区在文化上对西方很重要。

1922 年，凯末儿领导的土耳其击败希腊。

1923 年，土耳其与协约国签订《洛桑条约》，这个地区重新回归土耳其，今天仍是土耳其共和国的一部分。

三、米利都学派实际属于古波斯帝国

米利都学派被西方认为是前苏格拉底哲学的一个学派，被公认为是西方（欧洲）哲学的开创者，创始人是伊奥尼亚人泰勒斯。但极具讽刺意义的是，这个被作为西方哲学诞生地的米利都及伊奥尼亚，位置却是在亚洲（欧亚接合部的近东地区）。

米利都是位于土耳其的安纳托利亚西海岸线上的一座城邦，靠近米安得尔河口。它在中东的赫梯（Hittite，是位于土耳其安纳托利亚的一个亚洲古国）文献中被称为“Millawanda”或者“Milawata”。

公元前6世纪，米利都城属于古波斯帝国，拥有强大的海上力量，并拥有了许多殖民地。

这个时期，米利都城邦产生了一批著名的思想家，即泰勒斯、阿那克西曼德、阿那克西美尼等，被称为米利都学派。

米利都学派的研究范围主要集中在万物的本体问题。泰勒斯认为万物本源于水，而阿那克西曼德认为是无限者。阿那克西美尼认为世界的本原是气体，不同形式的物质是通过气体聚和散的过程产生的。所有的西方哲学史，无不以此三杰作为所谓“古希腊哲学”的创始人——尽管他们实际上是古波斯帝国的人，与希腊城邦毫无关系。

历史上，米利都城曾先后被赫梯帝国、利比亚、罗马帝国、拜占庭帝国和奥斯曼土耳其帝国所统治。在奥斯曼土耳其帝国统治时期，米利都是一个与意大利威尼斯进行贸易的港口，后来港口淤塞，城市被废弃。

今日米利都的废墟距离海面数十公里，在卫星地图上处于北纬37°31′8″，东经27°16′7″的位置，位置在今土耳其艾登省内。

四、所谓希腊文明应当称作以弗所文明

以弗所（Έφεσσος），又译为爱非索斯或爱非斯，是近东小亚细亚的一个城市，位于土耳其加斯他河注入爱琴海的河口。文艺复兴以后，西方学者杜撰认为这个城市曾经是雅典的海外殖民地，但这种说法在历史文献和考古发掘中都没有发现任何根据。事实上，以弗所一直隶属于强大的古波斯帝国。至今，以弗所废墟还是土耳其一个著名的旅游胜地。

根据出土的赫梯文献的记载，以弗所是古波斯的Arzawa王国的首都Apasa（Abasa）。在该遗址的挖掘过程中，发现了很多被认为属于迈锡尼风格的陶器，很可能是迈锡尼文化的原型。根据保萨尼阿斯（4.31.8）和“世界七大奇迹”之说，以弗所的亚底米神庙是古代世界最伟大的建筑，亚底米神庙里供奉着生育女神“以弗所女神”——希腊维纳斯女神的原型。

在古罗马帝国时代，以弗所是亚细亚省（小亚细亚西部）的省会，被誉为“亚洲第一个和最大的大都会”。它以亚底米神庙（女神狄安娜的首要神龛）、图书馆和戏院著称，戏院能容纳2500万名观众。以弗所拥有40万～50万居民，是当时最大的城市之一。

以弗所是早期基督教的一个重要中心。这个城市对基督教及其历史都非常重要，据说《圣经》中的圣母玛利亚终老于此。[1]

使徒保罗也以以弗所为根据地。据《天主教百科全书》记载：“使徒约翰1世纪90年代住在小亚细亚，从以弗所带领该省的众教会……图密善死后，使徒回到以弗所度过图拉真统治时期。100年，他在以弗所以高龄去世。”以弗所教会是《启示录》提到的亚细亚的七个教会之一（2：1–7）。

还有一封公元2世纪早期安提阿的Ignatius写给以弗所人的信，其开头说：“Ignatius，又名Theophorus，给亚洲的以弗所教会，值得极大的喜乐，在父神的伟大和丰富里蒙祝福，在创世以前被预定，将要一直在不朽的和不能改变的荣耀里。”（《以弗所书》）

《圣经》说，使徒保罗曾经激怒过这里靠亚底米神庙谋生的银匠（《使徒行传》19：23–41），并在以弗所完成了《哥林多前书》，后来还写了《以弗所书》。

431年，天主教神父们在此召开以弗所公会议，谴责聂斯脱里为异端，后者遂创建天主教的异端——景教。

这个曾经如此重要著名的城市，今天只属于土耳其一个小镇塞尔丘克，那里还坐落着圣约翰教堂，位于土耳其第三大城市伊兹密尔南边大约50公里的地方。

著名的赫拉克利特（ράκλειτος，前540—前480），一直被西方称为古希腊最智慧的哲人，其实他与古希腊城邦毫无关系。从属国看，他是波斯王大流士治下的一位古波斯哲学家；从地域看，他是今日属于土耳其地区的爱非斯学派的创始人。

赫拉克利特出生于以弗所一个贵族家庭，据说生性

[1] 圣母玛利亚故居，离塞尔丘克七公里，天主教认为以弗所的此地乃是耶稣之母圣母玛利亚最后的家。传说，她因犹太人迫害而逃离巴勒斯坦，最后使徒约翰遵守对耶稣之承诺，将玛利亚迎接至小亚细亚此地奉养，最后她平安终老于此，并再未回巴勒斯坦的故乡。如今，此地也是一个十分流行的朝圣地和土耳其著名的旅游景点。

胆怯，被称为“爱哭的哲学人”。他的文章只留下片段，经常用隐喻、悖论。

赫拉克利特本来可以继位，但是他让位给了他的兄弟，自己跑到女神阿尔忒弥斯庙附近隐居。

波斯国王大流士曾邀请赫拉克利特去波斯宫廷当顾问，但是赫拉克利特拒绝了。他说：“因为我有一种对显赫的恐惧，我不能到波斯去，我满足于我的心灵既有的渺小的东西。”

关于他的逸事里还说他蔑视俗人，整天和小孩儿玩色子。

有人问他为什么对一切保持沉默，他回答说：“为什么？为了让你们去尽情唠叨！”

他在隐居时，以草根和植物度日，得了浮肿病，去世时大约 60 岁。

五、所谓“古希腊哲人”只有毕达哥拉斯是希腊人，却从未生活在古希腊

在所谓“古希腊著名哲学家”中，可能只有毕达哥拉斯学派与希腊本土多少有一点关系。

毕达哥拉斯出生在今属希腊群岛的萨摩斯岛（Σάμος）上。但是在历史上，萨摩斯却并不属于希腊。

两千年前，萨摩斯岛是地中海上一座富有和强大的城市，被欧洲史学家认为是伊奥尼亚文化的中心。萨摩斯岛盛产葡萄酒和萨摩斯红色陶器，岛上存留的著名建筑是为女神赫拉而建的赫拉古庙（The Heraion）。

中世纪至近代，萨摩斯岛隶属于拜占庭帝国和土耳其的奥斯曼帝国。1912 年，巴尔干战争爆发后萨摩斯岛脱离奥斯曼统治，成为现在希腊的一部分。

毕达哥拉斯生于萨摩斯岛，早年游历埃及。毕达哥拉斯认为自己的哲学来自东方的巴比伦。毕达哥拉斯生命的多数时间定居在意大利南部的克罗顿城，在此建立了自己的秘密社团（这一社团很可能是后来共济会内的学术团体——“玫瑰十字会”的前身）。公元前 510 年克罗顿城发生内乱，毕达哥拉斯迁居到近东地区的梅达彭提翁城，直至死去。

结语

数百年来，中国人文知识界处于可悲无知的蒙昧状态。明亡国后，主流知识界禁受清初“文字狱”的血洗和“四书五经”的八股禁锢，陷入集体麻木的蒙昧状态，以至数百年来对外部世界一无所知。

1840 年，东印度公司击败清朝，开埠通商。此后，西风东渐，中国知识精英全面接受西方文艺复兴后共济会学术虚构的一套伪世界史体系。因此，几乎所有的中国精英都以为真的存在过一个古希腊文明、一种古希腊哲学传统，并深受其影响。

百年来，中国学术界以讹传讹，缺少独立思考能力，耳食他人唾余已经成为习惯。对于深刻影响西方中古和近代、现代宗教政治历史文化的共济会这个庞然大物，至今仍几乎一无所知，不敢承认其存在。

【附】

毕达哥拉斯主义是共济会秘传信仰的一部分

毕达哥拉斯主义是一个用于描述毕达哥拉斯和他的追随者，所持的深受数学影响的秘教和形而上学的思想学说的术语。

毕达哥拉斯主义起源于公元前 5 世纪，并极大影响了柏拉图主义。之后，毕达哥拉斯学说复兴，导致现在称为新毕达哥拉斯主义的哲学学派的形式。毕达哥拉斯学派是中世纪共济会中的秘密教门——“玫瑰十字会”的学术来源之一。

毕氏的神秘社团神秘古怪。毕达哥拉斯是一名素食者，认为吃肉有罪。

他认为数理关系可以解释世界上的一切事物，对数理及一些神秘数字极其崇拜。同时，认为一切真理都可以用比例、平方及直角三角形去反映和证实，如主张平方数“4”意味“公正”。

相传当他发现无理数时，大为震惊。有传言说，在他的学生希帕索斯向外人透露无理数的存在后，毕达哥拉斯下令将其淹死。

公开与秘传的两个学派

传统认为，毕达哥拉斯后来发展成为两个独立的学派。数学家（英语 Mathematikoi，希腊语 Μαθηματικοι）是有权获取知识的学习者，但秘传家（Akousmatikoi）是只允许聆听秘密的人。

数学家将由毕达哥拉斯开始的数学和科学工作发扬光大，而秘传家则传习他在神秘宗教的教义。

秘传家称数学家不是真正的毕达哥拉斯主义者，而是“叛徒”希帕索斯的追随者。

另外，数学家承认秘传家也是毕达哥拉斯主义者，但认为自己一方更代表毕达哥拉斯主义。毕达哥拉斯学派崇拜自然神和太阳。

自然哲学

毕达哥拉斯思想以数学占主要地位，但它也深受神秘主义影响。在宇宙学方面，对于毕达哥拉斯本人的教义的共识较少，但多数学者相信毕达哥拉斯理论中“灵魂的转世”不太可能由毕达哥拉斯的追随者添加，因为它的地位太重要了。另一方面，毕达哥拉斯世界观的物质这个概念的来源不明，部分是因为他教导的各方描述互相冲突。毕达哥拉斯世界观的物质概念实际上是源于阿那克西曼德的教义，认为万物之源是阿那克西曼德称为的“无限”（apeiron）。毕达哥拉斯世界观的物质概念认为，只有通过“限制”这一概念的定义，才可以形成“无限”。

毕达哥拉斯没有书面作品传世，其教义的流传依靠不是被认为是毕达哥拉斯主义者就是深受毕达哥拉斯影响的人的巴门尼德、恩培多克勒、菲洛劳斯和柏拉图的著作，造成了迥异的各种表述，很难确定统一的毕达哥拉斯主义立场。如果以其作品被认为是有代表价值的菲洛劳斯的表述来看，这个学派是很复杂的。亚里士多德用在描述毕达哥拉斯主义者（他的意思是指菲洛劳斯的圈子）发展阿那克西曼德的“apeiron ”和“peiron”，亦即“无限”和“有限”的时候写道：

“……他们（毕达哥拉斯主义者）直说在这样一个被创建的时候，虽然他们无法表述是平面、表面还是种子和元素创建的，但是最邻近的无限的部分开始被画出，而且被限制器所限制。”

毕达哥拉斯主义者也认为“虚”是实际存在的，气息和“虚”从无限进入宇宙，类似于呼吸。这个“虚”和物质的本质不同，因为它是在一个序列中分割和区分连续的概念。这个理论首先在数字的自然数里观察到，“虚”是区分它们的本质的要素。

在“apeiron ”由“peiron”引入时导致分离的产生，这显然也意味着它是“在一个系列中分割连续”的概念。我们现在有由“虚”相互分割的互相连接的部分而不是未分化的整体。“apeiron ”的引入也使得世界数学化，不只是可能使用数学来描述世界，而是真正数学化，因为它显示数字和现实遵循同样的原则。两个连续的数字（一系列连续但由“虚”分隔的概念）和现实的领域的宇宙都是虚和形、“apeiron ”和“peiron”的表现。把这个概念和阿那克西曼德的原始想法区分开来的是，这里“apeiron”和“peiron”必须依照和谐来排列。Stobaeus 对此评论道：

“关于自然和和谐的地位，除了离开有限和无限，宇宙的组成要素之外，任何其他的存在都不可能之外，对象的存在，永恒和自然本身承认神圣、非人间和知识。因为这些并不类似或者类同的基数的存在，如果和谐得不到保持，那么它们就不可能被召唤到宇宙。类似或者类同的物质不需要和谐，但是不类似也不类同的物质必须锁定在和谐的状态，如果它们存在一个和谐的宇宙中的话。”

毕达哥拉斯、苏格拉底、柏拉图的文化遗产由亚历山大港的犹太人的智慧传统继承，犹太人认为他们的教义来自摩西。通过亚历山大港的斐洛，这种认为相同数量的群体的相关或一致的传统一直被传递到中世纪的文化中。这一想法显然也影响了黑格尔的内部关系的概念。

美学

毕达哥拉斯主义认为数字是美的，如在诗文中认为 1 是纯洁的，4 是圣洁的，而 10 是万物之母。在美学中也提出了著名的黄金分割，认为长和宽具有一定比例的时候，矩形才是最美的。

毕达哥拉斯主义认为音乐的和谐和数字的美密切相关。音阶的前提是必须为提高音级而以某种方式限制的无限的连续的音调，关键的一点是不是随便一组限幅就可以做到这一点。如果要产生让人愉快的音乐，就不能随机在连续的音调中选择点和音调音阶，也称为“毕达哥拉斯音阶”，是这样的比例——最高到最低的间距为 2∶1 而产生的八度间隔。该八度又分为五度音和四度音，分别有 3∶2 和 4∶3 的比例，成为八度。如果我们从最低的八度音提高一个五度音，提高一个四度音，我们将达到八度音的上界。最后，五度音又可以分为三个整声调，每个对应比率为 9∶8，每个四度音也一样分成两个整声调。这是毕达哥拉斯推理的具体应用的一个很好的例子。在菲洛劳斯的世界观中，限幅器与无限一起的拟合法是依照比例（数字和声）及其组合。同样，宇宙和单个的事物，在宇宙中不会有随机出现的机会，限幅器和无限必须按照数学的“愉悦”（谐波）方式来产生秩序。

这一教义是由菲洛劳斯的学生 Archytas 在已经不见传世的题为关于谐波或对数学的著作中记录下来的，这个学说的影响可以一直追溯到柏拉图。柏拉图的学生亚里士多德在他的形而上学中将毕达哥拉斯主义者与所谓毕达哥拉斯主义者作了区分。他亦录得对立统一表，以及评论说这可能是由于在克罗托内的阿尔克芒医学学派将健康定义为元素和谐的缘故。

毕达哥拉斯主义者对于数学的研究也导致了无理数的发现。他们用归谬法和毕达哥拉斯定理，证明了正方形的对角线长与边长之比不可以用整数或者整数的比表示。这对他们的信条是一个致命的打击。亚历山大的帕波斯说首先发现无理数的人是淹死的，而杨布里科斯则说希帕索斯因为这个发现被处罚。普罗科拉斯在给《几何原本》作注时写道：“听说，首先泄露无理数的秘密者们终于悉数覆舟丧命。因为对不可说的和无定型的必须保密。凡揭露了或过问了这种生命的象征的人必定立遭毁灭，并万世都被永恒的波涛吞噬。”

古代毕达哥拉斯五角星绘画方式是两角朝上，代表 Pentemychos 的学说。Pentemychos 指“五深处”或者五个房间，也称为五角大楼，也是毕达哥拉斯的老师和朋友锡罗斯岛费雷西底的作品的标题。

伦理学

在克罗托内的教团聚会所受到攻击之后，毕达哥拉斯教团解散，但同在意大利南部的塔兰托重新集结了。由泰勒收集的毕达哥拉斯主义者的关于伦理的著作，显示了对这一灾难的创意性回应。亚里士多德在批评毕达哥拉斯主义的时候说，他们在强调以牙还牙的同时，着重于公平精确量化而忽略其他因素。

政治

毕达哥拉斯主义者认为政治活动的目的就是美，而符合数学比例关系的和谐是最美的。国家应该提倡教育，培养精英来指导国家，以及通过教育来消除差异，培养社会和谐美需要的公民。个人的权利应该和其贡献成正比，而社会应该由最优秀的受过教育的人统治。在实行奴隶主民主制的罗马共和国，赞成奴隶主贵族精英统治的毕达哥拉斯教团因而被压制。

“生命之轮”与科学的思考

毕达哥拉斯主义者认为跳出轮回是可能的。他们遵循奥甫斯教的传统和净化心灵的做法，但同时他们也建议了更纯化的想法。亚里士多塞诺斯说音乐用来净化心灵，就像药用来清除体内的病毒。但除此之外，毕达哥拉斯主义者也区分三种生活：理论、实践和Apolautic。据说毕达哥拉斯有用奥运会的示例区分这三种不同的生活：毕达哥拉斯认为最低类的人来运动会是来做生意；下一个更高的类别包括前来参与运动会的人；最高的类别只包含来看看的人。因此，毕达哥拉斯表明生活的最高的净化是纯粹的沉思，而哲学家是考虑有关科学和释放“出生周期”的数学的人。依照毕达哥拉斯的说法，纯粹数学家的生活是存在的最高尚的生活。

因此，数学和科学的追求在毕达哥拉斯主义的根源也基于摆脱生与死循环的精神欲望。这是毕达哥拉斯主义关于世界的思考形成的闪光点。

素食

毕达哥拉斯主义者在古代以素食闻名，这是因为他们实行宗教、伦理和苦行僧修炼，特别是由于相信转世会造成灵魂投生到其他动物的尸体的原因。“毕达哥拉斯饮食”是代表不吃肉和鱼的饮食方式，直到19世纪“素食”这个说法兴起。

毕达哥拉斯主义的规则进一步限制其追随者食用甚至接触豆类饮食。这可能是由于他们信仰灵魂，而豆明显表现出潜在的生命的事实。一些以西塞罗为代表的人认为豆可能造成肠胃气胀。也许因为对蚕豆症的预防，也许因为它们像生殖器，但是宗教魔力的原因最有可能，如认为豆子与人类是创建于相同的材料的信仰。关于毕达哥拉斯被谋杀，大多数故事都围绕着他对吃豆子的厌恶——相传毕达哥拉斯的敌人放火烧他的房子，使这个老人不得不向一个豆田的方向逃跑，在他停下来的时候他声明他宁愿死也不进入豆田，随后追杀者割断了他的喉咙。祭司、哲学家和数学家 Themistoclea 被视为毕达哥拉斯的老师。

单子

最简单粒子，也即最近物理学发现的“上帝粒子”，是一个在希腊哲学中被认为是“第一”“原种”“要素”“创建者”“基础”的物质符号。

毕达哥拉斯主义者以他们对轮回的灵魂的理论和其数字构成物质的本质的理论而著称。他们执行净化仪式，亦即延续和发展了他们认为将会使灵魂达到神的高度的各项规则。他们很多关于灵魂的神秘主义似乎离不开奥甫斯教的传统。奥甫斯教包含各种净化仪式和修炼，以及潜入地下的仪式。除了被链接到奥甫斯教之外，毕达哥拉斯也与往往被认为是第一个教授灵魂轮回的希腊人的锡罗斯岛的费雷西底密切相关。古代的评论家认为费雷西底是毕达哥拉斯最“亲密”的老师。费雷西底阐述了他的灵魂的 pentemychos（“五犄角”或“五个隐藏型腔”）的教义——这是最有可能的毕达哥拉斯主义者用五角星作为成员之间的识别标志和内部健康标志的起源。

亚里士多德在《论天体》第二卷第十三章中说，毕达哥拉斯主义者认为天体在运行时也遵循物体运动的规律，如果把体积和速度看作音调的话，那么天体会发出和谐的声音。他们关于天体沿着最美丽的平面图形做匀速圆周运动的思想从托勒密一直影响到哥白尼和开普勒，虽然开普勒最终发现天体的运行轨道是椭圆形的，但是他认为天体运动也可以数字化的观点还是延续自毕达哥拉斯主义。

新毕达哥拉斯主义

新毕达哥拉斯主义是与毕达哥拉斯的追随者相关联的各种学说，于公元前2世纪复兴。新毕达哥拉斯主义者包括1世纪的蒂亚纳的阿波罗尼乌斯和西班牙的摩德拉图斯。中世纪，新柏拉图主义者如努墨尼奥斯和普罗提诺也受到一些新毕达哥拉斯主义者的影响。

新毕达哥拉斯主义者强调灵魂和身体之间的区别。神必须通过祈祷和良好的意愿在精神上敬拜，灵魂必须通过苦行僧式的生活习惯摆脱其物质的环境。身体的乐趣和所有的感性活动必须抛弃，因为他们对纯洁的灵魂不利。上帝是良好的原则，而物质是邪恶的基础。非物质宇宙被视为是思想或精神的领域。

1915年，在古罗马的Via Praenestina路的马焦雷门附近发现了地下教堂，其中包含1世纪新毕达哥拉斯主义者的会议厅。教堂底层有三个中殿和一个圣殿，类似于很久之后在4世纪早期才出现的早期基督教的教堂。仓库由新毕达哥拉斯主义者信仰的象征——白色粉刷装饰，但其确切含义仍是被争议的主题。

共济会宗教及哲学源流考

诺斯替主义是共济会密教的古代来源之一

诺斯替主义（Gnosticism），也称唯灵主义、灵智派，是历来难以讲清楚的一种西方古代哲学。

20 世纪 50 年代，在埃及发现所谓“诺斯替主义经书”（《拿戈・玛第文集》，*The Nag Hammadi Library*）以后，诺斯替主义研究成为西方哲学界的一个热点。学者们不仅把诺斯替主义看作历史上的一场精神运动，认为诺斯替主义的精神原则还体现在现代精神之中。近年来，由于死海古卷中《犹大福音》的发现，诺斯替主义骤然大热起来。西方有学者认为诺斯替主义及摩尼教是共济会哲学和密教的古代来源之一。

根据西方学界的研究，死海古卷中的《犹大福音》应当属于诺斯替教塞特派文献。赛特（Seth）是《旧约・创世记》中亚当的第三个儿子，被诺斯替的一个教派奉为救世主，这个赛特教派也就由此得名。

但是，关于诺斯替教的渊源、特点和主要教义，现代西方学者目前并没形成一致见解。一般认为，它是一种哲学与宗教的混合体系，与拜火教、摩尼教和基督教都有交集，流派颇为混杂。诺斯替教五花八门，西方有学者甚至质疑究竟是否真的存在统一的“诺斯替主义”。

关于死海古卷

诺斯替教（Gnosticism）本来仅局限于学术研究的圈子之内，很少引起普遍的兴趣。但是，近年西方刊布的死海古卷中据说出现了诺斯替的文字（但也有通读过古卷的以色列学者说并未发现），还发现了诺斯替教赛特派（Sethians）文献《犹大福音》（Gospel of Judas），这引起了西方学术界的震动。

近年来，西方称新发现的死海古卷恰科斯抄本（Codex Tchacos）共66页，包括四份文献，第33—58页为第三个文献《犹大福音》。《犹大福音》是在3—4世纪用科普特文（Coptic）译写成的，原本当为（小亚细亚）希腊文，可能写成于140—160年前后。1978年，恰科斯抄本在埃及米尼亚（El Minya）附近的一个山洞中被一个农民所发现。此后，经过种种曲折，于2001年被瑞士的一个共济会基金会以重金购得，并于2004年邀请国家地理学会（National Geographic Society）帮助组织专家进行修复和释读，并同意在修复后归还埃及。

诺斯替哲学源自阿那克萨哥拉

实际上，诺斯替主义在哲学上的最早代表人物是阿那克萨哥拉（Anaxagoras，约前500—前428），他是地中海东部小亚细亚地区的克拉佐美尼人。在他的故乡，阿那克萨哥拉曾经被视为不信神的人而遭到放逐。晚年，他回到小亚细亚，隐居于朗普萨柯。

但是，作为一位小亚细亚东方哲学家，他是希腊半岛的哲学之父。据说，阿那克萨哥拉在公元前464年前后来到雅典，他把小亚细亚源远流长的东方古代智慧传授给了雅典人，于是后来雅典才有了苏格拉底和柏拉图。也就是说，阿那克哥拉是把小亚细亚哲学引向西方希腊半岛的启蒙者。

可以说，阿那克萨哥拉的诺斯替学说是苏格拉底、柏拉图的精神教父，也是对于早期基督教和东方哲学具有深刻影响的柏拉图主义和后柏拉图主义的源泉。

阿那克萨哥拉的主要哲学思想是关于“诺斯”（nuss，旧译为“努斯”）的学说。他认为，一种神秘的“诺斯”是宇宙及生命世界的变化及动力之源。“诺斯”在希腊文中本义为“心灵”，转义为“理性”。“诺斯”的理念后来演变为柏拉图的“意谛”（idea，理念原型论）学说。

现在传世的阿那克萨哥拉著作《论自然》的残篇中，第十二则讨论“诺”斯的问题（小亚细亚哲学著作的残篇可能都来自 13 世纪初西方十字军焚毁和劫掠的君士坦丁堡图书馆）。

阿那克萨哥拉认为，宇宙万物并非由神所创造，而是由某种种子构成的。这种种子是灵性的，非物质并无形，是永恒的、无始无终的、不可变的存在，是宇宙万物的基本实体和形成原因。“诺斯”以一种最细小的状态弥漫分布在整个宇宙中。它不同于其他物质实体，不仅在程度上极细、极轻、极灵活，而且在本质上只有它以其自身的运动有目的地推动其他元素运动，其目的性我们可以在世界秩序中发现。

出于对行星世界井然有秩序的研究，阿那克萨哥拉与赫拉克利特一样强调宇宙存在客观秩序（逻各斯）。宇宙按照既定目的而有秩序地运动，这是对自然最早的目的论的解释。由此论证，价值概念（美和善），在人类生活领域里也被当作解释的原因。苏格拉底和柏拉图的哲学即由此发生。

柏拉图在《斐多篇》中说，苏格拉底欣赏阿那克萨哥拉提出“诺斯”作为事物的动因。亚里士多德在《形而上学》第一卷中说，阿那克萨哥拉以“诺斯”解释事物必然存在的原因。

苏格拉底、柏拉图和亚里士多德都认为“诺斯”是纯粹精神性的实体，是认识主体“理性”所依归的终极。黑格尔也说“诺斯”就是绝对观念，是世界的灵魂和内在本性，是构成世界万物的基础和前提（《哲学史讲演录》第一卷）。

诺斯替主义与基督教混合演变为摩尼教

但是，所谓“诺斯替主义”（Gnosticism）是一个近代才流行的术语。“诺斯替”，语源来源于拉丁文 gnostikos（knower，know），指一个理解“诺斯”或“隐秘知识”的人。受诺斯替主义影响的派别，又称灵智派，起初流行于公元 1 世纪前后的地中海地区，2—3 世纪盛行于地中海东部的小亚细亚。

诺斯替主义主张本体上的二元论（明与暗、善与恶），强调人类得救（或解脱）的条件在于获得“诺斯”（意为灵智），认为物质世界并非神所创，而是一位灵智的“宇宙总设计师”所造。诺斯替主义有一套复杂离奇的宇宙生成论（流溢说）学说。基督教产生后，该教一些派别吸收了基督教的一些观念，形成基督教诺斯替派。

通过西方学者的努力，2000 年出版了五卷本《科普特文诺斯替教文库》，包括所有文书的科普特文本、英文译本和校注。2004 年出版了《诺斯替教圣经》，分类收集了包括塞特派、摩尼教在内数十种广义诺斯替教经典。

据西方研究，早期小亚细亚流传的东方诺斯替主义主要分为两派，即叙利亚／埃及教派和波斯教派（与摩尼教有关）。叙利亚／埃及学派可以看到接受波斯琐罗亚斯德教（袄教）的强烈影响；而波斯教派的教义则混杂着早期基督教和摩尼教的教义。

一些西方学者认为，广义上来说，摩尼教可视为诺斯替教最重要的一个分支。

摩尼教，又称牟尼教、明教，源自古代波斯拜火教（袄教）而吸收基督教教义的东方宗教。摩尼教的创教者摩尼生于 216 年，242 年在巴比伦传教，277 年被罗马当局作为异教徒钉于十字架。摩尼教的目标是要建立一个世界性的宗教，超越一切的宗教传统。摩尼将基督教一些教义与伊朗马兹达（光明神、太阳神）信仰混合而成了新的哲学体系。其教义认为，在世界本源时，存在着两种互相对立的世界，即光明与黑暗。初际，光明与黑暗对峙，互不侵犯；中际时，黑暗侵入光明，二者发生大战，世界因此破灭；后际时，恢复到初际，但黑暗被永远囚禁。

基督教最著名神学家圣奥古斯丁早年也信仰这一教派，做过 9 年的“摩尼教徒”。后来，奥古斯丁写《忏悔录》脱离并反叛了摩尼教。

在我国，福建晋江摩尼教草庵依崖壁凿就圆形佛龛，利用岩石天然迴异色彩浮雕摩尼光佛，高 1.52 米，宽 0.83 米。摩尼相貌庄严，结跏趺坐莲花座上，散发披肩，面圆润呈淡青色，手显粉红色，服饰为灰白色，四周镌佛光四身纹饰，雕工精致，风格独特，世称“摩尼光佛”，为我国目前仅存的完整的摩尼佛石雕像，也是全世界独一无二的摩尼雕像。

基督教中与摩尼教有关的三派

据西方研究，中古时代基督教与诺斯替主义关系密切的主要为以下三派：

1. 阿里乌斯教派

阿里乌斯教派（Arianism）是由一位亚历山大里亚的基督教牧师所阿里乌斯（Arius）（250—336）提出。其争论的焦点就是“圣三一理论”。阿里乌斯认为耶稣并不是一个完全的神，而是“三一”中较低的一位。圣父（the Father）和圣子（the Son）并不会一直在一起，耶稣是被圣父创造出来的一个创造物（creature），而在此之前耶稣并不存在。例如，《圣经·新约》的《约翰福音》（14：28）中，耶稣说：“因为父是比我大的（that the father is “greater than I”）。”这些经文都是阿里乌教派的理论基础。但是，另有学者认为圣父、圣子、圣灵是完全相同的，不仅仅是相似，即神存在于三个人（person）中间（圣父、圣子、圣灵），但是实质是（one substance）一致的。

2. 阿尔比派

阿尔比派（Albigenses），即卡特里派（Catharism），又称为纯洁派（Cathari，清洁。其名称源自希腊文 κατηαροι）。此派起源于诺斯替教义和摩尼教，兴盛于12—13 世纪的西欧，主要分布在法国南部。

卡特里派前身本来是罗马帝国晚期的摩尼教，起源于中东，后来传入巴尔干半岛。该教派于 1145 年盛行于法国南部的阿尔比城（Albi），因此称阿尔比派。

卡特里派在 12—13 世纪的西欧相当活跃。他们怀有双重信仰，跟摩尼教及诺斯替主义有渊源关系，主张灵魂高于肉体的二元论。他们信仰两个神：一个是创造无形的精神世界的神，是属于善神；一个是有形的物质世界的神，是属于恶神。善神造灵魂，恶神造肉身，善与恶是不断斗争着的。

卡特里派盛行于法国南部和意大利北部，以法兰克王国为活动中心，后来扩展到法国北部以及德意志。

1179 年，教皇亚历山大三世宣布卡特里派为异端，教皇英诺森三世曾经屡次想要同化，但是最终未能成功。1209年，英诺森三世发起讨伐阿尔比教派十字军（Albigensian Crusade），对其进行武力镇压。这场讨伐法国南部异端教派的战争，一直到1229年英诺森三世死后13年才结束，此次暴力镇压经历了20年（1209—1229）。自此，卡特里派全被异端裁判所除灭。经过数十年的战争后，卡特里派信徒大为减少，经文手稿大多被焚毁，组织体系大伤元气，教士所剩无几。

此后，卡特里派的活动转入地下，活动范围主要在比利牛斯山脉一带。1310年，卡特里派在该地区的复兴运动领袖皮埃尔和雅克·奥蒂埃兄弟被捕后处以极刑。由于受到宗教裁判所的打击，意大利北部的卡特里派在13世纪60年代方绝迹。

卡特里派认为恶神是《圣经·旧约》时代的神。卡特里派不认为耶稣是神，只视之为最高的受造者。他们认为耶稣来到这世上就是要带他们脱离这物质的世界，解放他们脱离这可悲的循环，启示他们得救的真理。而基督是赐生命的灵，他在这尘世中只是一个形象，基督不是为女人所生，所以没有人的成分，其肉身不具实体，所以既没有死亡也无法升天。甚至连圣灵也只是受造者，只是众灵（包括天使和人的灵魂）之首。卡特里派认为当时的罗马主教是与肮脏世界同流合污，所以不是基督的代表，他们反对教阶制度和神职人员拥有财产，也不认为圣事具有效力。

他们的信徒分为全徒与信徒两种，全徒必须全体都遵守斋戒、节欲、不说谎、不发誓等条规。他们具有大无畏的精神，宁死也不愿放弃他们的信仰。[1]

3. 聂斯脱利派（景教）

聂斯脱利（Nestorius，约380—451），生于叙利亚日耳曼尼西，曾入安提阿（今土耳其安塔基亚）的修道院。428年，被东罗马皇帝狄奥多西任命为君士坦丁大主教。

当时，在罗马帝国境内影响很大的阿里安派主张

[1] 法国哲学家伏尔泰在《风俗论》中提到，阿比尔派最初是由南特的一个富人创立。此人前半生经商发财，后来自称被耶稣感化，放弃了全部财产向人们宣传贫穷的美德，并且要所有人平等待人，脱离教会，按耶稣的方式生活。阿比尔派在法国南部一直盛行，因其主张脱离教会而遭到天主教会的敌视，并最终引来了著名的阿比尔十字军。最后，教会通过屠杀阿比尔教徒的方式将这一派镇压，但仍有少量教徒秘密传教活动至今。天主教教会声称该派崇拜撒旦，认为世界并非上帝创造，而是魔鬼的杰作。一些传说中的恶魔崇拜，便与阿比尔派有关。

"一位论"，认为圣父、圣子、圣灵是分开的，圣子与上帝不是同性同体，圣子为圣父所造且有人性，而圣灵比圣子更低一级。正统派理论主张"三位一体论"，即圣父、圣子、圣灵三位一体，即圣父、圣子同体，皆属神而非人，基督来到人间是"道成人身"。圣子，即基督。

聂斯脱利既不承认"一位论"，也否认"三位一体论"。他提出"二性二位论"，否认基督的神性和人性结合为一个统一本体，认为神性本体附在人性本体上，玛利亚只是基督之母而非上帝之母。

聂斯脱利的主张，被视为将基督看作两个不同的位格。431年，聂斯脱利在以弗所公会上受到处罚。由于他受到东罗马皇帝支持，直到435年才被革职，并被流放非洲。聂斯脱利的追随者称为聂斯脱利派，可能是因为聂斯脱利曾在安提阿隐修，该派又称安提阿派。431年，"二性二位论"被判为异端，追随者们受到迫害，逐渐东逃，继而该派在叙利亚和美索布达米亚等西亚地区流传开来。后来，该派在波斯受到国王宽待和保护，一度壮大。

635 年（唐贞观九年），聂斯脱利派传教士、叙利亚人阿罗本等人经波斯到达中土大唐长安，译经、建寺、传教，此即被讹传为基督教的"大秦景教"。

景教、摩尼教在唐宋以后对中国历史及民间宗教均有着深刻而隐秘的影响，这种影响皆与诺斯替主义有关。

直到今天，聂斯脱利教派在伊朗、伊拉克和印度及中国香港还有少量密宗传承者。

摩尼教在古代中国

据近人考证，摩尼教形成于 3 世纪的波斯，是基督教与伊朗祆教混合而成的宗教。摩尼教在创立的时候借鉴了景教（又名聂斯脱利派，基督教的一个独立教派）和琐罗亚斯德教（又名祆教、拜火教，创立者琐罗亚斯德）等宗教的教义。有的史学家认为摩尼教为拜火教，但拜火教只是一个笼统的称呼，琐罗亚斯德教和摩尼教是两个不同的宗教。摩尼教在唐代传入中国后，逐渐演变成混合儒、佛、道等的中国特色摩尼教。

摩尼教，在中国又称为明教、魔教，有时与波斯拜火教（琐罗亚斯德教）一同被混称为袄教。

中唐以后，各处敕建大云光明寺为明教寺院。宋代，摩尼教大兴于南方。由于方腊信仰摩尼教并起事遭镇压，后遂以明教为“魔教”。

摩尼教草庵位于福建晋江市罗山华表山麓，宋代所建，因以草搭庵而得名，是中国现存最完整的摩尼教遗址。在草庵遗址，曾出土过元代完整的黑釉碗和六十多件残瓷片。其中，黑釉碗刻有“明教会”三字，其他残瓷片同样分别刻有“明”“教”“会”三个字样，这是当时泉州明教会活动情况的重要发现。宋末元初时烧制的这种黑釉碗在晋江磁灶为数较多，泉州市区近郊也有同类型的发现，说明关于罗山草庵摩尼教遗址的文字记载与黑釉“明教会”的瓷碗相印证，泉州的摩尼教活动在元代是比较公开的。

唐高宗、武则天时期，摩尼教逐渐在安西都护府传播。武后延载元年（694），波斯人拂多诞（Mihr-Ohrmazd）将摩尼教传入中国。摩尼教在中国又称作明教，信徒称呼他们的光明神为“明尊”。但摩尼教在初入中土时其实并不顺利，多假托佛教之名传道。

唐玄宗开元年间，吐火罗国王曾献一“慕阇”于中国，获唐室接待。不过，在安史之乱前，该教并未在中国设寺院，史书中反而载有对该教之禁令。据《通史》记载，唐玄宗曾以摩尼教“本是邪见，妄称佛教诳惑黎元”为由，禁止唐人参与。

摩尼教传入唐朝的同时，亦于之后不久传入回纥，被定为国教。安史之乱后，回纥助唐平乱有功，摩尼教徒凭借回纥的支持，得以在大唐公开传教。唐肃宗宝应元年（762），回纥可汗来洛阳时将摩尼教从洛阳带入了回纥地区。9 世纪左右，回纥奉摩尼教为国教。

据《佛祖统记》记载，唐代宗大历三年（768），敕准回纥摩尼教徒在长安建摩尼寺——大云光明寺。其后，又应回纥之请，于荆州、扬州、越州等州建寺。唐宪宗元和二年（807），再于河南、太原建摩尼寺二座，并派专员保护。自此以后，摩尼教寺遂满布中国境内。摩尼教教士随回教使者来华，得到大唐皇帝礼遇，由此摩尼教在中国迅速传播。

另据《旧唐书》记载，唐宪宗元和八年（813）宴归国的回纥摩尼人，受令至中书见宰相。由此可见，摩尼教徒经常由回纥至唐，并得唐皇室礼待。又据《旧唐书》记载，后唐长兴元年（930），回纥宰相下令摩尼教 573 人入朝一同迎接公主，可见其凭借回纥与唐朝的关系，将势力已延伸到政治层面。除此之外，部分摩尼教徒也从事商业。《旧唐书 · 回纥传》："摩尼至高师，岁往来西市，商贾颇与囊橐为奸。"

唐武宗会昌元年（841），回纥被黠戛斯击败，国势衰落，唐廷遂对回纥和摩尼教的态度改变。据《会昌一品集》记载，唐武宗会昌三年（843），回纥国势衰落，从中国撤兵，要求唐室"安存摩尼"，但唐突改前态，下令禁江淮诸镇的摩尼寺。

会昌灭法时，摩尼教亦难逃其劫。《入唐求法巡礼行记》："会昌三年四月中旬，敕天下杀摩尼师，剃发令著袈裟，作沙门形而杀之。"事实上，朝廷于会昌元年（841）已下令没收摩尼教资产与书像等物，由于一些摩尼教徒没有反抗，致令长安女摩尼死者达 72 人。摩尼教先于祆教、景教被禁，而史书记载亦较详细，可见该教在唐中期声势颇大。

当时，摩尼教流行的地区以西北、华北地区为主。在闽浙沿海地区，因与波斯等国有海路交往，摩尼教也有相当的势力。经会昌一劫，摩尼教不能在社会公开传教，转而在民间秘密流传，并渐与其他宗教结合，历五代两宋仍不衰。

受古印度怛特罗密教（性力派）传统的影响，中土佛教部分中晚期宗派追求极乐悟道，特别是密宗（怛特罗，金刚乘）主张纵欲与道德相分离。密宗在唐宋时传入中土，并对元朝产生了很大的政治影响。此派纵欲主义被摩尼教批为邪教歪道，宋朝以后更激发理学及礼教的勃兴以求恢复儒学及文人的政治地位。

在西北，11 世纪 50 年代的大可汗王朝（喀喇汗王朝）皈依伊斯兰教之后，高昌回纥的摩尼教也逐渐消亡。13 世纪后，摩尼教不再流行于天山南北的西域地区。

此后，摩尼教——明教变为秘密会党，而与社会下层的反抗斗争结合起来，成为农民起义的号召旗帜之一。例如，五代后梁贞明六年（920）毋乙、董乙以"末尼”为旗帜在陈州（今河南淮阳）造反，北宋徽宗宣和元年（1119）的方腊之乱和建炎四年（1130）钟相起义，元惠宗至正十年（1351）“明王出世”的韩山童、刘福通起义，都受摩尼教的影响。

宋陆游《条对状》记载，时“妖幻之人”，名目繁多，“淮南谓之二襘子，两浙谓之牟尼教，江东谓之四果，江西谓之金刚禅，福建谓之明教、揭谛斋之类。名号不一，明教尤盛。至有秀才、吏人、军兵亦相传习。其神号曰明使，又有肉佛、骨佛、血佛等号。白衣乌帽，所在成社。伪经妖像，至于刻版流布”。

元代明教与佛教密宗的弥勒佛（救世主弥赛亚）信仰结合，演变为白莲教，传言明王降世，发动起义推翻元朝。朱元璋早年加入明教的红巾军，后创立明朝。但明朝建立后，朱元璋遂灭明教，明教转入地下及海外，后来演变为洪门。吴晗认为明朝国号来源是承自明教，而以朱元璋为救世之明王现身。

在中国的佛教里，某些密宗如弥勒教、白莲教等都接受了“崇拜光明”“正邪对抗，正终胜邪”等思想，亦与摩尼教有一定的关系。

西方学界目前对诺斯替教与摩尼教的研究

20 世纪初，欧洲考古学家在敦煌和吐鲁番发现了数量可观的摩尼教文献。除了敦煌发现的三份文献是用汉文写成的之外，吐鲁番发现的大量断简残篇都是用当时学术界所知甚少的文字（中古波斯文、帕提亚文、粟特文、吐火罗文、回纥文、巴克特里亚文）写成的。

由于吐鲁番的考古发掘主要是由德国学者所进行的，文献也绝大部分运往了德国，德国学者在这个领域中独占鳌头。由于大量残篇都是用伊朗语的各种方言所写的，使用了许多琐罗亚斯德教术语，德国学者一般比较侧重琐罗亚斯德教对摩尼教的影响。

英国的闪语（Semitic）语言学家伯基特（F. C. Burkitt）在 1925 年出版的著作中则比较强调摩尼教所受的基督教影响，其根据埃弗来姆（Ephraim Syrus，卒于 373 年）的著作，指出摩尼教与基督教诺斯替派玛桑（Marcion，约卒于 160 年）和巴戴桑（Bardaisan，约 154—222）思想的类似之处。他的观点得到了德国学者谢德（H.H.Schaeder）的支持。谢德在1927年出版的著作中广泛利用新柏拉图主义者里科普里斯的亚历山大（Alexander of Lycopolis，4世纪早期）的反摩尼教作品，认为摩尼教可谓最广义的古希腊文化的产物，这个希腊文化既包括希腊、罗马哲学家的思想，也包括犹太教和基督教思想。1929年，在埃及麦地纳—马地（Medinet Madi）发现的七个科普特文摩尼教写本，这是继敦煌、吐鲁番的发现之后的又一重大发现。这批文献较多地反映了诺斯替教，特别是瓦伦提努（Valentinus，卒于160年）思想的影响。

第二次世界大战之后，萨弗—索德伯格（T.Save-Sderbergh）出版专著，比较研究了摩尼教科普特文赞美诗和曼达派（Mandaeans）赞美诗。曼达派是今天仍存在于伊拉克南部和伊朗边境地区的诺斯替教洗礼派。瑞典学者怀登伦（G.Widengren）相信摩尼教起源于古曼达派，比较侧重摩尼教中的伊朗因素。由于他的《摩尼与摩尼教》一书是麦地纳—马地文书发现后唯一被译为英语的德语专著，所以他的观点相当流行。

伊莱恩·柏高丝在其著作《诺斯替福音》（1979年）以及《信仰以外》（2003年）中指出，《多马福音》及《拿戈玛第经集》的经文和佛经极相似。柏高丝认为，若把多马福音里的耶稣的名字换成佛陀，经文的许多教诲都和佛经所说的一样。菲利普·珍琼士及爱德华·公兹亦持相似意见，认为印度人和诺斯替教派也有接触。

1970年，德国学者亨利茨（A.Henrichs）和科农（L.Koenon）释读和刊布了小亚细亚希腊文《科隆摩尼抄本》，开辟了摩尼教研究的新领域。这本由摩尼弟子们写的摩尼传记比较清楚地证实了摩尼是在一个犹太—基督教（Jewish-Christian）教派中抚养长大的，从小受到这方面的思想影响。于是，有的学者着手特别研究摩尼教中的犹太因素。

在埃及达赫莱（Dakhleh）绿洲（古称喀里斯，Kellis），1991年发现了摩尼教遗物，1996年出版了《喀里斯文献》第一卷。目前，达赫莱绿洲还在继续进行考古发掘，可能会有更多的摩尼教文书出土。2013年，西方学界刊布了一份在埃及发现的重要的诺斯替教文献《犹大福音》。

黑格尔揭露西方的伪哲学史

格奥尔格·威廉·弗里德里希·黑格尔（Georg Wilhelm Friedrich Hegel，1770—1831），德国哲学家，亚里士多德以后最伟大的哲学家，西方哲学的集大成者，百科全书式的人物。黑格尔的影响固然在现代已经衰退了，但在19世纪以前，其影响绝不仅限于德国，其思想体系还是马克思主义辩证法的主要源流（只是备受误解和曲解）。19世纪末，在德国、美国和英国，一流的学院哲学家大多也都是所谓的新黑格尔派（但也并没有人真正理解黑格尔哲学的本义）。

黑格尔的四卷本《哲学史讲演录》，我认为是古往今来最伟大的唯一一部哲学史著作，空前绝后。其中，《哲学史讲演录》第三卷《阿拉伯哲学与文艺复兴》（贺麟等译本）的论述颇值得注意。这部分内容，有趣地揭露了西方日耳曼民族本来是没有文化的落后民族，中世纪晚期才通过十字军从阿拉伯人和君士坦丁堡学术中知道了柏拉图和亚里士多德的存在。但是，黑格尔的这些论述在此之前从来未被中国学术界注意和重视。

下面摘录《哲学史讲演录》第三卷中黑格尔的相关论述：

1. 阿拉伯哲学是西方（欧洲人）哲学的来源

事情的经过是这样的：希腊作品的叙利亚文译本原来已经有了，这些译本又被翻译成阿拉伯文，或者从希腊原本翻译成阿拉伯文。哈伦·阿尔拉希德在位时期任命一些住在巴格达的叙利亚人，这些作品就是由于哈里发的要求而由他们翻译成阿拉伯文的。这些人乃是阿拉伯人中间最初的科学教师，特别是医师；他们翻译了一些医学著作。

大马士革人约翰尼·麦苏爱活着的时期是阿尔拉希德（生于786年）、阿尔马孟（生于833年）和阿尔摩塔瓦克尔（生于847年）在位时期；土耳其人于862年获得了权力。麦苏爱是巴格达的医院监督。阿尔拉希德任命他把希腊作品从叙利亚文翻译为阿拉伯文；麦苏爱开办了一个公立的医学和其他古代科学的学校。贺奈因像他的老师约翰尼一样，同时又是一个基督徒，属于阿拉伯的爱巴地族；他自己学习了希腊文，并且把很多作品翻译成阿拉伯文和叙利亚文，如尼可劳的《亚里士多德哲学大全》，托勒密、希波格拉底、伽伦等人的作品。另外一个人是伊本·阿达，一个伟大的辩证派学者，曾被阿布尔法来引用过的。在希腊作品中，这些叙利亚人所翻译的几乎都是亚里士多德的作品，以及后来对亚里士多德作品的评注，并不是阿拉伯人自己翻译这些作品。既然他们有了希腊人的作品，他们就接纳了那些科学。

在表现出一种自由的、光辉的、深刻的想象力的阿拉伯哲学中，哲学一般地采取了它以前所曾采取的方向。

阿拉伯人还很用心地研究了亚里士多德的著作。一般说来，他们特别利用了他的形而上学的和逻辑学的著作，以及他的“物理学”。他们的主要工作，是大量地评注它们，并对抽象的逻辑的因素进一步加以发展。还有很多这样的评注至今尚存。这种作品在西方也为人所知悉，并且被翻译成拉丁文刊印出来，但是人们由此所得并不多，阿拉伯人所发展的是理智的形而上学和一种形式逻辑。一部分著名的阿拉伯学者是生活在第8世纪和第9世纪的，可见他们的进步很快，因为西方当时在文化上还是很不进步的。

例如，阿维森那（984—1064），里海东岸的布哈拉人，乃是亚里士多德的评注家。

阿拉伯人之获知亚里士多德的哲学，这件事具有这样的历史意义——最初乃是通过这条道路，西方才知悉了亚里士多德。对亚里士多德作品的评注和亚里士多德的章句的汇编，于西方各国来说成了哲学的源泉。

西方人曾在一个很长的时期里面，除了这些亚里士多德著作的重译本和阿拉伯人的评注的翻译之外，半点也不认识亚里士多德。由西班牙的阿拉伯人，特别是由西班牙南部、葡萄牙和非洲的犹太人，这些译本现在从阿拉伯文被翻译成拉丁文，因此中间常常还经过一次希伯来文的译释。

2. 经院哲学是使用粗野的拉丁文

由于语言的关系，对经院哲学的研究已经是很难的事。经院哲学家所用的名词完全是粗野的拉丁文。不过，这不是经院哲学家的过失，而是拉丁文构造本身的缺点。这缺点是包含在语言中的，这种拉丁语是不适合于那样的哲学范畴的工具，因为这个新的精神文化的具体内容不是通过这种拉丁语所能表达的。如果我们勉强这样做，我们就是对于这种语言施加暴力。西塞罗的美丽的拉丁文是容纳不下这样深刻的思辨的。我们不要希望任何人对于这种中世纪的哲学具有第一手的知识，因为它是无所不包的，同时又是枯燥无味的，文字笨拙，卷帙浩繁。

经院哲学的名称是这样起源的。自查理大帝时代起，只有在两个地方，隶属于大教堂或大修道院的经院，有一个监管经学教员的监督（教士、僧正）叫作“学者”（scholasticus）（在第 4 世纪和第 5 世纪时，教师也叫作学者），他同样做关于最重要的科学——神学的演讲。在修道院中，最有能力的人便给僧侣讲课。这不是我们所要讲的，不过那个名称被保留下来，虽说经院哲学完全是另一回事，只有能够科学地成体系地讲授神学的人才是经院哲学家。

3. 阿拉伯人让西方知道了亚里士多德

有一种外在的历史情况，当 12 世纪末和 13 世纪时，西方的神学家一般都接触到了亚里士多德的著作，及其希腊文和阿拉伯文注释的拉丁文译本——这些译本得到这些神学家多方面的利用，进一步的注释和论证。

在此以前，对于亚里士多德的认识是贫乏的，仅限于通过波埃修、奥古斯丁、卡西奥多尔所介绍的逻辑。在斯各脱·爱里更对于亚里士多德的接触里，我们已经看到他具有希腊文的知识，不过这是很个别的情形。此后，人们对亚里士多德的著作才有更多的接触。

在西班牙，在阿拉伯人当中，科学开出很灿烂的花朵，特别是安达鲁西亚的哥尔多瓦大学是学术的中心。许多西方人都曾到那里去，如早年以格尔柏特之名著称的教皇西尔维斯特二世，就曾作为僧侣逃往西班牙跟阿拉伯人学习，特别是医学和化学（炼金术）得到勤奋的研究。基督徒的医生在那里学习，都以犹太人和阿拉伯人为师。神学家们接触到的，主要的是亚里士多德的《形而上学》和《物理学》(自然哲学)，从这些著作中他们做出许多摘录。

霍亨士陶芬氏皇帝腓特力二世派人从君士坦丁堡取来亚里士多德的著作，并命人把它们翻译成拉丁文。起初亚里士多德的著作刚出现时，教会曾给予许多阻难。阅读亚里士多德的《形而上学》和《物理学》，从这些书中做出摘录，以及关于亚里士多德哲学的讲授，均为1209年在巴黎举行的教会会议所禁止。

这时，主教罗柏特·柯尔采欧来到巴黎，他曾视察了巴黎大学，于是颁布命令："关于亚里士多德的逻辑著作的正规讲授应照常进行，但禁止阅读并讲授亚里士多德的《形而上学》和《物理学》以及关于这些著作的摘录。"

4. 十字军东征的掠夺和君士坦丁堡的崩溃使得西方人知道了希腊

西方对于希腊作家原著的认识，是与外在的政治情况紧密联系着的。

西方人曾经通过十字军东征，意大利人又通过商业与希腊人经常接触，在一部"法典"（corpus juris）尚未被偶然发现之前，西方也是从东方得到罗马法的——（但是西方和东方之间）并无外交关系。现在，在拜占庭帝国不幸颠覆的时候，逃到了意大利的那些极其高贵卓越的希腊人，又使西方和希腊人的东方发生了接触。

这之前，当希腊人的帝国（指东方罗马）受到了土耳其人的压迫的时候，已经有过使节派遣到西方来，他们是来请求援助的；这些人都是学者，他们大部分总是在西方住下来，由于他们，这种对古代的爱好就在西方种植下来了。

彼得拉克就是这样从巴尔拉安学习了希腊文的；后者是卡拉布里亚地方的一个僧侣，这地方住着许多像他一样的人，都属于圣巴锡耳教派，这个教派在意大利南部有许多寺院，它们用的是希腊的礼拜仪式。这个僧侣在君士坦丁堡认识了一些希腊学者，特别是克吕索罗拉，后者选择了意大利作为永久的居留地。

5. 文艺复兴的源泉来自君士坦丁堡

这些希腊人使西方认识了古代人的作品、柏拉图的作品。当人们说（中世纪的）僧侣为我们保存了古代人的作品的时候，人们实在是给了他们过分的荣誉；这些作品其实是来自君士坦丁堡——至于那些拉丁文的作品，当然是在西方保存下来的。现在人们才在这里初次接触到亚里士多德的真正的作品，因而那些古代哲学也复活了，虽然不免混杂着大量异想天开的成分。

人们现在开始特别注意研究柏拉图，他的主要的作品从希腊（指东方罗马，君士坦丁堡）来到了西方。希腊人，从君士坦丁堡来的逃亡者，开课讲授柏拉图的哲学。

曾任君士坦丁堡大长老的红衣主教特拉培宗特人贝萨里翁使柏拉图在西方被人认识了。——例如，费其诺就是很卓越的，他于1433年生于佛罗伦萨，死于1499年，是一个很有才干的柏拉图的翻译者；特别是借他之力，普罗克洛和柏罗丁的新柏拉图哲学才复活过来。费其诺还写了一部《柏拉图神学》。

的确，佛罗伦萨的美第奇家族中的一员——科斯诺二世，甚至建立了一个柏拉图学园，这事发生在15世纪。在这些美第奇家族成员中，特别是较早的科斯谟、罗棱索、雷奥十世、克雷门七世等，都曾经是艺术和科学的保护者，在自己的宫廷里面收容研究古典希腊作品的学者们。

哲学新论

历史哲学与历史辩证法

关于历史真实性

真实的历史本身，是充满矛盾与纷争的，历史事件无一不在时间中消逝。书面历史总是由胜利者书写。书面历史，涉及著作者及所属利益集团的控制，对于任何历史事件都可以从非常、不同的角度和立场做出解释。利益与需要决定历史思考与解释。所以，所谓“真实的”“客观的”书面历史，只是某种相对性而已。绝对真实、客观的书面历史，并不存在。

关于历史哲学

历史哲学之目的，是对于历史现象做出系统化的解释。没有基于总的哲学（因果性关系）理念的系统理解，是不可能做到的。

历史哲学之根本问题有二：

（1）人类的选择自由与选择失败（必然性）；

（2）历史解释成为系统化体系，依据什么原理、理论、哲学。

关于历史辩证法

辩证法的实质是归谬法和反证论法。历史自身发展，也是一种归谬和反证的论法。在历史中，貌似肯定的建立一个形态、一个概念、一个命题，如一个帝国、一个王朝、一个制度，但是历史演进的结果最终总是转向这个形态、这个概念、这个命题的反面，即否定（矛盾）和非存在，表现为帝国、王朝和制度的最终颠覆、解体，以至归化于虚无。历史中，无恒久可言。对于历史，千年如一瞬。因此，这个发展进程就仿佛是一种反证和归谬，这就是黑格尔所谓“历史之辩证法”。

历史的进步总是表现为矛盾、分裂，对立化和对抗局面的发生。但这种对抗并不是终极状态，矛盾的消解和平衡终归会出现。新的平衡局面出现，往往就意味着历史向前和进步，即正题、反题（矛盾、分裂、对立化、对抗）、合题（平衡与综合）。

只是由于人类与人性的愚蠢，历史中的任何微小进步往往需要付出极大的代价，包括无数鲜血与生命的代价。所以言，历史无情。老子说：“天地不仁，以万物为刍狗。圣人不仁，以万物为刍狗。”

百年以来，国人对本国历史误解殊多

百年以来，中国历史哲学经历了深刻的变革，在微观问题上成就巨大，应用了近代经济学、社会学和人文学的方法，成果累累。但由于理论认知浅薄，在宏观问题上，谬说甚多。例如，关于中国历史的诸多总体性解说，大体以胡说八道居多，如长期封建论、奴隶制度论，以及停滞不前论、封闭文化论等。这些误解摧毁国民之自信心，以为中国历史一直落后于西方历史，导致对中国古代历史文明的种种困惑。

真实的历史规律不是主观臆造和解释的产物，而是从历史现象的观察与分析中自内向外导出即被发现的。所谓中国历史的“超稳态”（千年不变的）叙事，纯属建立于历史无知性之上的主观臆想。

中国知识界对于世界历史仍处于基本无知的水平

对于世界历史，中国人特别是知识界基本无知。我说的知识界，包括那种专业的世界历史研究者，而他们的诸多史著不过是基于对西人著作翻译及效颦的低俗解读而已。

现在的主流历史体系，则也是模仿剑桥体系而构筑的另一套伪世界史体系。

例如，目前大学中讲授的关于早期希腊、罗马的历史，关于欧洲中世纪以及文艺复兴以后的历史，基本都是伪史。

西人编撰的主流世界史基本是伪史

例如，西人所乐于神吹且许多洗脑国人也乐于顶礼膜拜的所谓希腊、罗马帝国，国人想象之希腊历史悉为妄说。要害是希腊本非国族之名，而是一泛地域之名，其中心不在爱琴海西之雅典，而在地中海东岸之小亚细亚。所谓“古希腊文化”，实即小亚细亚地区的古代文明。荷马、泰勒斯等众多所谓“希腊哲人”都不是雅典人，而是小亚细亚人。此论石破天惊，但是有事实为铁证支撑，所以颠扑不破。

然而殊不知，不仅希腊，国人想象之罗马史也多为误解与谬说。

国人（包括专业历史学者）很少有人知道，历史上存在至少两个罗马帝国（实际历史中的罗马帝国还远远不止两个）：一个在欧洲（意大利罗马），一个在亚洲（小亚细亚，今属土耳其），而后者（亚洲的罗马）比前者的存在更为悠久，影响更加深远。（近年来，国内盛传中国西部古代似有来自西方罗马的武士移民。人们以为这些武士是来自欧洲的意大利罗马，却很少有人想到那个地中海东岸的亚洲罗马。实际上，东方罗马帝国位于丝绸之路的枢纽，与中国的历史联系一向非常紧密。所以，东方罗马人来到中国并非什么奇闻。）

西方主流历史书大谈欧洲罗马，却基本无视乃至完全讳言灭亡那个意大利罗马的人正是来自东方的蛮族首领匈奴大王阿提拉。

西方主流史书大谈特谈意大利的文艺复兴，却完全忽略乃至绝口不谈文艺复兴的文化资源完全来自东方——1204 年 4 月，来自威尼斯、法兰西和日耳曼的第四次十字军骑士们，对东方罗马帝国首都君士坦丁堡的一场疯狂血腥屠杀，随后对这里的东方文化、艺术品和图书大劫掠，以及东方财富向意大利半岛大搬运。——这才是此后所谓“重新认知希腊罗马”，以及席卷数个世纪的意大利文艺复兴运动的真正起源。

早期哲学笔记

一

在科学上，每一个进展都只是完成两项任务：

（1）综合前人在某一学科上的总成果；

（2）在这一综合的基础上提出前人未探讨过的新命题，并阐明它。

概念的形成方式可以划分为两种类型：一种是模拟式的，一种是创造式的。模拟式是处于低级阶段的思维类型。例如，原始人把“水”这个概念的某些属性——液性、流性、无色透明性等推而广之，把一切与此相类的液体通称为某种“水”（类比）。创造式的思维提出了前所未有的新概念。

二

科学的一般发展历程。

科学认识的一般进程都有如下三个阶段：

（1）定性观察与描述（质）；

（2）定量描述与分析（量）；

（3）综合定性与定量分析，认识各种数量关系（尺度），并由此把握本质。

这一进程，恰恰是黑格尔在《逻辑学》中指出的对事物直观形态的认识历程。由日常语言过渡到数学语言和科学语言，现代数学本身就是一堆被表示为字母的形式逻辑公式。

19 世纪末的西方数学家一度认为数学只能改进，而不再会发现新领域，正如西方世界一度认为地中海是世界中心，大地上不再有新大陆一样。

知识的极限——海森堡、爱因斯坦发现了数学物理的极限，哥德尔发现了数学逻辑的极限。但 20 世纪数学领域获得了极大的拓展，并且只有少数人发现了新领域中出现了全新的几何、代数、逻辑观念。新领域是从 19 世纪初的群论开始，它显示了代数群中的个别元素之间的关系，并给予了处理无限大的群系一个框架。

三

关于宗教的不完备性。

宗教并非对宇宙终极真理的解答，而仅仅体现神灵对人类的启示。宗教是宇宙隐秘的神秘主体通过人类中的一些先知而创立。先知得到启示但自身并非神灵，所以一切宗教教义都是不完满而且充满自相矛盾的。但是这并不意味着宗教没有意义，宗教是神秘的，而且具有神秘的力量，甚至具有永恒力量。你信仰或不信仰，对神本身以及宗教本身不会增多也不会减少。

宗教是人与“神”直接沟通的唯一方式，仁善、善行也可以实现这种沟通。宗教有正教与邪教之分，邪教为某种目的企图控制人类及其行为。

四

哲学思辨是假说的世界。

科学描述和整理现实。哲学是关于世界的假说与猜想的理念系统，形而上学就是来自这种假说性。哲学是关于世界的假说的体系。

哲学为什么是贵族的学问？（亚里士多德）

（1）哲学研究和思辨需要大量闲暇；

（2）需要极其广博的知识背景（人类学和自然科学），大量的资料（财力及人力）；

（3）需要阅历及人生体验。

"哲学"要成为"新哲学"，必须有四：

（1）确实是前人没提出过的，而不是重复某一旧哲学中的类似原始命题（这首先要知道前人提出了什么）；

（2）必须覆盖现有哲学体系的结论，包括对立的哲学，解答它们未解答的问题；

（3）必须覆盖现有科学体系，新哲学对科学面临的哲学问题有意义；

（4）必须覆盖现有的人类经验。

法国经院哲学家罗瑟林（Roscelinus，约 1050—1112）从认识论上比较系统地阐述了贝伦迦尔的关于共相与个别的关系，成为唯名论的创始人。他认为，一般或共相只是人们思想中的抽象"名称"或语言中的"声息"，而人的"类"则是代表一般的名称。他的这些观点称为"极端唯名论"。

安瑟尔谟（Anselmus，约 1033—1109）用辩证方法指控罗瑟林否定三位一体的神，以观念的实在性论证神的存在，并且针对罗瑟林的"极端唯名论"提出"极端实在论"的观点。他认为，一般的东西是独立于个别之外的客观实在；一般高于个别，越是一般的东西越有实在性；上帝是一般的，因此最实在。

五

信息，难定义。其意义是，语义，符号之含义。对存在释作现象及象征，其内涵之属性，即信息。"信息"一词见于《全唐诗》收录的李中的诗《暮春怀故人》："梦断美人沉信息，目穿长路倚楼台。"

六

理性过程，即秩序、理序，逻各斯。理性是由无序（混沌）向有序、由低态有序向高态有序；反之，即反理性过程。混沌，即非理性。演化（进化）是理性过程。

混沌，即大熵，熵值的无限大。理性、进化，即熵值的减小。演化 = 进化与混沌化。

在热力学第二定律下，理性如何可能？进化如何可能？

自然是理性，就是麦克斯韦妖。

德谟克利特与柏拉图及莱布尼兹的区别：

德谟克利特认为，物质由极小的不可见的微粒元素组合而成。这种微粒元素是同一的、单一的、不可再分的实物粒子，即原子。“一尺之捶，日取其半，万世不竭。”（《庄子・天下篇》）竭者，即原子也。

柏氏认为，idea 是不可见的，非实物的实相，但作为 idea 之相是无限多个。例如，马有一相，人有一相，果蝇是一相。诸相可以通约，可以转化。

莱布尼兹之单子，即单质子，有实物微粒之负载，无限多。负载体之内有“相”，如 idea 亦无限多。负载体不能相互转化。

道尔顿之原子，则接近于莱氏之单子，最后简化约 40 种。目前所知约 100 种，即元素周期表上之元素原子。

七

“庄生梦蝶”，中国古代著名的怀疑论例证。但是，笛卡尔的著名命题——“我思故我在”，已含此解答——“我疑，故我在”，即是我在怀疑，所以作为怀疑者，我必存在。换句话说，我作为怀疑蝶梦与梦蝶的第三者，我的存在是真实的。

八

关于进化论的旧观点——进化的基础是个体发生随机的可遗传的后天变异，通过自然选择，有利变异保持，不利变异淘汰。

达尔文认为变异是一种短暂现象，因为一个有机群基因的极大变异，不顾自然界选择的趋向，积极保持着自身的极大多样性。

关于进化论的新观点——群体的绝大多数变异不是从每一世代新的突变中发生的，而是通过基因重组，从改变先前积累的突变中形成的。

新达尔文主义把基因论引到了这种理论中。

九

黑格尔虽然惊人地熟悉当时广为人知的地质学记载，但还是认为把自然及其概念阶段时间化为按时间顺序进化的排列图像是错误的。

他把人类的精神史时间化，却不以同样的方法认识自然。他深信空间和时间必然结合在一起，时间具有点状性，已经展开的多样性汇集为无差别的现在，引出空间的不间断连续性。因此，他的时空观是四维、多维到无限维的拓扑（topology）空间。

十

康德在其前批判时期曾写过《论负数观念引入数学》，详细地说明逻辑的对立与实在的对立之不同。数学方法，由公理出发，演绎出新知。——为笛卡尔、斯宾诺莎所提倡，但最早受到康德之批评。

康德认为，数学不是分析的，而是综合的，它的内容是理性自由构造（创作）的。例如，关于圆的定义，并非在现实界中先有一个圆，然后我们从它抽象出定义。相反，是我们的理性把一些图形概念予以联系，构造一个特别定义，于是创造了圆的标准图形（所谓抽象过程，即构造、创生过程）。经过这一构造活动以后，我们观察实际对象，倘若发现一个与圆的性质非常近似，但不完全合于我们所给的圆的定义的东西，也不会因此修改定义，反而说这一个东西不是圆（标准圆）。几何学中的点、线等类似。

物理学的方法，是由外部的经验直观出发，通过分析找出自然定律，由研究实体、本体之形而上学转入认识论。

《判断力批判》又译为《鉴赏力批判》，似更贴切。

十一

一切理论都是对于现实的某种概念模式。逻辑就是这样一种模式，在它上面可以放上关于现实的一切思考、一切事物、一切方向。

关于否定之否定规律的再探讨，有几点特征：

（1）重复旧东西；

（2）进化——无机物的变化不总是进化的；

（3）所谓“三段式”。

是变化的一般规律，还是发展即进化的一般规律？旧“三段式”对于前者无意义，对于后者也无意义。例如，原核→真核→多细胞→人类。

生物物种的进化，难道合乎“三段式”吗？

一种观点认为，否定之否定是事物发展的普遍规律。连续两次向对立面转化，经历三个过程，形成一个发展周期。

另一种观点认为，有些事物的发展，特别是无机界的发展，并不都是从低级东西中产生出高级的东西。从规律所揭示的事物发展的另一个特征——高级重复着过去阶段的某些特征、特性看，也没有普遍性。例如，人类社会所重复的是自然界的哪个特征呢？对于周期的始点和终点的确定，也缺乏客观标准。

十二

《反杜林论》一段要言：“古希腊的哲学家都是天生的、自发的辩证论者，他们中最博学的人物亚里士多德就已经研究了辩证思维的最主要的形式。”（第17页）

由此可以看出两点：

（1）古希腊都是辩证法学者——还没有所谓“辩证法”与“形而上学”的斗争。

（2）亚氏所研究的形式逻辑，即辩证思维的形式——辩证法形式（使用概念之混乱）。

“普通逻辑虽只是判断的规范，很容易叫人把它用为借以获得新的真理，或者应该说获得似是而非的真理的一种工具。

“当它这样被错用为好像是工具时，逻辑便称为辩证法。”（《纯粹理性批判》德文第一版，第61页。转引自［加拿大］约翰·华特生：《康德哲学原著选读》，商务印书馆，1963年版，第41页）

宇宙的二重化存在方式乃是两派哲学对立的根源：

（1）现象——实体——唯物论；

（2）本质——逻辑——唯心论。

十三

数学是科学的接生婆。没有数学，我们的认知还会处在黑暗时代。可是就大多数人来说，数学只停留在中世纪，这就缺少了 200 年左右的革命。

高等数学不再是复杂的计算，就计算而论，数学家赶不上会计员。

2+3=3+2，似乎是一个普遍的公式，但实际上是有局限性的。例如，正转三次 + 反转两次 ≠ 正转两次 + 反转三次。1+1（→1）=0，在拔河时是适用的（矢量）。现代数学家对于一般规律的兴趣，远远超过对于计算的兴趣。数学语言是精密的，而日常语言则是不可靠的。

19 世纪 60 年代，麦克斯韦想要理解电和磁位间的明显联系的实质。他研究了电和磁的四个方程，发现这些方程在数学逻辑上是矛盾的，其中必有一个是错的。他改正了这些方程，在一方程中增加了一个项，并把电和磁结合成为电磁。

当时，人们已经认识到一个变化着的磁场将产生一个电场（因果），麦克斯韦使之获得了新意义：这变化的电场也将产生一个磁场（因果）——电磁波。接着，他算出了它的速度——光速。于是，他推理光也是一种电磁波。若干年后，人们才确实发现了这种波。

现代科学是在有了微积分以后才开始的。数学上成败的标准，是有无能力做出准确的、可靠的预测。在现有的哲学书中，唯心论一概被解释成为某种阶级或政派的私利而服务的学说。但从科学史上却可看出，唯心论对科学知识的发展是有伟大贡献的。

那么，赞同宇宙有开端的人忘记了，我们能够有把握地断言的仅仅是存在物质的高密度状态，它与我们已知的单个性质的分布完全不同，可以怀疑。在这样的状态下能否使用空间和时间的概念，因为这些概念与稀疏的星系的性质紧密联系……世界是否由虚无中被创造的问题，不是一个科学的问题，而是一个在经验可能性之外的信仰问题，这个问题古代的哲学家和思想家们都提出过……应该说，我们今天所知道的宇宙的无开端，可能是其他物质发展形式的一个终结。

据说，空间并不依赖于物体的位置。对此，我回答，它当然不依赖于这个或那个物体的位置。但它乃是这样一种次序，这种次序使得物体本身的分布成为可能，并且由于它，物体在一个挨一个存在时能够具有位置关系，如同时间是它们存在的先后次序一样。“没有物质就没有空间，而且空间本身绝不是绝对的实体。”

十四

关于马克思思想发展的阶段：

1. 预备期：1844 年以前。特征：（1）研究文学、法学、政治学、历史等理论；（2）研究黑格尔；（3）研究费尔巴哈。

2. 转折期：1844 年。特征：（1）对资本主义经济学和空想社会主义的研究使马克思导向共产主义；（2）费尔巴哈的人本主义是这个转折的中介；（3）黑格尔的否定辩证法提供了哲学武器。

3. 激进期：1845—1848—1875 年（《资本论》第一卷问世）。特征：（1）暴力革命；（2）对资本主义否定方面的激烈批判和抨击；（3）组织期待、预言共产主义革命，认为革命即将发生。

4. 现实期：1876—1883 年。特征：（1）对政治的研究使马克思看到了资本世界经济的巨大潜力，因此疏离了暴力革命；（2）对 1848 年、1871 年革命失败的再认识。

十五

康德《上帝存在唯一可能的证明》（1763 年版）：

（1）存在与认识，现实与概念，事物的逻辑与思辨的逻辑是不同的。

（2）形式逻辑不是现实事物的基础。从“乌云”的概念仅仅依据形式逻辑演绎不出“下雨”来。

（3）数学中的负数表现了现实生活中的否定。

在形式逻辑中，肯定与否定彼此对立，但现实生活则不然，可以同类。形式逻辑不允许 a= ā，数学允许 ± a。

（4）在现实中，矛盾和负概念具有积极的意义。

十六

关于“三位一体”。

黑格尔说：“圣父是绝对精神自我发展的永恒思维，圣子是绝对精神达到意识并进入现象的思想，圣灵是统治着自我灵魂的思想。”

论佛教哲学

记者：佛教的目标何在？人们说学佛的目的是要进入西方极乐世界，这种极乐世界存在吗？

何新：学佛的目的，是追求对人生与世界达到彻悟（觉醒）的境界。小乘极力渲染和宣讲极乐世界。但大乘主张诸法无常，诸法无我，一切境由心造。"境"只是主体、本体的虚幻意识，是缘起性空的变动之流，因此哪有什么永住不迁的极乐世界。佛学的涵摄性极广，其流派亦繁多。般若的基本原理是主张"性空"。般若学中的"缘起性空"论，指诸法（法即现象）的自性空，本旨正是反对小乘有部执名相为实有的虚妄。因此，真正的般若智慧，是了悟于"他性空"及"自性空"的。研究之要探索"中观正见"，绝非念佛即可得佛。所以，所谓"极乐世界"，只是佛教面对俗世的一种象征的说法。实际上，何来极乐世界，哪有仙山琼阁？

记者：那么，学佛的目的又何在呢？

何新：在于追求和实现一种超越自我，进而普济众生的济世情怀。这正是大乘佛教修持的目标。最重要的一点是，大乘理性佛学认为佛陀并不是神。佛陀被看作导师、引路者。佛学认为，众生平等。人与佛也是平等的。自然万物和人，没有一息不与全宇宙呼吸相通。一手指可以搅动四洲五洋的海水，一呼吸可以变换全宇宙的空气。大乘佛教最基本的修行就是发"四无量心"，即"慈无量心""悲无量心""喜无量心""舍无量心"。其中，"慈"就是爱，"悲"就是同情，"喜"就是随喜（看见别人好就高兴而不嫉妒），"舍"就是舍弃（对人生的一切拿得起、舍得下，不执着）。达到这种境界就是所谓“看破红尘”，也就是了悟。一物多相，诸法无常。法相俱空，空亦非空。其来勿喜，其去勿悲。研究佛学的最高境界是追求精神的这种了悟，实现人生境界的提升，不迷，不执，不妄，不滞。由这种精神的彻悟中方能领略到“极乐”，实际这恰恰也是无乐。所谓不悲不喜、不嗔不怒，从而随境而安、缘起性空，获得精神的自我解放——大解脱。

记者: 这实际是要追求一种精神境界。

何新: 这是一种至明至哲的精神境界。精神愈痛苦，就愈需要追求这种境界。宋代的两大名士王安石、苏东坡，在政治上一生对立，但在晚年却都浸心于禅悦，结果和解而成为朋友。这也是解脱，达到这种境界才有幸福可言。因为佛教认为人生是苦，如何能够度过这苦难的人生呢？就靠这种精神境界。小乘佛学上座部中有毗昙一派，这一派最讲究“戒、定、慧”之学。“戒”是持戒，坚忍而有所不为。“定”即“禅定”，实际是凝想主观，主体意志的坚定。“慧”就是明哲。以慧观“数”——数非数字之数，而是“数法”（这个概念相当于哲学中所谓规律、尺度）。在此“三谛”中，“慧”是目标，“戒”是根本，“定”是方法。以戒立定，以定求慧，以智慧而寻求从人生欲界、物界、情界、苦界的解脱。学佛修持，目的就是唤醒人心中本有的智慧（慧根，儒学所谓良知）。这个命题与柏拉图的命题相似，柏拉图认为理性（理念，idea）先验地存在宇宙及于人心。佛道与仙道不同，佛的境界比仙的境界要高。高在哪里呢？仙人只是长生的俗人，而求仙是为了使世俗的享乐永恒化——保持世俗的一切物欲享乐。所谓“一人得道，鸡犬升天”，因为成仙后还需要鸡和犬。佛则不同，成佛是追求达到一种精神境界。这种境界超越了感性的物界，感情的情界，欲望的欲界，超越于整个世俗世界。佛的智慧有三大特性：一是对一切事物有彻底的认知与把握；二是他的智慧与行为都达到至高的境界，止于至善，即所谓“正觉”（正确认识）、“等觉”（普遍认识）、“圆觉”（融会贯通的认识）的境界。佛教伦理主张对人世间一切生灵充满关爱，对人类中弱者、苦者、不幸者充满同情（大悲心）和冷静刚毅（大雄）的父性爱（大慈）。

记者: 常常听到人们说佛时谈缘、谈缘分。究竟什么是缘？

何新：缘，在汉语中是个复杂概念。（1）缘是遇。遭遇，机遇，机缘，即偶然。（2）缘是联 / 连。关联，牵连，攀缘，也是缘分。（3）缘是果报。有因才有缘，有前因才有后缘。佛教的人生论是一种非常广义的因果论，又是一种非常广义的泛生命论。佛教认为人生并非一世，人性与非人性（包括动植物以及山水沙石等无生物）在本性上相通。此生本是沙石，是竹木，是动物，来生可以成人，而再来生又可能堕入轮回道，再成为畜生，或花木，或沙石。这种广生性的生命循环论，听起来似乎荒谬，实际上具有深刻的理性根据。个人生命的起点是一个受精卵，但若再追究这个受精卵的前身，却是父母体内所摄食的动植物、维生素与矿物质等。人死后或腐化而入泥土，或焚烧而成灰烬，都是将本体内的物质还原于大自然，而再入循环道，又转化成为沙、石、植物、动物……生生不已，物质不灭，能量不灭，永在宇宙生命的不尽循环之中。这种循环的一个阶段就是"业"，其所暂寄就是"缘"。执着于一"业"，就是"障"，就是"执"。执"障"必会破，不想破也会破。"缘"的形成则有因，因缘相连，有恶有善。这就是佛教所谓慈悲心的根据之一，通过观想事物及自我缘起性空，而认识到我与事物或他人都没有自性，其位相都只是暂（时）性。所以，"他"、"你"和"我"都是动态的，不断与外界发生相互作用而不断改变着，是宇宙整体的一个动态的部分，"他"和"我"，"内"和"外"，都是人为的划分。

记者：我也曾参习佛理，但是每读佛教史，就感到宗派林立，异说横出，术语奇僻，佛经浩瀚。

何新：不论研究任何学术，治学必须要找到一个纲。治学必须"提纲挈领"，纲举才能目张，研求佛学也如是。佛教发展的第一阶段是印度佛教，创始于佛祖释迦牟尼。在梵语中，"释迦"是族名，"牟尼"是圣人。

这个名号的本义即释迦族的圣人。释迦牟尼的思想学说大致可分为：佛心，即宗门；佛言，即教义。前者，以灵山法会，世尊（释迦）心心相印为宗旨，在西天从迦叶至达摩，共传了 28 代。后者，以"四谛"为中心说，对机说法，形成了大、小乘的分别。为了保存和发展佛教的学说，传说释迦生前十大弟子在佛陀逝世当年，用口传记诵的方法举行了第一次大结集，结集的内容共分经、律、论三藏。释迦逝世百年后，因为教团内对律藏的理解和践行发生分歧，而出现了宗派的分裂。此后，在学说观点上不断出现分歧，产生了部派佛学，由上座部和大众部分裂成为十八部或二十部大 / 小乘派系。许多佛教徒以及阿育王和迦王都曾为统一教团内部的分裂做出努力，他们在不同时代和地点先后主持了第二次、第三次、第四次的大结集。自从释氏开创佛教，然后发展、演变，直到佛教在印度本土衰颓，前后大约历时 1500 年。

记者： 佛教何时传布到中国？

何新： 应在秦汉之间，佛教来自西域。当时，佛教的主流（大乘）已由印度传到中国西部的雪岭大漠之外，如月氏、于阗、龟兹。晋、隋、唐之际，我国僧人冒千辛万苦西行欲求佛教之真谛，逐而理解渐精，不仅能融贯印度之学说，而且自创宗门，如天台宗、禅宗，已成为纯粹的中国佛教，与印度佛教本来的义理迥然发生分别。

记者： 你说秦汉之间佛教东传，但一般的看法是在东汉。

何新： 据我看来似应提前。据《史记·秦始皇本纪》记载，始皇三十三年（前 214），用事于西戎，“禁不得祠，明星出西方”。所谓“禁不得”，语颇难解。其实，“不得”一语古音通“浮屠”，似即佛陀入华的初名。如此，“不得祠”似就是指初传于秦之西陲的佛祠。此虽孤证，但可备一说。又，汤用彤曾据鱼豢《魏略》的一则材料指出，西汉初年已有月氏使者来汉传写佛经。总的来说，中土与西域、印度的往来，早在夏、商、周三代已颇频繁，宗教文化浸渐而入、互动影响，其时代可能比近世人们所想象的更早得多。佛教传入中国不是直接来自印度，而是通过西域自西向东、自北而南传播。到隋唐以后，佛教浸为大流，形成了具有中国特色的一种有哲理、有伦理、有体系的伟大宗教，即中国佛教。

记者： 佛教在中国主要有哪些部派？

何新： 中国佛教中最有中国特色的是禅宗、天台、净土、真言以及中国密宗五大宗门。这五大宗门，与本身的印度及西域佛教都已具有深刻的不同，而形成了中国独有的特色。虽然众生都诵持“南无阿弥陀佛”六字，但你是否知道这个佛号的真实义谛？

记者：那不就是对释迦牟尼的颂称吗？

何新：不。“南无阿弥陀佛”是梵文，汉译文的意思其实乃是“衷心顶礼洞彻一切的智者”。因此，佛学、佛理的本质是理性主义。正是佛学中这种理性主义的超越性，才深深地吸引了唐宋元明以来中国的许多学者和仁人志士。只是在世俗形态上，所谓“人间佛”才具有宗教信仰和僧团组织的形态。

再谈哲学

哲学是什么

记者：在以前的谈话中，您曾经谈过关于逻辑和哲学的一些问题。今天想请教您对于哲学、自然科学、宇宙问题的系统看法。第一个问题，究竟何谓哲学？

何新：在古典希腊时代，“哲学”曾经是广义的关于知识体系的一种全方位概念，因此“哲学”被认为是所谓“智慧之学”。哲学包括物理学（形而“下”学）、超物理学（Metaphysica，旧译为“物理学之后”或“后物理学”。形而“上”学）、认知论（包括逻辑学、修辞学、美学）、伦理学（价值与评价的学问）。我在这里所描述的哲学分类，是依据伊壁鸠鲁（花园学派）传授的哲学科目。

在 18 世纪后，欧洲古典哲学演化为五大部分（根据康德所作的哲学分类）：

（1）本体论（自然哲学）；（2）认识论；（3）逻辑学（方法论）；（4）美学（诗学）；（5）伦理学（道德哲学）。

20 世纪初期，逻辑斯蒂的发展，又把语符逻辑学作为数学（数理逻辑）基础而从哲学中划分出来。

在20 世纪的社会科学中，美学（作为艺术科学）和伦理学也有独立化的趋势。

因此，传统哲学的领域已经变得日益狭窄，以致有人甚至提出了彻底消解哲学 / 形而上学的观点（罗素、卡尔纳普）。但在自然科学理论领域中，最近几十年来则与这种哲学取消论的趋势相反，形成了蓬勃兴起的（科学哲学）思潮。

哲学的地位

记者：那么，你认为哲学究竟是一种什么性质的学问？哲学在人类的认识体系中，究竟应当居于一种什么地位？

何新：19 世纪以来，主要是受到英国经验主义的影响，西方思潮中有一种主流思潮就是主张废除哲学。

牛顿有一句名言："物理学必须警惕形而上学。"此所谓"形而上学"就是指哲学。

近代自然科学在方法论上受培根、休谟、洛克、牛顿所代表的英国经验主义影响极深，具有一种流行的反哲学倾向，似乎只要有自然科学（所谓经验科学）就够了。这种倾向一直持续到 20 世纪，包括逻辑实证（经验）论、语言分析哲学也都具有这种哲学取消主义的倾向。

维特根斯坦的名言"对可以言说者言说，对不可言说者沉默"，也是反映这种哲学取消主义倾向的。

记者：那么，您认为哲学是否真的可以取消？哲学的真实意义和领域究竟在哪里？

何新：康德关于哲学的意义、地位、功能以及与自然科学的关系曾经谈过一系列具有经典意义的观点。但是，这些观点历来就受到很多误解和庸俗解释（如指责所谓"不可知论"），可惜后来似乎很少被人知道。

记者：那请您介绍一下。

何新：康德认为："哲学是哲学知识或来自概念的理性知识体系。就世界概念来说，哲学是关于人类理性的最后目的的科学。哲学是关于智慧——理性的立法者的学说，哲学家不是理性的艺术家，而是立法者。philodox，实践的哲学家，借助于学说和榜样传授智慧的教师，是真正的哲学家。因为哲学是一种完美智慧的理念，它给我们指出人类理性的最后目的。哲学是理性知识的系统联系，或者说是理性知识在一种全体理念中的联结。

"哲学不但允许这样一种严格的系统联系，而且是唯一在最精确的知性中具有系统联系，并赋予其他一切科学以系统的统一的科学。哲学是关于人类理性的最终目的的一切知识和理性使用的科学，对于作为最高目的的最终目的来说，一切其他目的都是从属的，并且必须在它之中统一起来。”（康德《逻辑学原理》）

康德关于哲学的这种定位，我认为是历来关于哲学最深刻、最本质的一种表述。康德将哲学提高到这一地位：“哲学是关于智慧——理性的立法者的学说。”康德将哲学分为理性的与实践的两种。理性的，即寻找正确的定义（“正义”）。philodox（苏格拉底首创这个词），仅仅致力于思辨性知识，以知识为目的，而不考虑知识的目的，不考虑知识为任何目的、任何人所利用。——这就是“工具的理性”。

但是，康德认为哲学的最终目的还是指导实践，只有能实践的哲学才是真正的哲学。因此哲学不仅提供知识，而且提供典范，将知识与道德价值相结合，运用知识于理性的崇高目的。

记者：“实践”这个概念是否是康德提出的？

何新：在西方哲学中，最早提出“实践”这个概念的似乎是亚里士多德，但是康德将“实践”这个概念导入了近代哲学。康德认为哲学必须回答以下四大问题：

（1）我能知道什么？（本体论，认识论，方法论）

（2）我应当做什么？（价值论）

（3）我可以期待什么？（宗教）

（4）人是什么？（人类文化学）

康德认为：“形而上学回答第一个问题，伦理学回答第二个问题，宗教回答第三个问题，人类（人性）学回答第四个问题。”

我是唯理论者

记者：在与您前两次的谈话中，我发现您似乎存在一个矛盾。这就是，您在历史观上，是一个坚持马克思主义的唯物论者，但在哲学观上、在本体论问题上，您似乎是一个黑格尔式的理性主义者。是否如此？为什么会有这种矛盾？

何新：在历史观上，我赞成马克思的经济基础决定论。这种决定论认为，人类创造历史，不是自由的，而是只能立足于历史的现实基础去创造。这种现实基础首先是经济基础。

马克思说："人们自己创造自己的历史（具有某种自由）。但是他们并不是随心所欲地创造，不是在自己选定的条件下创造（选择并不自由），而是在直接碰到的、既定的、从过去承继下来的条件下创造（必然）。"（马克思《路易·波拿巴政变记》。参见《马克思恩格斯选集》第一卷，人民出版社，1972 年版，第 603 页）

这种决定论是一种历史现实主义。实际上，这是黑格尔也会同意的一种历史理念（黑格尔《历史哲学》）。

但是哲学唯物主义，假定存在某种确定的绝对"物质"，认为这种绝对物质是宇宙的原初存在，是宇宙万物的唯一本原，而且这种哲学我不同意。

我不同意，并非由于我不认为存在物质或原初物质，而是因为宇宙乃是活生生的宇宙，但物质是死的东西。我们不能想象，从原初的一团死的物质，会形成一个非常有组织、有秩序、有方向、有目的并极其具有合理性的宇宙演化序列。

自然秩序就是客观理性

记者：什么叫合理性？

何新：宇宙存在着内在的、预设的和谐与秩序（这就是康德所说的"先验综合系统"的理性意义）。

关于这个问题，康德讲过一段很深刻的看法：

"自然——无论是非生物界还是生物界——中的一切，都是依照规律发生的，虽说这些规律我们并非总能认识到。水位依照重力法则下降，动物依照规律行走。鱼在水中游，鸟在空中飞，都是依照规律进行的。一般说来，整个自然界无非是现象依据规律的联系，什么地方也没有杂乱无章的东西。

"我们力量的施展，也是按照我们所依从的某些规律发生的。起初，对于这些规律我们是无知的；通过尝试和较长时间使用我们的力量，我们达到对规律的认识；最后，我们对之如此娴熟，以至花费许多气力在抽象中思考它们。例如，普通语法就是语言的一般形式。人们不懂语法，却也在讲话；不懂语法而讲话的人，事实上也有语法，其讲话也依从规律，但是对于这规律他没有自觉到。”

万物（作为自然现象）的存在意义都并不在自身中，而是一种过渡，并从属于某种更超越的目的、目标。大自然就整体来说，是一个有机的组织，各个部分相互协调并承担着统一于某种普遍广义秩序的功能。这种现象，就是关于自然过程的理性预设或者说具有目的性。

关于宇宙系统内存在着目的性的自主协调和功能这一哲学思想，可以追溯到古希腊哲学，特别是亚里士多德。亚氏提出宇宙过程的四种原因——材质、形式（形态）、动力、目的，其中最根本的是“目的因”。

亚里士多德认为，人类理性从根本上看是两大功能：一是分类，有分类才有名词（概念），而概念则是思维的基石；二是认识因果性，因果性使人认识事物的规律。

对于事物的原因，应当区分两种不同质的原因：一种是必然原因（causae efficientes，致动因），一种是目的原因（causae finales，目的因）。例如，一座房子，它的理化结构、力学结构，这些“科学”原因只能构成它赖以产生和存在的“必然性”基础，而它的设计目的以及所从属的为人类服务的建造功能才是这座房子之所以产生的“目的性”原因。

亚里士多德对于因果性的认知，比起近现代哲学如休谟、罗素的哲学，以及量子力学哲学对于因果性的不可知论，所谓“因果论佯谬”，要深刻得多。

哲学并不一定是进化的。古典哲学所达到的思维深度，未必是后人所能超越的。实际上，亚里士多德这种有机目的论，直到 20 世纪后期才在现代科学哲学中重新得到了确认。

自然过程的目的性

记者：存在这种确认吗？

何新：现代科学哲学首先在生物学中重新发现了生物设计的“目的性”。

法国著名遗传学家雅克·莫诺（Jacgues Monod）说：

“一切生物所共有的一个根本特征，那就是生物是赋有目的或计划的客体，这种目的性或计划性是在它们的结构中显示出来，同时又通过它们的动物（如人工客体的制造）而实现。

“重要的是，要认识到这个观点对生物的定义来说是根本性的，生物正是通过这一特有的属性而区别于宇宙间所有别的结构和别的系统的。这一属性我们就称之为目的性。”（［法］雅克·莫诺：《偶然性和必然性：略论现代生物学的自然哲学》，上海人民出版社，1977年版）

实际上，自然进程中的“目的性”是一个具有普遍性的理念。只有理解这种目的性，才能超越对于自然过程的机械性解释。

这种“目的性”的理解，在希腊自然哲学中有着深刻的认识背景，而在中国哲学中则是缺乏传统的。自然主义和相对主义的道家自然观，使古代自然哲学不能达到对于宇宙进程更深刻的理性主义理解。

天籁——无声的音乐

记者：人类活动，多数活动是具有目的性的。但是，自然过程的目的性，总是使人难以理解。

何新：人们通常认为，我们周围世界存在的一切，只是偶然地产生、偶然地存在，也偶然地消失的偶然事件。一位友人在一首散文诗中这样写道：

几亿颗星星自己创造了自己，并非出自一只全能的手。自然自己按一定的路径一成不变地运行，没有什么力量牵制它们——

由于饥饿和伤痛，婴儿学会了啼哭。

为了医治那些懊丧之心，一种小花自己发明了自己，我们于是有了洋地黄制剂。

地球自己安排了白昼黑夜，自己倾斜了身子，我们于是有了四季之轮回。

没有地球磁极，人类不可以在没有标记的天空海洋中航行，但南北磁极仍然自顾自地存在和变化。

胰腺糖分自动调节是怎么回事？为了保证足够的体能，它在血液中维持着一定浓度的糖分。没有这种机能，我们大家都会昏迷而死去。

为什么白雪一直坐在山顶等待，恰恰在山下玉米苗儿口渴的时候被温暖的春日所融化？这只是令人可爱的巧合。

人心搏动七八十年，从不间断。在跳动之间，不知道它怎样获得充分的休整。

肾会过滤血液中的毒物，只把好的东西留下来。谁知道它是如何做到良莠分明的？

是谁出示了两性相爱的孕育所在，坚持劈开那颗微小的卵子，足日足月之后，一个婴儿便有了准确数目的手指、眼睛、耳朵和头发，而且都安置在准确无误的地方？当强健得足以支撑生命的时候，婴儿便准时降临于这个世界。

这首哲理诗语言流畅，但它在理念上是自相矛盾的。作者敏锐地观察到大自然中存在着随机性（偶然）与目的性之间的矛盾。如果一切都是随机与偶然（非理性）的事件，那么如何解释特别是生物体构造中那种惊人的合目的性？如何解释生物各种器官的理性功能？

一方面，作者似乎认为宇宙中的一切都只是偶然和随机发生的无意识现象；另一方面，作者似乎又感受到宇宙万物及事件之间存在一种理性的设计和秩序，存在着某种有目的性和有机的合理性。

英国哲人休谟以怀疑论著称，但他晚年在更深入地思考宇宙现象之后则指出：

“一切事物当中显然都存在有目的、意向和计划。当我们扩张理解力来思索物质世界的最初起源时，我们一定具有极强的信心，想到某种有理性的根源或造物。”（[美]弗兰克·梯利：《西方哲学史》下册，商务印书馆，1975年版，第397页）

实际上，深入地观察宇宙进程，可以意识到——大自然绝不是无组织、无目的、无理性的。这首诗中叙述的那些事件本身之间的神秘联系，就是某种含目的性的宇宙设计存在的证明。

在貌似无机与偶然（大自然）的事件之后，存在有一张神秘而不可见的秩序之网，而在这张网上有目有纲。这个网，这个无形而存在的秩序之网，也就是老子所谓疏而不漏的“天网”，就是庄子所谓“天籁”，就是天道、逻各斯，就是康德所谓“先验理性”，以及黑格尔所谓“绝对理性”。

记者:“天籁”这个词很费解。

何新:“籁”，古音义与音乐之“乐”相通。“天籁”，即天乐。庄子设想大自然中存在的一种和谐无声的音乐。有趣的是，这种“天籁”的观念也出现在古希腊哲学中。毕达哥拉斯认为，在宇宙的各星球之间和谐地振荡着一种“天籁”——宇宙音乐。

新物理学突破了旧哲学

记者:那么，您到底是唯物主义者还是唯心主义者?

何新:应该说，两者都不是。有人认为不可能存在第三种哲学，认为除物质与精神外不存在第三种本体的范畴。但辩证唯理论就是第三种哲学。

诸如“信息”和“能”的概念，就是超越物质和精神之外的第三类本体范畴。

实际上，列宁晚期在《哲学笔记》中对唯物论与唯心论的对立，已经作了某种有意义的消解。

旧唯物主义所坚持的绝对物质观、绝对时空观，都是牛顿时代的旧观念。

马赫与爱因斯坦代表了 20 世纪初叶新物理学中的哲学思潮。这种新物理学的哲学思潮，导致相对论的产生。它们体现了在 19 世纪后期自然科学取得新成就后（特别是能量物理学出现后），遭遇重大哲学困惑时代科学家的认识论反思。这种反思吸纳了相对主义、怀疑论以及理性主义的架构，对英国经验主义、法国启蒙哲学中的机械唯物主义做出了超越，体现了 20 世纪以能量分析为基础的新物理学的哲学进展。

现代物理学提示了新的宇宙观念

记者：那么，您如何评论这种新物理学的哲学观呢？

何新：我认为，对微观粒子世界的探索，揭示出经典的时空以及物质概念具有局限性，从而有必要对古典哲学的许多基本范畴作根本的修正。

例如，现代物理学关于物质的概念就与经典物理学中有形实体的传统概念完全不同，如空间、时间这类概念就是这样。这些概念在我们观察周围的世界时带有根本性的意义，它们的彻底改革使我们的整个宇宙观必须发生变化。

关于空间与时间的问题，最早进行哲学思考的并非物理学家，而是一些哲学家。牛顿在物理学中承袭了笛卡尔思想，设置了绝对时空的概念。但与他同时并且同是微积分发明人的德国哲学家莱布尼兹则否定绝对空间与时间的概念：

"在莱布尼兹的哲学中，动态或能量的观点取代了几何学或静态的自然观。他认为，物体不靠广袤而存在，广袤却靠物体（力）而存在；没有力，没有动态的物体，就没有广袤。因而空间不是绝对存在的。没有事物不存在于其中的绝对空间，空间是相对于事物的，将随事物而消失。力不依赖于空间，空间却依赖于力。没有空虚的空间存在于事物之间或在事物以外。如果力停止活动，宇宙即归于灭亡。"

特别值得一提的是黑格尔的时空观。黑格尔提出了一种非常富于现代性的相对论时空观。

时空的本质

记者：真的吗？

何新：黑格尔说："有人以为空间'像一个箱子，即使其中一无所有，它也仍然不失为某种独立的特殊东西'。但这是错的。'人们绝不能指出任何空间是独立不依地存在的空间，相反空间总是充实的空间，绝不能和充实于其中的物质分离开。'"

空间就是物质的存在。一旦没有物质的存在，或者说在没有物质存在的地方，并不存在抽象的绝对空间。人们常说，空间具有三维性，即均匀的三维向同性。但实际上，三维空间只是实物的空间。还有一种虚拟性的空间，即多维空间，它是伴随着作为“无”或“有中之无”的虚拟物质而存在的。

记者：您所谓“虚拟空间”“虚拟物质”以及“多维空间”的含义是什么？

何新：你是否理解“一物多相”？

记者：不大理解。什么是“一物多相”？

何新：藏传佛教中常见的千手菩萨就是神话意义上的“一物多相”，但这并不是哲学意义上的“一物多相”。

哲学意义的“一物多相”，在柏拉图的对话《巴曼尼德斯》中曾做过深刻的讨论。

但是，柏拉图借希腊哲人巴曼尼德斯（又译为巴门尼德）之口将它神秘化了，叙述得极其神秘。因此，这部对话历来被哲学史家认为是柏拉图关于本体问题最重要、但也是最难理解的一篇讨论。其实，所谓“一物多相”，我们可以举一个非常浅近的例子来解释。

如何理解时空的多维性

记者：请您解释。

何新：例如，一只蝌蚪，它未来将是青蛙，本来有尾巴，成为成体后尾巴则会消失。这一系列变态就是一物多相。又如一条蚕，它本来是茧，后来是虫，最后又成为蚕蛾。这也是一物多相。世界上所有的事物的存在，实质上都是一物多相的。由于多相所以多名，如蝌蚪、蟾蜍（有尾蛙类）、青蛙（无尾蛙）等。老子说：“名可名，非常名。”其真义就是指这种一物多相与多名。

记者：“名可名，非常名”原来是这个意思。

何新：所谓“常”，就是恒常，长久。凡是可以命名的都不是永恒、恒常、长久存在的“名”，因为“一物多相”。“物”这个概念，在抽象的意义上古代哲学家称之为“有”。“一物多相”就是“一有多相”。一相一空间，一相一存在。多相，就是多空间。多相凝聚在一有之中，也就是多态的三维空间凝聚在一态的三维空间中，虚拟的多相（无，被设定在实存的统一和“有”中。我认为，这就是多维空间的本体基础。

记者：您这样解释，我有所理解了。但过去似乎没有人这样讲过。

何新：我们再来考虑时间的问题。黑格尔的时间观念也极为深刻。黑格尔说：“有人以为‘一切事物都是在时间中产生和消逝的，如果抽去一切事物，那还会有一个空洞的时间在流’。这也是荒谬的。”

一切事物并不是在时间中产生和消逝的，反之时间本身就是这种变易，即产生和消逝。这就是现实存在着的抽象，就是产生一切并摧毁自己的产物的“克洛诺斯”（Chronos，希腊神话中的时间之神，也是农神和牧神，丰收之神，相当于中国神话中的社稷之神——“年”神）。

黑格尔又说：“时间并不是一个容器。它犹如流泻的江河，一切东西都被置于其中席卷而去。时间仅仅是这种毁灭活动的抽象。事物之所以消逝，并非因为它们存在于时间中。反之，事物本身就是时间性。”

所以，正是现实事物本身的历程构成时间，空间与时间从属于运动。不难看出，黑格尔这种时空观与爱因斯坦用曲面几何学解释引力运动时依据的相对性时空模型非常相近。

正像笛卡尔关于运动不灭的哲学理论是在200年以后才被自然科学所证实一样，我们同样也可以说，黑格尔关于相对时空的哲学理论是在百年以后才被相对论所确认的。因此，黑格尔认为：“运动是真正的世界灵魂的概念。虽然人们已习惯于把运动看作谓语或状态，但运动其实是自我，是作为主体的主语。”“既然有运动，那就有某物在运动，而这种持久性的某物就是物质。就像没有无物质的运动一样，也没有无运动的物质。”这种时空观、物质观，实在太深刻了！

记者：黑格尔的这些话很玄奥。空间这个概念似乎还是比较容易理解的，但是时间这个概念、这个东西始终是令人难解的。

何新：我们很难定义什么是时间。但是我们可以知道什么不是时间，在什么条件下时间的概念将会失去意义。

记者：请您解释。

何新：第一，如果空间中的一切存在物停止位置的相对移动。也就是说，水不再流，鸟不再飞，风不再吹，等等。第二，如果一切存在停止自身对自身的变化。也就是说，一切植物、动物不再生长，岩石不再衰变，原子不再分裂，等等。试问如果这两种情况发生，也就是说，如果一切运动都被停止、取消，那么时间的概念是否还仍具有意义？如果没有运动，如果没有变化，时间的概念是否还仍然存在？

记者：当然时空的运动也就停止了。的确，在这种条件下，时间的概念是没有意义的。

何新：对。这就表明，时间与动、与变的过程相统一。实际上，空间是存在物的现时存在的绝对抽象，而时间则是动与变的进程（累积的、递进的）之绝对抽象。

时间为何不可逆?

记者：那么，时间为什么是不可逆的？

何新：如果动与变的过程是可逆的，那么时间就是可逆的。

在机械运动中，时间进程是可逆的，因为这种运动可逆。狭义相对论考虑了这一点。但在能量的运动中，在生命的运动中，能量消失不可逆，生命消失不可逆。在这种运动中，时间进程就是不可逆的。反之，如果万物能死而复生（不是新生、重生，而是逆转由死亡到生命的自然流程），那么时间进程就是可逆的。

现代科学认识论具有思辨性质

记者：列宁在《唯物主义与经验批判主义》中认为恩斯特·马赫（Ernst Mach）是新物理哲学中反动思潮的代表。

何新：我认为，这是列宁在哲学上一个判断的失误。但是在后来的《哲学笔记》中，列宁显然对此已有所意识并且有所修正。（我读过恩斯特·马赫的著作。）爱因斯坦在其《自述》中曾指出，他的相对论思想曾受到恩斯特·马赫哲学的启示。他说：

“可以说，上一世纪所有的物理学家，都把古典力学看作是全部物理学的，甚至是全部自然科学的牢固的和最终的基础，而且他们还孜孜不倦地企图把这一时期逐渐取得全面胜利的麦克斯韦（J.C.Maxwell）电磁理论也建立在力学的基础之上，甚至连麦克斯韦和 H. 赫兹（Heinrich Rudolf Hertz）在他们自觉的思考中也都始终坚信力学是物理学的可靠基础。动摇了以力学作为一切物理学思想的最终基础这一信念的人，正是恩斯特·马赫。

“在马赫的《力学史》中，冲击了这种教条式的信念。当我是一个学生的时候，这本书正是在这方面给了我深刻的影响。但是我认为，马赫的唯心主义还不够彻底。因为他没有正确阐明在思想中，特别是科学思想中本质上是构造的和思辨的性质。因此，正是在理论的构造的——辨的特征赤裸裸地表现出来的那些地方，他却指责了理论，比如在原子动力论中就是这样。”

在这里，爱因斯坦明确地指出现代新物理学理论具有构造和思辨的性质。这一点在认识论上极其重要。也就是说，现代新物理学在方法论上不再是洛克那种呆板机械的经验主义的镜像反映论。同时，在哲学上也不再拒绝依据纯粹逻辑思辨的“形而上学”。

唯理主义有认识论根源

记者：那么，您认为唯心主义的认识论根源是什么呢？

何新：“唯心主义”，这个词的翻译应该说是错的，应当放弃。“理性主义”，这是比较妥当的译法。理性主义认为，宇宙的本体存在，是理性的存在。这种理性，就是体现在自然现象之后的秩序、法则、组织。

这种理性不是被人的思维所主观设定的。相反，人类思维乃是以符号系统模拟和把握着宇宙中存在的本体逻辑组织。理性主义的根源在现实世界本身中。

记者：然而，我们所生活在其中的宇宙 / 世界，究竟是“物”的还是理性的？

何新：从直观上去感知，似乎是一个纯物的世界。但是问题在于，我们生活在其中的，我们所面对的这个物的世界本身乃是虚幻的。

黑格尔曾经很幽默地讲过一句话，他说：“那些坚持认为物的实在是绝对的人，最好不要吃也不要喝。因为在大吃大喝中，他们已经在证明物的实在是虚幻的。”人吃掉一头猪，表明这头猪作为物的实在是虚幻的，猪在你的吃喝活动中被消解了。

从小者言，一根火柴、一支烟的燃尽，也可以体验到实物存在的虚幻性。从较大者言，人的死亡，以至我们每个存在者不可避免的死亡，都足以表明物质存在的虚幻性。从更大者言，山崩海啸，沧海桑田，以至星球、星系的生生灭灭，莫不如此。如果你把存在的存在性定义为“有”，把虚幻性定义为“无”，那么你就可以理解在佛学中，以及如老子一类深刻的哲人为什么认为无/虚无/空幻乃是宇宙和存在的本体、本根。

记者：佛家言空，道家言无。是否是同一性的概念？区别何在？

何新：似乎有一点微妙的差别。“空”似乎是一种动态，空了由有而无。“无”是一种静态的本体，一无所有。道家认为，虚无是本根。佛陀认为“诸行无常，诸法无我，一切皆苦”（所谓“三法印”），人生在本质上是空无悲苦的。存在主义认为，人生在根本上难以逃避那种与生俱来的恐惧感/危机感。这些心理感觉究竟源于何处呢？我认为，就是源于宇宙及人生本体的这种虚幻性（无常性）。

绝对之物是什么？

记者：然而，我们的感官所触，还是处处感觉到物的实在。一方面，物的实在限制我们、制约我们，给我们以欢乐和痛苦的感受。人生可以说处处受制于物，不能不为种种物欲所困扰。另一方面，尽管万物生生灭灭，但物灭后必有物生，物又生物，所以具体物虽在变灭中，似乎变灭中仍有“绝对”的物质存在。

何新：问题在于，这种“绝对”的物质究竟是否真的存在？绝对的真相究竟是什么？这个问题，从希腊时代已经在被探究。在中国，儒家注重生命的意义，忽视死亡的意义，因此忽略本体和本原问题的讨论。

道家和中古的佛学曾对这个问题做过较深的逻辑探究。但是，总的来说，中国哲学中的本体论是模糊的、混淆的，歧义丛生的、不明确的。西方哲学从古希腊以来对本体问题的关注，使得其自然哲学以及自然科学在概念及方法的意义上都胜于东方哲学。

柏拉图、亚里士多德、黑格尔的逻辑理性主义认为绝对的东西乃是一种理念的存在，或者说“信息”的存在。这种理念，柏拉图谓之idea，黑格尔谓之“理念”。例如，一根木柴焚灭，必生为炭灰，不会生为黄金或其他。其焚灭依据的是温度，其生成新物质遵守的是化学定律，并且遵守特定的数学理式。这些理式与制约其生灭的原则，都是一种实在的宇宙秩序。

这种理式就是idea（类型、形态）。这种秩序是抽象的东西，并不在现实的物理直观之中。万物的生灭，莫不如是。由此观之，存在的世界，乃是一个二重性的世界（现象/本质），一方面是物象的，似乎是有实在性的世界；另一方面还有一个深藏在实物之内的信息性的世界，其中有数学规律以及各种逻辑秩序，而且正是抽象的东西制约着具体的东西。

正是这种抽象的东西，这种抽象性的秩序，可以认为是物的灵魂，而实物则只是载体。这就是唯心、理性主义的深刻的本体论根据。

宇宙具有生命的过程

记者：唯心主义认为理念决定存在。这是否是一种“物化论”或“生命哲学”？

何新：是的。不仅是生物，而是宇宙，存在本身是有生命的。柏拉图和亚里士多德都认为有两种理性，主动的理性与被动的理性。宇宙是主动的理性，人的理性则是被动的理性。正是在这个意义上，柏拉图认为“知识起源于回忆”，这实际只是一种象征性的说法。

更确切的说法，是人类的理性模拟宇宙自主的本有的理性。生物与死物之不同，即在于每一个生物体之内，不仅有抽象的理念，而且这种抽象理念具有统一的目的性，从而具有一种自主性（人格的统一体）。这就是主体。

黑格尔在《精神现象学》中曾经深刻指出，他的哲学与旧哲学的不同，就是不把实体单纯地理解为实体，而是理解为主体。现代科学哲学（普利高津等）对于宇宙的存在、发展进程，也已将其理解为一个自我组织、自我协调的进程。这种自我组织、自我协调的运动，实际也就是将宇宙不仅理解为实体，而且理解为

"主体"，即活的、有机的且有逻辑组织和目的性的实体。

记者：您以及自然科学家所理解的理性主义，实际是指宇宙中的秩序。

何新：古希腊哲学中，唯理主义的代表者是柏拉图（Plato，前425—前347）。"理念"（idea，ετδοζ，τδεα）的希腊文词根的意思是"观看"，转为名词就是"观念"。后来，亚里士多德所谓"形式"也是其衍生词，相当于中文的"观念，形态，类型"。

柏拉图认为，存在物是二重化的，一方面是现象，现象不是实体，实存的是理念。他将其称之为"意谛"（idea），范式、范型、模式（idea of forms）。人类所能够感知的世界纯粹是现象世界，而现象世界乃是idea的拷贝（copy）或影像。idea才是真实、不动不灭的实体，相当于佛家所谓"真如界"。

柏拉图说：

"（或人问）：此一世界是否久已固存？既无其始？又非出于创造？我的回答是，此世界由创造而来。此一世界既可见之，又可触之，故可感而觉之。

"可感而觉之之事物皆出于创造。'造物之主'（artistic imagination）参照某些理念（模样）造此世界。（或人又问）那些理念是一存不变的、永久如此的吗？或许那些理念也出于创造而来？

"（我说）：假如这个世界真正是美好的（fair），而造物之主又真是善意的，则造物之主创造此世界所参照之理念必然是永恒不变的。当此世界混沌毫无秩序时，造物之主赋予每一事物所能承担尺度与和谐，加以创造。须知当世界混沌时，除非出于偶然，一切事物无尺度、形状可言，同时也无名称可言。既非火，也非水，更非其他构成的元素。在此混沌状态中，造物之主赋之以秩序，由此秩序建筑此一世界。"（柏拉图：《蒂迈欧篇》）

"意谛"、理念（idea）就是"信息"

记者：现代科学能够证实"理念"的实存吗？

何新：理性主义哲学认为idea先于现象，设计先于作品。

诡辩派安提丰曾为此而嘲笑柏拉图。他说，把一张床埋到土里，任其腐烂，最后得到的不是一个床的 idea，而是腐土上长出另一棵树。他自以为这个反驳很高明，但是我们可以回答他：这棵树的生长还是服从着某种先在的秩序（“遗传密码”），这种先在的秩序仍然是“idea”，也就是理念。

究竟什么是柏拉图所谓“理念”即意谛？什么是 idea？

其实，idea 就是现在讲的信息，或者遗传学所说的“基因 / 基因组合”。亚里士多德称之为“nous”（υουσ，理性），又称之为“隐德来希”（εντελεχεια，潜动之能），“自己产生自己的东西”（《哲学史讲演录》第二卷，第 311 页），认为它是宇宙事物之“不动的推动者”。

黑格尔曾说，理性（nous）统治着世界。但自然界不能使它所蕴含的理性得到自觉，只有人才具有双重的性能，人是有自我意识的理性（《小逻辑》）。理性是一种自组织和自控制的系统，理性是有序化的，是反熵、反死亡的。熵（“热寂”），就是歌德《浮士德》中那个绝对否定的魔鬼，即摩斯菲特菲勒斯。

迄今为止，在哲学上人们还难以对“信息”以及“基因”给予内涵明晰的定义。贝塔朗菲（L.V.Betalanffy）说：“基因组不是独立的或自我的活动的胚基的总和或镶嵌，而是一个产生有机体的整体系统。”换句话说，在基因组中存在着关于一种有机体整体系统的全部信息。基因有一个物质的基础，即“胚基”，但其本质却不是这种“胚基”，胚基只是生物整体遗传信息的一种载体。

普遍性与必然性的客观根源

记者：但是基因本身实际是物质的。

何新：物质，其实只是基因之载体，基因中隐藏的信息是不可见的。

例如，一棵树的生长，如果基因只是一种灌木，它就绝不可能长成参天巨木。一棵树可以长高长低，但绝不会超过一定的范围。它的树叶虽然每一片都与另一片不同，但所有的树叶都从属于一种基本的形态和类型，这表明确实存在着约束一种树生长发育的内在秩序。

这种秩序，生物学家有时称之为“遗传密码”，指来自遗传基因中的信息组织。这种基因信息，就是“意谛”（idea）。人类也是如此，基因是一种 idea（范式），它复制人的全部遗传特征，包括形象。所谓“克隆”就是对 idea 的全信息复制。

idea 寄存于物质的结构（基础），但本身并非物质。物理的世界是被动的世界，它是被一定的秩序和规范组织起来的。这种秩序、规范、组织，就是“道”，就是“理念”（idea）。

人类历史活动也显示出目的性的存在。人类社会演化的逻辑序列，是一个有组织的序列。无序化（熵化）在这一进程中成为否定现实的手段，成为破坏既有组织而向更高级组织过渡的阶段。这就是历史进程中“恶”所具有的积极意义。

记者：你对基因及信息的这种理解，使得这两个自然科学概念具有了很深的哲学意义。

关于新理性历史观的哲学思考

谢尔盖·列奥尼多维奇·齐赫文斯基，生于1918年，苏联科学院院士，曾任苏联科学院中国学研究所所长，是俄罗斯汉学界最著名的人物。2013年，被授予“世界中国学贡献奖”。1992年2月，何新访问俄罗斯，与齐赫文斯基进行了深入交谈。本文系根据这次谈话的翻译记录稿整理（有所增删修改），集中反映了何新对历史、历史哲学和“三种历史的编纂法”的基本看法，从而对我们研究和理解何新自己的历史学论著多有启示。（方堃）

齐赫文斯基：想了解您对于中国历史和世界历史的哲学观点。

何新：“历史哲学”，这个概念很有意思。但现代西方人认为，“历史哲学”已经不必要了。历史是建立在实证基础上的，因此形而上的历史哲学是不必要的。

齐赫文斯基：这是否与欧洲近代的启蒙思潮有关？自从培根和洛克提出“实验（经验/实证）主义”以后，到康德哲学，欧洲学术中兴起了“反对形而上学”的思想运动。

何新：是。牛顿有一句名言：“物理学，要谨防形而上学！”在17—18世纪的欧洲哲学中，实证主义、经验主义以及反形而上学是一种时髦。有意思的是，在19世纪，恩格斯试图将实证主义的哲学方法引入历史解释领域。他认为，可以用马克思的经济解释作为物理的基础（生产力与生产关系的组合结构）重构社会历史，然后以经济实证作为基础，为一切人类活动找到现实的目的与解释，这就是所谓“历史唯物主义”。

齐赫文斯基：您是否认同恩格斯的这一观点？

何新：我不完全认同。我认为历史学虽然依赖于实证基础，但是哲学解释也是必需的。实际上，唯物史观或历史唯物论本身也仍然是一种形而上的历史哲学。

哲学与具体科学的不同，不仅在于哲学具有更抽象的思辨性（玄思），更重要的在于哲学是体现一种总体性和普遍性的方法思考。实际上，哲学的思考归根结底是关于“方法”或“认知工具”（包括关于语言与概念的逻辑框架）的思考。哲学必然是超越经验之上，“形而上”的。

所谓历史哲学，就是关于人类历史的“形而上”的理论。历史哲学是超越于直观、历史现象之上的抽象，同时也是对于认知历史、理解历史的方法的思考。

齐赫文斯基：那就是说，您认为探索历史哲学仍然是必要的。您是否仍然是马克思主义的信仰者？

何新：不完全是。

马克思主义，如您所知道的，是一个混合的概念。马克思主义并不等同于恩格斯主义。我认为，马克思对历史哲学比恩格斯有更深刻的见解。

在马克思早期的《德意志意识形态》（导论部分）、中期的《政治经济学批判》以及《1857—1858年经济学手稿》中，马克思比较系统地论述了他关于人类历史的一系列总体理念，这构成了他的历史哲学。

但是，其中有这样一段话，过去没有见到任何的解释。马克思提到，“存在所谓‘三种历史编纂学’：（1）直观的；（2）反思的；（3）哲学的”。

齐赫文斯基：哦，是的，您怎么理解这些话？

何新：这几句话来自黑格尔。黑格尔在《历史哲学讲演录》一书中谈到了三种形态的历史著作。他说：“观察历史的方法，大概可以分为三种：（1）原始的历史；（2）反省的历史；（3）哲学的历史。”

这三者，也就是马克思所说的所谓“三种历史的编纂法”。这三种形态的历史，实际是对历史著作的分类。

《历史哲学讲演录》在黑格尔生前并没有出版，是在黑格尔死后由他的学生根据讲堂笔记编辑的。所谓“历史哲学”这个名词，也是来源于黑格尔的这本书。作为一门学术，“历史哲学”是黑格尔所创立的。在此之前，只有历史记录和历史著作，并没有所谓“历史哲学”。

齐赫文斯基：马克思所说的“历史编纂学”，与黑格尔的“历史哲学”又是一种什么关系？我认为，两者并不相同。

何新：马克思所谓“历史编纂学”，主要是指对历史进行解释的方法，换句话说“编纂学”也就是关于历史的“解释”学。对于历史的任何解释，总是需要一套概念和语言的基本框架。通过这种框架观察历史现象，历史才能被解读和建构。这种概念和语言的逻辑框架也就是“方法”或“工具”。这也正是本来意义的（亚里士多德及黑格尔所理解的）“方法”和“工具”。

换句话说，我认为编纂方法包括指导编纂思路的历史哲学。

齐赫文斯基：当然，历史哲学在解释历史时具有很重要的指导性意义。但是，黑格尔的历史哲学是哲学唯心主义，马克思在1848年以后就彻底告别了唯心主义，包括历史的唯心主义。

何新：我认为，黑格尔的思想对马克思的影响贯穿了他的一生，也许19世纪最后一个黑格尔主义者就是马克思。

齐赫文斯基：现代历史学比19世纪已经进步了很多，很多国家的历史得到历史学家的重构。所以，关于“三种历史编纂学”的说法，现代的意义已经不是很大了。

何新：我不这么认为。其实，我们读到的史学著作，仍然包括这样的三大分类。关于所谓“原始的历史”，或者“直观的历史”，就是历史事件的实录，直接的记录，第一手的历史素材的保存和记录，包括各种回忆录。

黑格尔说：“关于第一种历史……作者的叙述大部分是他们亲眼所看见的行动、事变和情况。”这方面，中国古代的历史著作是全世界最完整的。例如，中国上古的《尚书》，在古代虽然属于神圣的经书，但实际上《尚书》是中国最早的史书。司马迁说：“《书》纪先王之政事。”还有周代的《百国春秋》（“百国春秋”一词，出于《墨子·非命》），包括鲁春秋、周春秋、燕春秋、宋春秋等，孔子以前列国史大体都叫《春秋》，即《百国春秋》。

又例如，现代的各种档案资料、关于政治历史或文化的各种回忆录等，都属于这种“直观的”或“原始的历史”。在俄罗斯科学院中，保存着大批中国西夏国的历史档案，这也是属于原始的历史资料。

齐赫文斯基：当然，这种原始记录的历史，作为历史过程的直接实录，是比较客观的历史。

何新：那我倒是不相信。其实，直观记录的历史恰恰是最主观的历史。因为这种资料总是深刻渗透着当事人本身的主观感受、感想和感情。它们是形成历史认知所需要的重要素材，但绝不等同于客观的历史过程。基于个人主观感受的历史记述，往往是“公说公有理，婆说婆有理”，或者“鸡讲鸡话，鸭讲鸭话”。

所以，黑格尔认为需要第二种历史，也就是所谓“反省——反思”的历史。

反思的历史已经不再是简单的直接素材，而是包含了著史者的主观评价，是在一定的政治观点或者道义观点下引导性地重建的历史。在价值观背后，常常关联着某种类型的意识形态。所以，这种历史也不是所谓“真实”的历史，而是主观的评价性历史。

我认为，现代的大多数的历史著作都是这种反思的历史。

齐赫文斯基：这种评价性历史，其实是中国人发明的，就是中国历史家说的“春秋笔法”吧。

何新：对。毫无疑问，“春秋笔法”是一种主观的历史。孔子当年重新编纂《春秋》，主要寓意在于进行道德审判的所谓“微言大义”。

孔子作《春秋》，褒贬周天子、诸侯、士大夫，成为当时主导舆论的权威（司马迁在《报任少卿书》中说：“孔子成《春秋》，而乱臣贼子惧。”）。古代有一种观点，认为历史家的道德权威高于君王的政治权威。孔子是中国私人著述历史学的最早开创者，他也开创了中国的主观道德史学。

后世称孔子为“素王”。所谓“素王”，就是执掌舆论之王，亦即所谓“无冕的布衣之王”。

孟子说：“世衰道微，邪说暴行有诈，臣弑其君者有之，子弑其父者有之。

孔子惧，作《春秋》。《春秋》，天子之事也。是故孔子曰：'知我者，其惟《春秋》乎！罪我者，其惟《春秋》乎！'"（《孟子·滕文公下》）《史记·太史公自序》："上大夫壶遂曰：昔孔子何为而作《春秋》？太史公曰：余闻董生言，周道衰废，孔子为鲁司寇，诸侯害之，大夫壅之。孔子知言之不用，道之不行也，是非二百四十二年之中，以为天下仪表……退诸侯，讨大夫，以达王事而已。"

这种主观史学的成立，使得历史学可以作为政治斗争、社会斗争的工具和武器。因而，此后就有所谓"古为今用""借古讽今"的文章可作。

事实上，中国早期最重要的两部史学名著——左丘明的《春秋左氏传》和司马迁的《史记》，都可以看作是这种体现史学家反思历史的主观史学的著作。对历史的道德反思，不仅体现在《史记》中"太史公曰"的说教议论中，也体现在司马迁对于史料的抉择、取舍中。但是，历史学家参与政治斗争有时会付出重大代价，如司马迁就是因此（为李陵说话）而被处以宫刑（阉割）。

例如，《史记·汉文帝本纪》的太史公评语："孔子言：'必世然后仁。善人之治国百年，亦可以胜残去杀矣。'诚哉是言！汉兴，至孝文四十有余载，德至胜也。廪廪乡改正服封禅矣，谦让未成于今。呜呼，岂不仁哉！"这就是以仁义为准则评论帝王。

实际上，中国的官修二十五史体系以至司马光的《资治通鉴》，英国吉本的《罗马帝国兴衰史》，都是属于这种寓意于道德反思类型的史著。

《资治通鉴》卷一记周天子承认晋大夫三家为诸侯，事后评论："臣光曰：臣闻天子之职莫大于礼，礼莫大于分，分莫大于名。所谓礼，纪纲是也。何谓分，君臣是也……呜呼，君臣之礼既坏矣，则天下以智力相雄长，遂使圣贤之后为诸侯者，社稷无不泯绝，生民之类，糜灭几尽，岂不哀哉！"这就是以不同朝代的政治价值观念为根据，来总结、反省、评述和褒贬前代的历史。

齐赫文斯基：现代的历史学著作，可能仍然存在道德反思的传统。道德反思或者积极的价值评价，对于总结历史的教训并不是没有意义的。

何新：反思史学的意义，除了褒贬历史人物和评价历史事件以外，历史学家认为自己负有一种"道德"使命，即试图为后代君主从道德角度总结所谓"历史的教训”。但是，人类总是无法摆脱盲目或误判的玩弄，即当你自以为吸取了历史教训的时候，常常是吸取了错误的教训。

所以，黑格尔对此曾讽刺说：“这里必须特别注意那种道德的反省——人们常从历史中希望求得道德的教训，因为历史家治史常常要给人以道德的教训。人们惯将历史上的经验教训，特别介绍给各君主、各政治家、各民族国家。但是经验和历史所昭示我们的是各民族和各政府从没有从历史中学到什么，也从来没有依据历史上演绎出来的法则行事——对这点来说，每个时期都太独特了。”（《列宁全集》第三十八卷，第 269—270 页）

列宁的《哲学笔记》引用黑格尔的话说：

“黑格尔又说：每个时代都具有如此特殊的环境，每个时代都面临如此之独特的状况——当重大事变纷乘交迫之际，一般的笼统的法则，毫无裨益。回忆过去的同样情形，也是徒劳无功。灰色的回忆不能抗衡‘现实’的生动和自由。”

道德史观的根本局限性在于，由于著史者所依据之价值观念不同，对于历史人物及事件的评价也就自然不同。所有的翻案文章，其实无非是采取了某种新的价值观而已。但是只要又出现了另样的价值观，这种反思的历史就不得不重新写。历史解释的差异，不过是反映了价值体系的差异而已，其结果必然是“是非无正，人用其私”（《汉书·艺文志》）。

所以，黑格尔指出：“任何著史的人都可以利用各种资料，各人都自信有能力去整理这些资料，而且每个人大概都把他自己的精神，当作是那时代的精神。”黑格尔曾特别嘲笑 18—19 世纪的德国历史学是一种幼稚的道德史学。我们今天看中国出版的那种种历史书，也无非基本如此。

齐赫文斯基：如果对历史的理性思考必须超越道德的评价，那么，就需要客观主义的历史思考。但是，难道历史中没有是非与善恶了吗？如果完全不要做这种道德评价，历史学的终极意义又何在呢？

何新：史料史学和反思史学显然都不是客观主义的史学。但是，所谓客观主义也不是第三者眼中的史学——因为那仍然是第三者眼中的主观史学。

在这一点上，黑格尔和马克思对历史进程的必然性以及社会形态规律性的思考是具有重大意义的。我重视黑格尔的《历史哲学》和马克思的《德意志意识形态》的“导论”中提出的历史哲学思想。我认为，客观主义的历史哲学，需要探索历史的终极性意义和目的，需要认知社会演进的历史规律。

齐赫文斯基：这样，您还是回到了马克思主义。马克思主义历史学认为，自己的目的就是解释历史规律。

但是，究竟什么是客观的历史规律呢？总是人见人殊。例如，英国人汤因比的《历史研究》，提出了历史中的大文化形态（文明）观点，并且认为各种文明之间所不断面对的挑战与回应，是人类历史变动的原因。

何新：汤因比的历史文化理论实际上是一种文化哲学。汤因比的学说是很华丽的，但是从根本上说，这种文化哲学是一种高度主观论的历史哲学。我对他的书评价极低。

齐赫文斯基：历史是亿万人的自由行为的产物，这种自由行为的方向是难以预测的。说历史是理性的，有一种预定的必然方向，这是一种决定论。

但事实上，历史的未来并非不可以选择，未来走向往往是难以理性地被预测的。

何新：这恰恰是反思史学与客观主义理性史观的差异所在。历史中存在理性的逻辑必然性，这是一种自动组织的机制。这是黑格尔与马克思共同的历史认知。我赞成。

许多人认为，历史进程之所以能够选择，是因为人有决定性的力量。选择取决于权力。历史中的权力杠杆，无非是四种：政权、舆论权（道德压力的基础）、民意，以及经济力量（在现代就是金权，即金钱力量）。这四种力量都操之于人。人要影响或者改变历史，无非就是借助这四种力量。

齐赫文斯基：历史进程方向当然是可以选择的，特别是有很大权力的人。如果不是戈尔巴乔夫，苏联的历史进程也许就不是现在这样的。

何新：当然。

但是，拿破仑晚年在圣赫勒拿那个岛上反思自己的平生时说过一句话：“我不过是历史的奴隶。”我认为他的这种反省非常深刻。

在广义上，国王、皇帝不过都是历史的奴隶。因为他们不得不做历史要他们做的事情——不做就会垮台；他们也不能做历史不要他们做的事情——做了也会垮台。

齐赫文斯基：那往往只是事后的说法。怎么知道什么是当时历史中必须做的事情？

何新：知道与不知道，这种判断力就是伟大与昏庸的区别。

齐赫文斯基：历史运动归根结底服从于经济基础。但是，人的自由意志呢？正如普列汉诺夫所说的，还是具有极大的可能性的。

何新：其实，历史就是瀑布的运动。瀑布的向下运动，它有一种明确的大方向——受地心引力（重力）的影响，这就是它必须服从的命运——无论作为瀑布，它有没有意识到地心引力的存在，它都无法选择逃避这种必然。

任何个人，在历史中也只不过是一个水滴。

对于一个瀑布，也许它的每个水珠都幻想自己可以做向上、向下、向左或向右的自由选择运动。在瀑布的运动中，我们也的确看到了那些仿佛自由运动着的大大小小的喧闹的水花，但是没有一个水花——无论怎么积极地跳跃着——最终能够不服从那种固有的、必然向下运动的总轨迹。事实上，这些自由跃动的水花轨迹会构成每一个瀑布运动的某种确定的图像或者模式，以至后来的水花也都无法超越，而只能填补在前者流过的那个动点的轨迹。

为什么流动中的瀑布令人百看不厌？就是因为在亿万水滴的貌似自由的跃动中体现出来的一种稳定的周期节奏，具有内在的秩序和规律性，貌似无序中的有序，这就是美，是在貌似的自由运动中体现出来的理性和规律性。

人类历史也是如此。黑格尔说，历史活动的基础是个人。个人行为的原动力是私欲和热情——每个人的自私自利之心、个人利益，为追逐利益的活动，构成人类的历史。但是其碰撞和平衡，却导致形成“自然秩序”。自然秩序就是必然性。这种理性秩序，在历史中也是在无意识中组织起来的。

齐赫文斯基：这是不是就是亚当·斯密说的“看不见的手”？您也相信历史中存在一只“看不见的手”？

何新：古代的中国人称这种主导万物的内在秩序、自然秩序为“道”，就是老聃所说的“道”。“道”，就是内在的必然性秩序，就是近代西方人所说的“看不见的手”。

历史中，不仅存在看不见的“手”，而且存在看不见的“脑”。历史进程天然地具有一种被内化的理性必然秩序。

人类的历史活动就是如此，看起来每个人都很自由，其实“道”在其中，个人不过是瀑布中跃动的水珠或者泡沫。即使是动荡的时代，动乱局面也不过是大进程中通向既定目标的必然。

这个问题，从根本上说，就是人类在历史中主观的自由意志作为历史发生的现象学存在，必然从属于作为历史进程实体的理性主义本质。这就是我理解的理性主义决定论的历史观。

马克思的历史观，阶级分析的历史方法颇有意义。马克思认为，经济结构、社会分工结构决定阶级的分化，使个人利益的竞争（嫉妒）转化为结合成集团谋求利益的斗争——这就是阶级斗争。《共产党宣言》的名言是：“迄今为止的一切人类历史都是阶级斗争史。”这句话是铁一样颠扑不破的真理。

阶级斗争论也有很大的片面性。因为阶级斗争并不是永远需要保持一种紧张的社会节奏，并非无时无刻都在发生，总是有斗争平衡、一张一弛的交替。

在历史中，阶级矛盾平衡的时期，也就是天下太平的时期，总是比较久长的时期。

但是归根结底，阶级斗争、利益集团的斗争这种种社会矛盾，确实总是成为推进历史进程的原动力。

齐赫文斯基：这是毛泽东思想著名的观点。毛泽东总是强调斗争决定一切。当时，他们甚至也与我进行斗争，中国报刊指责我是“沙皇的辩护士”。

何新：在中国人眼里，毛泽东仍然很伟大，高不可攀。

齐赫文斯基：是的，我知道毛泽东的伟大。他的很多思想对于指导革命斗争很重要，但是不利于治国，总是强调不断地斗争，社会无法稳定。

何新：阶级分析的观点，对于观察任何社会的政治形势和判断历史方向仍然具有很深刻的意义，只是阶级斗争的方法不能用来治国。

自从所谓的地理大发现以来，区域分割的历史就成为一体化的世界史。原来那种封闭国族社会内的集团利益竞争、阶级斗争，在现代历史中已提升到民族、国家、宗教以及文化之间大规模竞争的水平。这一方面导致了近代民族主义和国家主义的兴起，另一方面也推进着不可逆转的全球一体化的运动。这是未来世界的大趋势，瀑布运动的大方向，国别史必然演进成为全球史。

齐赫文斯基：问题在于，谁，哪个国家，在未来能作为旗手主导全球化运动呢？美国、中国，还是俄罗斯？

何新：在冷战以后，依靠武力征服而建立新的世界帝国已经愈来愈不可能。未来主导世界的国家，仅仅依靠经济力量是不够的，还必须具有文化的力量、道德的力量。

穷理观命——兼谈存在主义哲学

记者： 如果由您对自己作评说的话，您如何对自己的社会角色给予一个定位呢？学者？政客？或者介于二者之间？

何新： 不，都不恰当。你知道罗丹有一件作品叫“The Thinker”。那是一个低着头作痛苦状的深思者、思考者。

黑格尔讲过一件轶事，他说：“有人为斯宾诺莎的一幅画像作了如下的题辞：Signum reprobationis in vultu gerens（一个忧郁的受谴责者）。”（《哲学史讲演录》第四卷，第 97 页）我每读到此，不禁发笑。真正的哲人永远会受到世俗的谴责，也经常会是忧郁的，因为他们远远地超越于庸俗。我也是一个忧郁的受谴责者——不过我是经常抬着头，而且睁着眼的。我认为自己是人生这出戏剧和当代历史的观察者。我想我此生的宿命就是如此，也只愿如此。虽然我也曾做过其他事情，但那多数是不得已而为之的。

记者： 您相信命运吗？

何新： 是的，我深信宿命的存在。

记者： 那么，什么是“命运”？您如何理解“命运”？

何新： 从哲学上定义“命运”，我认为所谓“命运”就是一个有目的地进行着，因而是必然性的宇宙进程。我们每个人，无论自我是否意识到，都作为一种角色而生存在这样一个进程中。这就是命运。对于这个进程，自我并非真实的“存在”（existenz），而只是宇宙进程的工具而已。

记者： 这是什么意思？是否可以说，在您的命运中存在着某种使命感？

何新: 的确，那是使命感。这就是说，我认为自己的生存对社会、对他人、对历史，是承担着某种道义和责任的。虽然我不一定会做好，但是我认为人不应该仅仅为自己而生存。不论环境如何，回报如何，成败如何，我都必须完成我所意识到的使命。只问耕耘，不计收获！

记者: 如果收支不平衡呢？作为经济学家，您不认为会不经济、不划算吗？

何新: 在人生意义的追求上，我无法做经济学家。但是我还是相信《圣经》中的这句话——“种瓜得瓜，种豆得豆”。凡有耕耘，必有收获。

记者: 您刚才谈到了“存在”（existenz），您是否了解存在哲学？萨特说，他人就是地狱。他认为，人只能——也只应该生存于自我之中。

何新: 我根本就藐视萨特。“存在主义在本质上不是一种哲学，只是一个标签。”（考夫曼）我一向蔑视那种所谓存在主义哲学，蔑视当代西方哲学中多数的以卑微的自我主义为单位的所谓现代性及后现代思潮。我认为那种生存哲学是苍蝇的哲学。

记者: 为什么是苍蝇？

何新: 因为存在哲学认为人生是恶心的（萨特《呕吐》），认为文明是垃圾，社会是厕所，人的本质类同苍蝇。我不能说他们绝对无道理，但是人生毕竟还是有终极意义的，至少还是值得追求终极意义的。

记者: 存在主义是否彻底否认人生的意义呢？

何新: 是的。存在主义自己都承认——

“严格来说，存在主义并不是思想上的一个学派，也不可以归属于任何一种主义。”（考夫曼）

存在主义的特点，就在于它注重的是个人内在极端的主观性，自我的情绪，自我的感觉，全然不顾现实，不顾世界，不顾他人以及他人的感受（所以他们认为他人是地狱）。存在主义不承认客观真理存在，不承认任何客观价值存在，因此也不承认上帝存在（上帝已死）。

存在主义不仅是原罪的哲学，并且是疯者的哲学，是自我“作贱”的哲学。陀思妥耶夫斯基的《地下室手记》，那是一部刻意描写疯狂和变态的书（鲁迅的

《狂人日记》似乎也是模仿这部作品），它一向被视作近世存在主义的开山作、代表作。

《地下室手记》中塑造了这样一种病态的人格——

> 我是一个有病的人，我是一个心怀恶意的人……我可以庄重地告诉你，曾有许多次我确实想变成一只虫豸，但是连虫豸我也不配。

尼采说，一旦对上帝的信仰没有了，对基督教道德规范的信仰也就消失了。因为没有上帝，所以一切都可以做。在一个没有上帝的世界里，人只能通过自我选择价值。因此，价值在存在主义中成为纯粹的主观性，人仅仅是个别的、随机的。这就是存在主义的所谓“自由”，绝对不承担任何义务和责任的唯自我“存在”（existenz）。

记者：那么，您认为存在主义中就没有任何有积极意义的东西吗？

何新：在存在主义的作品中，唯一使我喜爱的是加缪的《西西弗的神话》。因为这篇作品不仅描写了荒谬，而且试图超越荒谬。

记者：意义？究竟是什么意义？这个词如何定义？

何新：“意义”是指事物的一种内涵。在这一含义上，意义就是信息。另外，意义就是价值。我告诉你有趣的一点，在汉语中，“意义”一词与“价值”一词几乎总是可以互换。例如，说人生有意义，就是说人生有价值。

记者：宇宙中一切事物都有意义吗？

何新：当然都有。黑格尔有一句名言：“凡是存在的都是合理的。”这句话一直受到很多误解。其实，所谓“合理”，就是说一切存在的都是有意义的，虽然许多事物的意义还有待于人去揭示和发现。人类与宇宙中其他事物的不同，就在于人是能够发现，能够自觉，而且能够创造意义的动物。

记者：“凡是存在的都是合理的。”——这个命题真的是有道理的吗？我对这个说法有点不理解。

何新：过去也有人解释过这句话，但那种解释不令人信服。我的理解是，所谓“合理”，不仅是说其当然或应然，而是说一切存在者都是有意义的。理解了事物发生与存在的意义，你也就理解了存在的合理性。

记者：那么，一个小偷偷钱包，也是合理的吗？一块石头、一片沙漠的存在，也是合理的吗？

何新：小偷偷钱包，那一定是因为这种活动对他自身有某种意义或价值。这个现象的背后，必有其发生的原因和普遍性含义。自然，理解这种意义并非意味着小偷可以不受惩罚。相反，被惩罚这一现实则提供了与偷窃活动相关联的更深一层意义。一个窃贼的错误就在于他不理解这些更重要的意义，正是这些更深的意义使他的偷窃活动成为负面的东西。要知道，存在的意义始终不仅是在个体而且是在总体和群体中设定和实现的。

记者：您身上似乎表现了一种很矛盾的人格。您的经历表明，您本身是极富有个性的；但是在理论上，您否定个性。您的个性是极其追求自由的，但是您否定个性自由，即选择的自由。

何新：要回答你这个问题，简直可以写一整本书。

记者：您能简单作个回答吗？

何新：我这样讲吧，任何存在者的存在，其形态确实是作为一种孤立个体而存在的。的确，自我对存在的感觉、意识又是个别的和孤立的，是封闭着的。因此，作为个体的人，在人生中产生孤独感是难免的。但是存在的意义是理性的，人的理性就是对这种存在意义的自觉和把握。无论其是否有意识或是否意识到，个人存在的意义也总归不完全在自身中，其存在意义并且实现于非自我的社会文化的总体中。

记者：如果是一个大人物、一个伟人，如毛泽东、邓小平，自然可以理解他的存在具有社会文化的意义或价值。但是，如果仅是一个卑微的小人物呢？也许除了对于他的家庭、他周围的少数人，很难说他的存在对于社会文化会产生意义。

何新：所以，人应当自觉地即自为地追求个人人格的伟大，这也就是追求自身对于社会、文化以及更多的人的存在意义。这种意义使个人的人格存在超越人的职业和社会地位，超越时空，超越生命的有限性，升华到永恒。

记者：您关于人生的这种见解很有启示性。

何新：一切事物的存在都有意义，只是许多事物的意义还有待被发现和肯定而已。但是物质虽有意义却不能自觉，只有人能自觉其存在的意义，并且可以自我创造其意义，尽管许多意义常常是暂时的和相对的。

记者：您的说法未免太抽象了。

何新：如果你读过费希特的著作，就会理解我的话。关于自我与非我、自在与自为的关系，在西方哲学家中他是思考得最深刻的。实际上，存在哲学，叔本华、尼采的唯意志哲学，都是费希特主观主义哲学的夸诞和延伸。

记者：存在主义的一个主要命题是关于存在与选择的问题。

何新：这么说吧，比如你是一块石头，你当然可以说：我就是一块石头，并且愿做一块石头（选择），我生存的意义就是作为一块石头。这似乎是可以自由地选择的，但实际上尽管作为一块石头，它仍然有它的生存环境。例如，这块石头摆在戈壁滩上，它是戈壁滩中的一个分子。但在宇宙的演化链中，这块石头则是作为无机物存在演化的一种过渡形态，它的存在意义是在一个时空的更广阔的存在链上被设定的。总之，无论从时间、空间的意义考虑，这块石头都只是一种暂时的“自我”，是一种过渡形态。这种时空定义就是命运，是这块石头所无法自由选择的；或者说，无论选择还是不选择，它的存在意义已经被设定，因此它的选择对宇宙的存在之流并无太大意义，而自我、个性的卑微性也就在于此。

记者：存在哲学的主题正是要追求个性的解放和自由。

何新：这是误解。在存在主义看来，所谓追求个性解放和自由，那只是古典哲学的迂腐，是无意义的。在西方古典哲学中，对自由及其限制面（必然）在历史上有过很多讨论，其结论是——自由是与限制（必然）同在。

所以，卢梭说：“人类生而自由，但无往不在枷锁之中。”关于自由与必然的关系，在康德的《理性批判》中被列作理性的四大“二律背反”之一。但是康德的悖论仍是理性主义的，而存在主义的荒谬感则是彻底非理性的，存在哲学从根本上否认一切人生价值。例如，你不喜欢红色，你可能会选择另一种颜色——白色或蓝色，那么你就不是存在主义者。存在主义意味着，不仅否定红色，也否定白色、蓝色，以至否定一切对颜色的感知，只有黑暗，只有黑暗所激发的焦虑、愤恨以及焦躁，直到疯狂抒发和宣泄它们。这才是真的存在主义。存在主义就是那种“摇头丸”，服用它之后，人就拼命地摇头，对一切都摇头，疯狂地摇头，摇头就是对“自我”的疯狂肯定。——这就是存在主义。

记者：那么，您认为人对自身命运能不能抗争和自由选择？

何新：可以抗争，可以选择，但这种自由是相对和有限的。承认这种限制，并且要求认知和理解这种限制，通过限制而获得自由，这就是理性主义。否则，就是非理性主义。存在哲学是非理性主义的，它是绝对疯子的哲学。

所以，根据这种哲学制作的艺术作品多少都具有疯狂的意味。陀思妥耶夫斯基、尼采、克尔凯郭尔，都是具有疯狂特征的天才。存在主义否认限制，它认为人可以自由选择一切，选择就是命运。萨特说：“人生下来什么也不是，人是什么，靠自我的创造，自我的选择，自我的决定，没有先在的意义。”人性只是一个括弧，内容是个人通过生活和选择加进去的。存在主义认为，你把自己创造成什么，你才是什么，你是什么以后才能对你下定义。这就是“存在先于本质”。萨特说人不能下定义，因为事前没有一个 idea 摆在那里。

记者：是不是如此呢？

何新：萨特的哲学在 20 世纪 60 年代、70 年代的西方，是作为一种反抗资本主义异化的哲学而流行的。拒绝接受资本主义文化所已经预先赋予的事实，而追求新的自我塑造，包括对命运的自我塑造。真正的存在主义是一种绝望的哲学，是一种面对虚无的绝望。面对绝望，挺身抗争，这是加缪。面对绝望，沉浸入疯狂，这是克尔凯郭尔。所以，存在主义有积极与消极两种类型。但是，抗争尽管抗争，命运仍然是命运。抗争并不能脱离既定的环境，选择也是有前提的，是有条件的。说不要条件，自由就是一切，这是欺骗人也会害死人的。

记者：您知道“新新人类”吗？新新人类所体现的现代—后现代思潮，哲学基础似乎也是存在主义。

何新：我的许多观念肯定是缺乏现代性的。对，我不追求现代性。在古典的理性主义思想与存在主义的非理性之间，我选择前者。

现代性是什么呢？不过是“modern”（摩登）而已。这些年的许多经验告诉我们，实际上，所谓 modern 即时髦，那不过是一些文化或商业的骗子在一个时期中鼓吹起来的一种趣味和偏好（这就叫“流行文化”）。人类所面对的宇宙存在着两种永恒，一种永恒是过去，一种永恒是未来；而“现在”——所谓“现代性”恰恰是非永恒的。现代性，常常只是一种正在崩溃中的现实。因此，我不喜欢那种“新新人类”，他们的生存状态，他们的哲学，包括他们的艺术，虽然我理解他们所追求的某种疏离感与反叛的精神。

记者：然而您谈到命运，接受命运不也是非理性吗？

何新：不。我认为命运就是理性。

记者：为什么？

何新：理性，就是对于某种必然性的确知。命运不正是必然性吗？

记者：您看，不同的人信仰不同的哲学，这也表明了一种选择。

何新：对。什么样的人会选择什么样的哲学，而有什么样的哲学就有什么样的命运。作为我个人来说，我是古典主义者。在伦理学上，我十分钟情于孔子所代表的古典人文主义、人伦主义，孟子所追求的人格主义，以及老子所体现的自然主义。我酷爱中华文明，因此我也热爱在几千年中支撑或者说哺育了这一伟大文明的中华古典哲学。

记者：那么，您是否整体地拒绝西方哲学？

何新：不。早在我的青年时代，我对西方哲学史就作过深入的阅读和思考。西方的伟大哲人，从赫拉克利特、柏拉图、亚里士多德到黑格尔、马克思，都是我的精神导师。但是，在价值观上，在人生意义的求索上，我绝不会孤立地追随任何一种西方理念。“吾道自足，何事旁求？”我要走的是我自己的路。

记者：这也就是选择呀，这不是存在主义吗？

何新：我所拒绝的只是存在主义对人生意义的判断。但是有没有存在主义，人自己的人生中也总是要面对选择的，尽管这种选择是被环境和历史（必然）所局限的。

何新作品出版年表

译著

［1］［英］弗朗西斯·培根．培根论人生［M］．何新，译．上海：上海人民出版社．1983

［2］［英］弗朗西斯·培根．人生论［M］．何新，译．长沙：湖南人民出版社，1987

［3］［英］弗朗西斯·培根．人性的探索［M］．何新，译．哈尔滨：黑龙江人民出版社，1988

［4］［英］弗朗西斯·培根．培根人生随笔［M］．何新，译．北京：人民日报出版社，1996

［5］［英］弗朗西斯·培根．培根论人生［M］．何新，译．北京：中国友谊出版公司，2001

［6］［英］弗朗西斯·培根．培根人生论［M］．何新，译．西安：陕西师范大学出版社，2003

［7］［英］弗朗西斯·培根．人生论［M］．何新，译．北京：中国友谊出版公司，2003

［8］［英］弗朗西斯·培根．培根人生随笔［M］．何新，译．北京：人民日报出版社，2007

专著

[1] 何新 . 诸神的起源 [M] . 北京：生活 · 读书 · 新知三联书店，1986

[2] 何新 . 神龙之谜 [M] . 延吉：延边大学出版社，1988

[3] 何新 . 艺术现象的符号 [M] . 北京：人民文学出版社，1987

[4] 何新 . 中国文化史新论 [M] . 哈尔滨：黑龙江人民出版社，1987

[5] 何新 . 中国远古神话与历史新探 [M] . 哈尔滨：黑龙江教育出版社，1988

[6] 何新 . 何新集 [M] . 哈尔滨：黑龙江教育出版社，1988

[7] 何新 . 龙：神话与真相 [M] . 上海：上海人民出版社，1989

[8] 何新 . 诸神的起源（韩文版）[M] . 洪熹，译 . 汉城（今首尔）：东文堂，1990

[9] HE XIN. *Democracy And Socialism Form the Eyes of A Chinese Scholar*. NEW STAR PUBLISHERS，1990

[10] 何新 . 世纪之交的中国与世界 [M] . 成都：四川人民出版社，1991

[11] 何新 . 东方的复兴（第一卷）[M] . 哈尔滨：黑龙江人民出版社，黑龙江教育出版社，1991

[12] 何新 . 东方的复兴（第二卷）[M] . 哈尔滨：黑龙江教育出版社，1992

[13] 何新 . 爱情与英雄 [M] . 成都：四川人民出版社，1992

[14] 何新 . 何新政治经济论集 [M] . 哈尔滨：黑龙江教育出版社，1995

[15] 何新 . 中华复兴与世界未来（上下卷）[M] . 成都：四川人民出版社，1996

[16] 何新 . 诸神的起源 [M] . 北京：光明日报出版社，1996

[17] 何新 . 培根人生随笔 [M] . 北京：人民日报出版社，1996

[18] 何新 . 危机与反思（上下卷）[M] . 北京：国际文化出版公司，1997

[19] 何新 . 为中国声辩 [M] . 济南：山东友谊出版社，1997

[20] 何新 . 孤独与挑战 [M] . 济南：山东友谊出版社，1998

[21] 何新 . 诸神的起源（日文版）[M] . 后滕典夫，译 . 东京：树花舍，1998

[22] 何新. 新战略论·国际编 [M]. 成都：四川人民出版社，1999
[23] 何新. 新战略论·经济编 [M]. 成都：四川人民出版社，1999
[24] 何新. 新战略论·政治文化编 [M]. 成都：四川人民出版社，1999
[25] 何新. 中华的复兴（韩文版）[M]. 汉城（今首尔）：白山私塾，1999
[26] 何新. 龙：神话与真相（第2版）[M]. 上海：上海人民出版社，2000
[27] 何新. 思考：我的哲学与宗教观 [M]. 北京：时事出版社，2001
[28] 何新. 思考：新国家主义的经济观 [M]. 北京：时事出版社，2001
[29] 何新. 艺术分析与美学思辨 [M]. 北京：时事出版社，2001
[30] 何新. 大易新解 [M]. 北京：时事出版社，2002
[31] 何新. 古本老子《道德经》新解 [M]. 北京：时事出版社，2002
[32] 何新. 爱情与英雄 [M]. 北京：时事出版社，2002
[33] 何新. 龙：神话与真相 [M]. 北京：时事出版社，2002
[34] 何新. 诸神的起源 [M]. 北京：时事出版社，2002
[35] 何新. 宇宙的起源 [M]. 北京：时事出版社，2002
[36] 何新. 美学分析 [M]. 北京：中国民族摄影出版社，2002
[37] 何新. 论中国历史与国民意识 [M]. 北京：时事出版社，2002
[38] 何新. 全球战略问题新观察 [M]. 北京：时事出版社，2003
[39] 何新. 论政治国家主义 [M]. 北京：时事出版社，2003
[40] 何新. 孔子论人生 [M]. 北京：时事出版社，2003
[41] 何新. 圣与雄 [M]. 北京：金城出版社，2004
[42] 何新. 何新集 [M]. 北京：时事出版社，2004
[43] 何新. 风 [M]. 北京：时事出版社，2004
[44] 何新. 谈龙说凤 [M]. 北京：时事出版社，2004
[45] 何新. 泛演化逻辑引论 [M]. 北京：时事出版社，2005
[46] 何新. 诗经（史诗）新解：雅与颂 [M]. 北京：时事出版社，2007
[47] 何新. 诗经（情诗）新解：风与雅 [M]. 北京：时事出版社，2007
[48] 何新. 论语新解：思与行 [M]. 北京：时事出版社，2007

［49］何新 . 老子新解：宇宙之道［M］. 北京：时事出版社，2007

［50］何新 . 孔子年谱［M］. 北京：时事出版社，2007

［51］何新 . 天问新解：宇宙之问［M］. 北京：时事出版社，2007

［52］何新 . 尚书新解：大政宪典［M］. 北京：时事出版社，2007

［53］何新 . 楚辞新解：圣灵之歌［M］. 北京：时事出版社，2007

［54］何新 . 楚帛书与夏小正新解：宇宙起源［M］. 北京：时事出版社，2007

［55］何新 . 易经新解：天行健［M］. 北京：时事出版社，2007

［56］何新 . 孙子兵法新解：兵典［M］. 北京：时事出版社，2007

［57］何新 . 谈龙说凤［M］. 北京：时事出版社，2007

［58］何新 . 诸神的起源［M］. 北京：时事出版社，2007

［59］何新 . 雄：汉武大帝新传［M］. 北京：时事出版社，2007

［60］何新 . 龙：神话与真相［M］. 北京：时事出版社，2007

［61］何新 . 我的哲学思考：方法与逻辑［M］. 北京：时事出版社，2008

［62］何新 . 圣灵之歌：《楚辞》新考［M］. 北京：中国民主法制出版社，2008

［63］何新 . 圣：孔子年谱［M］. 北京：中国民主法制出版社，2008

［64］何新 . 雄：汉武帝评传及年谱［M］. 北京：中国民主法制出版社，2008

［65］何新 . 龙：神话与真相［M］. 北京：中国民主法制出版社，2008

［66］何新 . 兵典：《孙子兵法》新考［M］. 北京：中国民主法制出版社，2008

［67］何新 . 思与行：《论语》新考［M］. 北京：中国民主法制出版社，2008

［68］何新 . 宇宙之问：《天问》新考［M］. 北京：中国民主法制出版社，2008

［69］何新 . 风与雅：《诗经》新考（上下卷）［M］. 北京：中国民主法制出版社，2008

［70］何新 . 雅与颂：华夏上古史诗新考［M］. 北京：中国民主法制出版社，2008

[71] 何新.宇宙的起源：《楚帛书》与《夏小正》新考[M].北京：中国民主法制出版社，2008

[72] 何新.诸神的起源（第一卷）：华夏上古日与母神崇拜[M].北京：中国民主法制出版社，2008

[73] 何新.诸神的起源（第二卷）：论龙与凤的动物学原型[M].北京：中国民主法制出版社，2008

[74] 何新.大政宪典：《尚书》新考[M].北京：中国民主法制出版社，2008

[75] 何新.宇宙之道：《老子》新考[M].北京：中国民主法制出版社，2008

[76] 何新.天行健：《易经》新考[M].北京：中国民主法制出版社，2008

[77] 何新.何新论金融危机与中国经济[M].北京：华龄出版社，2009

[78] 何新.反主流经济学（上下卷）[M].北京：时事出版社，2010

[79] 何新.哲学思考（上下卷）[M].北京：时事出版社，2010

[80] 何新.圣灵之歌：《楚辞》新考（精）[M].北京：中国民主法制出版社，2010

[81] 何新.圣：孔子年谱（精）[M].北京：中国民主法制出版社，2010

[82] 何新.雄：汉武帝评传及年谱（精）[M].北京：中国民主法制出版社，2010

[83] 何新.龙：神话与真相（精）[M].北京：中国民主法制出版社，2010

[84] 何新.兵典：《孙子兵法》新考（精）[M].北京：中国民主法制出版社，2010

[85] 何新.思与行：《论语》新考（精）[M].北京：中国民主法制出版社，2010

[86] 何新.宇宙之问：《天问》新考（精）[M].北京：中国民主法制出版社，2010

[87] 何新.风与雅：《诗经》新考（上下卷）（精）[M].北京：中国民主法制

出版社，2010

［88］何新．雅与颂：华夏上古史诗新考（精）［M］．北京：中国民主法制出版社，2010

［89］何新．宇宙的起源：《楚帛书》与《夏小正》新考（精）［M］．北京：中国民主法制出版社，2010

［90］何新．诸神的起源（第一卷）：华夏上古日与母神崇拜（精）［M］．北京：中国民主法制出版社，2010

［91］何新．诸神的起源（第二卷）：论龙与凤的动物学原型（精）［M］．北京：中国民主法制出版社，2010

［92］何新．大政宪典：《尚书》新考（精）［M］．北京：中国民主法制出版社，2010

［93］何新．宇宙之道：《老子》新考（精）［M］．北京：中国民主法制出版社，2010

［94］何新．天行健：《易经》新考（精）［M］．北京：中国民主法制出版社，2010

［95］何新．何新论美［M］．北京：东方出版社，2010

［96］何新．何新论中国经济［M］．北京：东方出版社，2010

［97］何新．汇率风暴：中美货币战争内幕揭秘［M］．北京：中国书籍出版社，2011

［98］何新．统治世界 1：神秘共济会揭秘［M］．北京：中国书籍出版社，2011

［99］何新．奋斗与思考［M］．沈阳：万卷出版公司，2011

［100］何新．孔丘年谱长编［M］．北京：同心出版社，2012

［101］何新．论孔子［M］．北京：同心出版社，2012

［102］何新．圣者：孔子传［M］．北京：同心出版社，2012

［103］何新．何新论《易经》（上下卷）［M］．北京：中国书籍出版社，2012

［104］何新．统治世界 2：手眼通天共济会［M］．北京：同心出版社，2013

［105］何新．希腊伪史考［M］．北京：同心出版社，2013

［106］何新．新国家主义经济学［M］．北京：同心出版社，2013

［107］何新．哲学思考［M］．沈阳：万卷出版公司，2013

［108］何新．反主流经济学［M］．沈阳：万卷出版公司，2013

［109］何新．老饕论吃［M］．沈阳：万卷出版公司，2014

［110］何新．《夏小正》新考［M］．沈阳：万卷出版公司，2014

［111］何新．新逻辑主义哲学［M］．北京：同心出版社，2014

［112］何新．《心经》新诠［M］．北京：同心出版社，2014

［113］何新．希腊伪史续考［M］．北京：中国言实出版社，2015

［114］何新．有爱不觉天涯远：何新品《诗经》中的情诗［M］．北京：中国文联出版社，2016

［115］何新．野无遗贤万邦宁：何新品《尚书》［M］．北京：中国文联出版社，2016

［116］何新．温柔敦厚雅与颂：何新品《诗经》中的史诗［M］．北京：中国文联出版社，2016

［117］何新．举世皆浊我独清：何新品《楚辞》［M］．北京：中国文联出版社，2016

［118］何新．道法自然天法道：何新品《老子》［M］．北京：中国文联出版社，2016

［119］何新．大而化之谓之圣：何新品《论语》［M］．北京：中国文联出版社，2016

［120］何新．天地大美而不言：何新品《夏小正》［M］．北京：中国文联出版社，2016

［121］何新．兵法之谋达于道：何新品《孙子兵法》［M］．北京：中国文联出版社，2016

［122］何新．路漫漫其修远兮：何新品《离骚》［M］．北京：中国文联出版社，2016

［123］何新．统治世界 3：世界历史中的神秘共济会［M］．沈阳：辽宁人民出版社，2018

［124］何新．诸神的起源（增订本）［M］．北京：民主与建设出版社，2018

［125］何新．诸神的世界［M］．北京：现代出版社，2019

［126］何新．诸子的真相［M］．北京：现代出版社，2019

［127］何新．中国文明的密码［M］．北京：现代出版社，2019

［128］何新．汉武帝大传［M］．上海：华东师范大学出版社，2019

［129］何新．柔弱胜刚强：何新讲《老子》［M］．上海：华东师范大学出版社，2019

［130］何新．孔子的智慧：何新讲《论语》［M］．上海：华东师范大学出版社，2019

编著

［1］何新，编．中外文化知识辞典［Z］．哈尔滨：黑龙江教育出版社，1989

【附】关于何新的评论与研究

［1］杨子江，编．何新批判［C］．成都：四川人民出版社，1999

［2］张晓霞．中国高层智囊［M］．西安：陕西师范大学出版社，2001

［3］西隐．中国高层文胆［M］．杭州：浙江人民出版社，2008

［4］倪阳．何新研究与批判［M］．合肥：安徽大学出版社，2012